ÉTUDES

SUR

LA DIALECTIQUE.

OUVRAGES DE L'AUTEUR:

Histoire de la Philosophie morale et politique dans les temps anciens et modernes. 2 forts vol. in-8°. 1860. 14 fr.

Ouvrage couronné par l'Académie des sciences morales et politiques — et par l'Académie française.

La Famille. Leçons de philosophie morale. 1 vol. in-12. 3ᵉ édit. 1857. 3 fr.

Ouvrage couronné par l'Académie française.

Essai sur le Médiateur plastique de Cudworth. In-8°. 1860. 2 fr. 50 c.

De la philosophie du Droit dans la doctrine de Kant. In-8°. 1 fr. 25 c.

Traduction des Confessions de saint Augustin, avec une Introduction. In-12. 1857. 3 fr. 50 c.

ÉTUDES

sur

LA DIALECTIQUE

dans

PLATON et dans HÉGEL,

par

PAUL JANET,

Professeur de logique au lycée Louis-le-Grand.

PARIS

LIBRAIRIE PHILOSOPHIQUE DE LADRANGE,
RUE SAINT-ANDRÉ-DES-ARTS, 41.

—

1861

AVERTISSEMENT.

Le principal morceau contenu dans ce volume, l'Essai sur la dialectique de Platon, a été déjà publié. C'est une thèse présentée en 1848 à la Faculté des lettres de Paris. Comme ce travail a paru à quelques personnes une utile introduction à la philosophie de Platon, j'ai cru devoir le réimprimer en essayant d'y apporter quelques améliorations. Mais pour lui donner un intérêt un peu plus présent, j'y ai ajouté une étude sur la dialectique de Hégel, afin qu'on pût voir les analogies et les différences de ces deux philosophies et de ces deux méthodes, Hégel ayant souvent lui-même donné sa dialectique comme une application et un perfectionnement de celle de Platon.

En publiant des études d'un caractère si abstrait et spéculatif, je sais que je vais contre la tendance du moment, qui paraît de moins en moins favorable à la métaphysique et à la philosophie pure. Et cependant je persiste à croire que ces recherches sont le plus haut et le plus digne objet des investigations humaines, et que leur abandon serait un grand signe d'abaissement intellectuel. C'est dans cette pensée et dans cette crainte que j'ai écrit récemment le morceau qui sert d'introduction à ce volume. Il m'a semblé qu'une défense de la philosophie et de la métaphysique ne serait pas mal placée ici, et protégerait en quelque sorte les études qui suivent.

INTRODUCTION.

LA PHILOSOPHIE ET SES NOUVEAUX ADVERSAIRES.

La situation de la philosophie est aujourd'hui assez délicate et même périlleuse. A la vérité, elle paraît moins menacée d'un certain côté qu'elle ne l'était il y a quelques années. La théologie est beaucoup moins agressive à son égard, et lui laisse une sorte de paix, qui peut paraître douce après les violences et les injustices des temps passés; elle lui emprunte même son secours, et au lieu de répéter sans cesse, comme il y a vingt ou trente ans, que la philosophie conduit nécessairement soit au scepticisme, soit au panthéisme, elle recommence elle-même à philosopher; elle reprend la tradition de saint Augustin et de Malebranche; elle comprend enfin qu'il est beaucoup plus prudent de se servir de la philosophie que de s'armer contre elle.

Mais tandis que d'un côté les hostilités paraissaient

s'apaiser, ou tout au moins changer de caractère et de tactique, de nouveaux périls se sont découverts et sont aujourd'hui tout à fait présents. D'où viennent-ils? Des sciences exactes et positives, dont le développement considérable devait évidemment amener un jour ou l'autre l'état de choses où nous sommes aujourd'hui. Les sciences, après avoir été sous le gouvernement de la philosophie, pendant le XVIIe et le XVIIIe siècle, ont commencé à marcher sans elle, à partir de la révolution. Depuis cette séparation, elles ont fait des progrès considérables, et elles ont surtout conquis une grande puissance sur la vie pratique. Aussi ont-elles laissé entrevoir de nouvelles ambitions; elles ont voulu avoir dans le monde moral la même part d'influence que dans le monde physique; il ne leur a plus suffi de s'être affranchis de la philosophie; elles ont prétendu la détruire et la remplacer. Tel est l'esprit d'une nouvelle école, qu'on appelle l'école positive, dont l'empire est extrêmement puissant aujourd'hui, parce qu'il correspond à deux tendances généralement répandues, l'aversion pour les principes, et l'admiration pour les faits.

A la vérité, quelques esprits plus éclairés que les positivistes absolus essaient de soutenir une thèse plus modérée. Suivant eux, la philosophie est condamnée comme science distincte; mais l'esprit philosophique, le sentiment philosophique ne périra pas.

C'est là, à mon avis, une bien naïve illusion. Sans être un grand prophète, on peut affirmer que s'il n'y a plus de philosophie, l'esprit philosophique ne survivra pas longtemps. Sans doute des générations élevées par la philosophie peuvent bien conserver l'esprit philosophique en renonçant à la philosophie elle-même. Mais en sera-t-il de même, lorsque la philosophie aura été entièrement abandonnée? Ces considérations générales que nos critiques déploient en se jouant, ces vues générales sur les sciences que nos positivistes proposent comme la philosophie de l'avenir, ne paraîtront-elles pas à leur tour entachées d'abstraction, suspectes de métaphysique ; et après les avoir acceptées comme arme de guerre, ne les rejettera-t-on pas pour se concentrer sur les seules choses qui paraissent ne pas tromper, les choses qui se pèsent, se comptent et se calculent ! A coup sûr, il est difficile d'avoir l'esprit plus élevé et plus libéral, que les savants auxquels je fais allusion : mais ils travaillent contre eux-mêmes ; et s'ils réussissaient, ils verraient bientôt s'établir, en vertu de leurs propres principes poussés plus loin, l'empirisme dans la science, l'industrialisme dans la pratique, et le servilisme dans la société.

C'est pourquoi nous n'avons pu voir sans une véritable inquiétude un spirituel et vigoureux penseur, M. Ernest Renan, s'emparer récemment de la thèse positiviste (1), et diriger contre la philosophie une de ces attaques si dangereuses dont il a le secret. Jusqu'ici, nous avions cru avoir en lui un allié, indépendant sans doute, et cherchant sa voie à ses risques et périls, mais comprenant en même temps que la philosophie est la seule garantie de la liberté de la pensée et aussi de l'élévation morale chez les peuples éclairés. Il nous faut le prendre, à notre grand regret, pour un adversaire. Mais laisser de telles provocations sans réponse, ce serait s'abandonner soi-même, et trahir la cause de la vérité.

Quelle est donc, sur l'objet et la nature de la philosophie, la doctrine de M. Renan? Cette doctrine, dégagée de tous les voiles qui l'obscurcissent et de tous les ornements qui la parent, n'est autre que celle-ci : Il n'y a pas de philosophie, il n'y a pas de métaphysique : il n'y a que des sciences particulières qui se lient les unes aux autres, et tendent à se confondre en une science unique, à mesure que leurs résultats se généralisent et se simplifient. La philosophie n'est pas une science, mais un côté des sciences, « l'assaisonnement sans lequel tous les mets sont insipides, mais qui à lui seul ne constitue pas un aliment ; » elle est le résultat, l'esprit, la pensée de toutes les sciences ; et enfin comme l'infini, son éternel

---

(1) Art. de la *Revue des Deux-Mondes*, du 15 janvier 1860.

et insaisissable objet, on peut dire à la fois qu'elle n'est et qu'elle n'est pas.

Cette doctrine, on le voit, est bien, comme je l'ai dit, la doctrine de l'école positiviste. Il y a cependant une différence, qui ne me paraît pas à l'avantage de M. Renan. Dans le système de MM. Comte et Littré, toutes les sciences sont comprises ; toutes viennent, à leur ordre et dans leur rang, s'échelonner dans un savant système qui résume l'ensemble des connaissances humaines ; et dans cet ensemble, quelques-unes des sciences qui composent maintenant la philosophie, pourraient encore subsister à titre de sciences spéciales. Dans le plan de M. Renan, au contraire, il semble que toutes les sciences soient sacrifiées à une seule, l'histoire, et encore à une certaine histoire, l'histoire des origines, l'histoire des faits perdus et obscurs, en un mot, à ce qu'on appelle vulgairement l'érudition. La thèse de M. Renan est donc la thèse même de M. Littré, mais rétrécie, amoindrie, étranglée, rendue insoutenable par son excès même.

Sans méconnaître l'utilité de l'érudition (1), je ne

---

(1) Voy. Leibnitz, *Nouveaux Essais sur l'entendement humain*, l, IV, ch. xvi : « Je ne méprise point qu'on épluche l'antiquité jusqu'aux moindres bagatelles... Je consens qu'on écrive l'histoire de tous les vêtements et de l'art des tailleurs depuis les habits des pontifes des Hébreux, et si l'on veut, depuis les pelleteries que Dieu donna aux premiers mariés au sortir du paradis, jusqu'aux fontanges et aux falbalas de notre temps.. J'y fournirai même, si quelqu'un le

puis me résoudre à croire qu'elle doive tout remplacer, et qu'il n'y aura désormais que des archéologues. N'est-il pas étrange qu'un travail intitulé : *De l'Avenir de la Métaphysique*, ne traite en réalité que de l'avenir de l'érudition ? N'est-ce pas trop ouvertement se faire centre de toutes choses ? Ce n'est pas la métaphysique seule qui souffre de cette exclusion, ce sont toutes les sciences morales et philosophiques. Que faites-vous, par exemple, des sciences qui s'occupent de la société et de ses lois, l'économie politique, la jurisprudence, la politique proprement dite ? Dans votre plan, ni la *Politique* d'Aristote, ni l'*Esprit des lois*, ni le *Traité de la richesse des nations* de Smith, ni les *Lois civiles* de Domat, aucun de ces grands livres n'a sa place, et la philosophie tout entière se réduit à l'étude des langues, au déchiffrement d'une inscription, à la description d'une médaille ! Je ne veux rien dédaigner, et j'accorde que le plus petit fait, bien étudié, peut avoir une grande importance par ses relations avec les autres, par les conjectures qu'il fournit aux esprits pénétrants. J'accepte donc, pour ma part, l'apologie que l'auteur fait de l'érudition. Il est dans son droit ; et d'ail-

---

désire, les mémoires d'un homme d'Augsbourg du siècle passé, qui s'est peint avec tous les habits qu'il a portés depuis son enfance jusqu'à l'âge de soixante-trois ans... Et puisqu'il est permis aux hommes de jouer, il leur sera encore plus permis de se divertir à ces sortes de travaux, si les devoirs essentiels n'en souffrent pas. »

leurs rien de ce qui intéresse l'humanité ne doit nous être indifférent. Mais, encore une fois, sacrifier tout à l'érudition, et au nombre des sciences de l'humanité ne compter ni la politique, ni l'économie politique, ni la jurisprudence, est un parti pris inexplicable, ou qui suppose un dessein arrêté de nier et de taire tout ce qu'on n'a pas appris.

J'entends ce que l'auteur va nous dire : Mais les sciences dont vous parlez ne sont que les annexes de l'histoire ; elles ne peuvent se passer d'elle ; elles lui empruntent leurs données et leurs matériaux. Je l'accorde en partie ; mais de ce que deux sciences se rendent de mutuels services, faut-il nier l'une absolument et la sacrifier à l'autre? Or, de bonne foi, qui pourra jamais soutenir que la *Politique* d'Aristote est un livre d'histoire? Qui verra un ouvrage historique dans le *Cours d'économie politique* de M. Rossi ou dans le *Traité des obligations* de Pothier? Et réciproquement, est-ce l'archéologue, le philologue, l'historien qui nous apprendront les éléments essentiels du gouvernement et les principes du droit de souveraineté; si le contrat de vente est de droit naturel ou de droit des gens ; jusqu'où s'étend le droit de tester; quelles sont les lois qui règlent la valeur ; lequel vaut mieux du libre échange ou de la protection, etc.? Ou il faut exclure toutes ces questions, supprimer toutes les recherches qui ont rapport au bon ordre des sociétés, c'est-à-dire rompre avec les tendances les plus puissantes de notre temps, ou il faut reconnaître à côté des sciences historiques au moins un nouvel ordre de sciences, les sciences sociales, politiques, économiques, juridiques, qui ont leurs principes, leurs méthodes, leurs objets séparés.

Admettez cependant un instant le principe de M. Renan dans toute sa rigueur ; supposez que l'histoire soit la seule source de la politique et de la jurisprudence, il faudra soutenir alors que la condition sociale d'un peuple est nécessairement et doit être le résultat de tous les faits qui constituent l'histoire de ce peuple. Il n'y a plus de doctrine politique, juridique, sociale, qui soit vraie en soi ; le juste n'est plus que le résultat nécessaire des traditions, des habitudes, des faits antérieurs. Cette doctrine est celle d'une école célèbre en Allemagne, dans la jurisprudence, et qui a même eu une certaine importance politique : c'est l'école historique Cette école s'allie à l'école traditionnaliste ; elle représente le parti de l'ancien régime, et est en général très-opposée aux maximes de la Révolution.

Personne sans doute ne peut soupçonner M. Renan de n'être pas un esprit libéral ; mais on a été fort étonné de le voir prendre parti si vivement contre la Révolution française, et, dans un article récent, trahir une certaine complaisance pour le principe de la légitimité. On a pu croire à un jeu d'esprit, à une fantaisie d'imagination : c'était la conséquence même de ses principes. Rien de plus contraire, sans doute, à la philosophie générale de M. Renan, que le principe du droit divin : toute intervention particulière de la Divinité dans les choses de ce monde répugne à son esprit critique. D'ailleurs le principe du droit divin est un principe *à priori* aussi bien que le principe du droit populaire. Or M. Renan rejette tout principe *à priori*. Par ces raisons et beaucoup d'autres, M. Renan est aussi opposé que personne, je le suppose, au principe de l'ancien régime. Mais à son point de vue historique, la Révolution, qui s'est permis de rompre au nom de certains principes absolus avec les faits antérieurs, la Révolution, qui dérive de la philosophie et non de l'histoire, est une entreprise fatale, fausse, qui ne peut amener avec elle que le despotisme ou une fausse démocratie. Si, au lieu de vouloir fonder la liberté sur le droit abstrait, on se fût contenté d'organiser les éléments de liberté qui subsistaient sur le sol; si, au lieu de détruire les priviléges, on s'en fût servi comme de moyens de résistance et de protection, on eût fondé une liberté possible et durable : 89 est donc une grande illusion.

Voilà comment, sans aucun mélange de mysticisme politique, ce pénétrant écrivain, dont on attendrait les idées les plus libérales, semble faire cause commune avec ceux qui passent pour se défier de la liberté. Mais ce qui est vraiment remarquable et digne d'attention, c'est que le même esprit qui se montre si peu favorable à la Révolution française est au contraire plein de sympathie pour l'idée révolutionnaire prise en soi. C'est ainsi que nous le voyons admirer beaucoup l'*Histoire des révolutions d'Italie* de M. Ferrari, où cet auteur compte avec orgueil les vingt-deux mille révolutions dont peut s'honorer sa patrie. M. Renan, dans cet article, semble adopter cette philosophie de l'histoire qui aime le changement pour le changement, la destruction pour la destruction, qui nous raconte avec indifférence le renversement des oligarchies, des tyrannies, des théocraties, des monarchies, des républiques, sans prendre parti pour aucune de ces formes, pour aucun de ces principes, mais toujours favorable à celui qui réussit. C'est la philosophie de l'*universel devenir* transportée dans l'histoire. Et ainsi, la même doctrine, et par les mêmes principes, se rattache d'une part à l'école traditionaliste, et de l'autre à l'école révolutionnaire. Tous les faits lui sont sacrés, soit parce qu'ils ont été, soit parce qu'ils sont, soit parce qu'ils seront. A la vérité, en exposant cette philosophie de l'histoire, M. Renan proteste au nom du sentiment moral. Mais le sentiment moral, ce n'est pas dans l'histoire, c'est en nous-mêmes que nous le puisons. L'histoire ne peut donc être à elle seule le principe de la politique.

Maintenant, cette doctrine, prise en elle-même, a-t-elle au moins quelque nouveauté, quelque originalité? Nullement; elle n'est que l'exagération systématique d'une idée juste et solide qui a près de quarante ans de date. Il y a en effet à peu près ce temps qu'on a vu l'histoire littéraire introduite dans la critique, l'histoire du droit dans la jurisprudence, l'histoire de la philosophie dans la philosophie, l'histoire des institutions dans la politique; peut-on dire même que l'histoire des langues ait été négligée dans le pays d'Eugène Burnouf? Que venez-vous donc nous parler d'histoire? Ce n'est plus d'histoire que nous avons besoin, mais de principes. Votre théorie est la formule d'un mouvement qui finit, et non le prélude d'un mouvement qui s'annonce. La jeunesse brillante de votre style dissimule mal la vieillesse de vos idées.

Mais, sans nous arrêter plus longtemps à la thèse particulière et étroite de M. Renan, et, sans le séparer de ses alliés les positivistes, allons droit à la question : y a-t-il ou n'y a-t-il pas une philosophie?

I.

Le fondement de la philosophie n'a pas besoin d'être cherché bien loin : et l'on est dispensé ici de tout frais d'originalité. Il est dans ce fait primitif que Socrate et Descartes ont exprimé l'un et l'autre à leur manière, lorsque le premier a dit : « Connais-toi toi-même ; » et le second : « Je pense, donc je suis. » Il est dans l'existence incontestable de ce que saint Paul appelle admirablement l'homme intérieur, l'homme spirituel, et qu'il oppose à l'homme charnel et extérieur. Quel homme pourra nier qu'il existe pour lui-même à un autre titre que pour les autres hommes, et qu'il ne connaît pas les autres hommes de la même façon qu'il se connaît lui-même ? La connaissance de soi-même où le sens intime est un fait sans analogie avec aucun de ceux que les autres sciences étudient : c'est le seul qui donne entrée dans un autre monde que le monde extérieur ; seul il est le titre réel et indubitable de la réalité de l'esprit. Jusqu'à quel point sera-t-il possible de pénétrer scientifiquement et méthodiquement dans ce monde de l'esprit qui s'oppose au monde des choses, quoique étroitement lié avec elles ? c'est une autre question. Mais qu'il y ait un homme intérieur, un homme spirituel, qui ne puisse pas se représenter à soi-même comme quelque chose d'extérieur, c'est là une vérité de toute évidence, puisque, si on la niait, il faudrait avouer que les sciences sont faites par un esprit qui ne se connaît pas, c'est-à-dire par un automate ; elles ne seraient donc que des opérations mécaniques. Si, au contraire, comme il faut bien l'admettre pour sauver leur dignité, celui qui les fait sait qu'il les fait, il existe donc pour lui-même à titre de sujet pensant : et là, encore une fois, est le fondement inébranlable de la philosophie.

L'erreur capitale de M. Ernest Renan est de supprimer absolument comme non avenu ce fait si important de l'homme intérieur. Il ne paraît pas même en soupçonner l'existence, et il croit qu'on peut remplacer avantageusement la psychologie par la philologie, celle-ci s'appliquant à des faits extérieurs que l'on peut en quelque sorte manier, palper, éprouver de toutes les manières. Mais en supposant, ce que je ne crois pas, que la philologie pût rendre tous les services qu'il en attend, ne voit-on pas que le vice de ce point de vue est toujours de traiter l'homme comme une chose? Dès lors ce n'est plus l'homme, c'est un végétal d'une nature supérieure, si l'on veut, mais analogue. Aussi dans cette nouvelle philosophie (beaucoup plus ancienne que nouvelle, à vrai dire), toutes les images, toutes les comparaisons sont-elles empruntées à la végétation. La vie de l'homme et de la race humaine, en effet, n'est dans ce point de vue qu'une pure végétation; et il serait impossible de décider si les faits que l'on étudie sont le résultat d'un admirable mécanisme, ou le signe d'un esprit vivant et pensant qui s'atteste lui-même.

C'est encore en se plaçant au même point de vue

que l'auteur affirme que, pour bien connaître l'homme, il faut en observer surtout les types primitifs, ébauchés ou dégénérés. Si l'on veut dire que cette étude des origines ou des anomalies est curieuse, instructive et amusante, qui peut le nier? Qu'elle peut servir de contre-partie, de rectification à la psychologie normale, je le reconnais de grand cœur. Mais prétendre que pour connaître l'homme, il faut principalement s'attacher aux types imparfaits, est une idée insoutenable. Quoi! voilà un être dont la nature est la personnalité intelligente et morale, ou qui peut au moins y arriver, et pour le bien connaître, vous n'étudierez que les cas dégénérés ou les faits obscurs, c'est-à-dire ceux où la vraie nature de l'homme est le plus déguisée. Quoi! si vous voulez étudier les lois de cristallisation d'un minéral, vous n'examinerez que les sujets où ces lois sont le moins sensibles, où les angles sont effacés et détruits, où la force de cristallisation a été arrêtée par des forces contraires! Quoi! si vous voulez étudier le corps humain, ce ne sera pas sur l'homme sain, sur l'adulte, mais sur l'embryon, sur les monstres, sur les infirmes, sur les malades! Pour vous rendre bien compte des lois de l'organisation humaine, vous détournerez vos regards des types où elle est arrivée à son développement, et vous rechercherez seulement ceux où elle a été arrêtée ou déviée! Sans doute, il ne faut mépriser ni l'embryologie, ni l'anatomie pathologique ; mais le goût de l'anormal et de l'incomplet nous ferait-il sacrifier l'anatomie et la physiologie normale?

L'auteur affirme qu'il s'est produit, de notre temps, un grand progrès dans l'étude de l'âme humaine : on a cessé de l'étudier en elle-même. « On a, dit-il, rayonné au-dessus et au-dessous. » Mais quel plaisir peut-on trouver à regarder ainsi les choses de côté, au lieu de les contempler en face? Que si une espèce était perdue, et que l'on sût positivement qu'elle était intermédiaire entre deux autres, l'une inférieure, l'autre postérieure, que nous possédons, je conçois parfaitement que l'on cherchât à se faire quelque idée de ce qu'elle a pu être, en étudiant les deux extrêmes dont elle était la moyenne ; à défaut de documents positifs, la conjecture et l'analogie sont des procédés scientifiques. Mais, lorsque vous avez un être sous les yeux, s'obstiner à regarder au-dessus ou au-dessous pour le connaître est un caprice qui ne peut se supporter. Et quelles belles découvertes a-t-on faites par cette étrange optique? On a appris « que la vie avait son point de départ dans la force et le mouvement, et sa résultante dans l'humanité. » Donnez cette pensée aux plus savants : je défie qui que ce soit de l'entendre et de l'expliquer (1).

(1) La première partie de cette proposition est contradictoire. En effet, il y a deux théories sur la vie : 1° la théorie *mécaniste* soutient

Mais en supposant encore une fois que par cette méthode d'observation oblique et indirecte on obtînt ce qu'on cherche, la description exacte et précise de l'espèce humaine, elle pècherait encore, comme je l'ai dit, par un vice essentiel : c'est que l'homme ainsi obtenu ne serait pour nous qu'un objet, quelque chose d'extérieur et d'indifférent, auquel manquerait le souffle vivant : car ce n'est pas le mouvement qui prouve la vie (les marionnettes se meuvent), c'est le sens intérieur ; en renonçant à ce sens, on perd la seule preuve que l'on puisse avoir de la vie de l'humanité.

L'auteur, d'ailleurs, parle de la psychologie avec une légèreté peu philosophique, lorsqu'il nous dit avec dédain que les psychologues dissèquent l'âme en facultés. Mais que l'on nous dise pourquoi il est intéressant de voir Lavoisier décomposer l'air, Newton la lumière, et pourquoi l'analyse et la décomposition de la pensée serait quelque chose de plaisant et de ridicule. Comment ! vous dites vous-

---

que la vie est le résultat de la *matière* et du *mouvement*, c'est la théorie de Descartes ; 2° la théorie *dynamiste* soutient que la vie résulte de la *force* (qui en soi est un principe de mouvement), c'est la théorie de Leibnitz. Donc, si vous me dites que la vie a son point de départ dans la force, vous n'avez pas besoin d'ajouter *et le mouvement*, puisque cela est déjà contenu dans l'idée de force : car on ne sait ce que c'est qu'une force qui ne serait pas principe de mouvement. M. Renan confond donc ici deux théories distinctes. Il est facile de voir qu'ici comme dans plusieurs passages de son article, il reproduit des idées qui ne lui sont point personnelles, et qu'il n'a pas bien saisies.

même que l'étude des faits les plus minutieux peut avoir de l'importance pour la formation des théories générales ; vous défendez les monographies, et vous avez raison ; et vous parlez avec ce dédain des faits de l'âme et de ceux qui les observent ! Ainsi, pour qu'un fait vous intéresse, il faut qu'il soit extérieur ; dès que les faits sont intérieurs, ils perdent tout leur prix. Vous admirerez beaucoup un philologue qui aura trouvé la loi d'une transmutation de consonnes, et vous dédaignerez le psychologue qui aura trouvé les lois de l'association des idées ! Ainsi, pour que l'homme vous intéresse, il faut qu'il se cristallise, et se moule hors de lui-même dans des faits morts et immobiles.

Il y a plus : il m'est impossible de comprendre ce que serait la philologie sans certains éléments empruntés à la psychologie. Je ne vais pas bien loin chercher un exemple. Je demande à un philologue de m'expliquer la distinction, par laquelle commence la grammaire des petits enfants, des noms propres et des noms communs. Je défie qu'on m'explique cette différence sans arriver à la distinction logique de l'individu et du genre, distinction qui, elle-même, implique l'étude psychologique de l'abstraction et de la généralisation. Je vous défie également de nous faire l'analyse de la proposition, sans faire la théorie du jugement ; l'analyse du verbe, sans la théorie de l'affirmation. Ce sont là, direz-vous, « d'inoffensives banalités. » Soit, mais la théorie de l'addition, en mathématiques, est aussi une banalité inoffensive : croyez-vous cependant qu'Archimède ou Laplace dédaignassent cette opération ? D'ailleurs, la théorie des abstraits, des universaux, du jugement, etc., est loin d'être une théorie élémentaire : elle implique les questions les plus difficiles et les plus profondes de la science de l'entendement. J'accorderai que la philologie comparée est l'auxiliaire indispensable de la grammaire générale; que si la psychologie étudie les phénomènes intellectuels dans leur généralité abstraite, la philologie nous apprend comment les mêmes phénomènes s'expriment dans les langues diverses; elle nous montre les progrès de l'analyse changeant les flexions en particules, remplaçant la construction synthétique des anciens par la construction logique des modernes, les mots figurés par les mots abstraits; en un mot, elle nous fait voir dans l'histoire des races et de l'humanité, les mêmes lois de développement intellectuel que la psychologie constate dans l'individu lui-même : elle est ainsi une vérification de la psychologie. Pour certaines questions obscures et éloignées, telles que l'invention du langage, l'unité de la race humaine, la philologie comparée est, avec l'anthropologie, la condition indispensable des recherches : et cependant, même dans ces sortes de questions, quelle que soit la valeur des faits philologiques, ethnographiques, physiologiques, ce sont encore les raisons psychologiques qui seront les plus décisives.

Ce point de vue intérieur que vous méprisez est d'ailleurs le seul qui puisse servir à séparer les sciences morales des sciences physiques et mathématiques. Cette séparation que vous cherchez à établir entre vous et les positivistes, vous ne la trouverez pas tant que vous renoncerez au point de vue que je vous signale. Supposez, en effet, qu'il n'y ait rien en vous d'intérieur qui vous atteste que vous êtes quelque chose de différent de la plante et de l'animal ; quelle est, je vous prie, la différence essentielle des faits historiques et des faits physiques ? En réalité, tout fait historique est physique. Une bataille est une grande opération mécanique et chimique de la nature : les balles pleuvent et frappent en vertu des lois du mouvement ; le sang coule en vertu des lois de l'écoulement des liquides ; les plaies s'enveniment en vertu de certaines lois chimiques et physiologiques. Le tout n'est qu'un grand phénomène de mouvement. Ainsi d'une naissance, d'une mort, d'une révolution, d'une expédition, etc. Mais tous ces faits, dira-t-on, supposent l'intelligence ! Qu'importe ? les cellules des abeilles la supposent également ; et d'ailleurs, tous les faits de la nature impliquent l'intelligence. Mais vous, en particulier, vous affirmez qu'il n'y a point de causes finales : donc tout se fait par nécessité géométrique ; donc tout ce qui ressemble à l'intelligence n'est pas toujours l'effet de l'intelligence ; donc les faits historiques ne sont en soi que des faits physiques. On peut sans doute leur supposer, si l'on veut, quelque cause intelligente : mais ce n'est là qu'une conjecture gratuite du sentiment, ce n'est pas l'objet de l'observation et de l'expérience. Il n'y a donc pas de séparation absolue entre les sciences historiques et les sciences physiques. Car la distinction que l'on tirerait de ce que l'objet des uns est permanent, et l'objet des autres sujet au changement et à la succession, est une distinction vaine : car la géologie s'applique à un objet qui a changé, la paléontologie est l'histoire des races perdues ; enfin l'astronomie même constate, dit-on, des changements dans les corps célestes. Ainsi reconnaissez que l'histoire n'est qu'une branche détachée de la zoologie, ou revenez à ce point de vue intérieur qui, attestant à chacun de nous qu'il est un être intelligent, l'autorise à le supposer également pour les autres.

On nous dit que la psychologie part de l'hypothèse d'une humanité partout homogène : nullement, ce n'est pas là l'hypothèse dont elle part, c'est le résultat auquel elle arrive. La psychologie part, non pas d'une hypothèse, mais d'un fait, à savoir, que l'homme est présent à lui-même par la pensée, qu'il se connaît lui-même. Il peut donc faire attention à ce qui se passe en lui, s'apercevoir que certains faits sont différents les uns des autres, qu'ils se produisent d'une certaine façon, dans de certaines conditions; ces observations multipliées, répétées, retournées en tous sens, le conduisent à établir des groupes de faits distincts, à affirmer leurs lois ; et c'est là la psychologie que chacun fait pour soi-même. Maintenant, ce que l'un fait, l'autre peut le faire. Les résultats que chacun a trouvés sont présentés en commun et débattus contradictoirement ; ce qui est universellement reconnu par tous les observateurs est considéré comme acquis à la nature humaine ; on discute sur le reste. Que si, dans tous les temps et dans tous les pays, des psychologues qui n'ont pu communiquer entre eux ont reconnu les mêmes faits fondamentaux, il faut bien admettre une humanité homogène ; or, c'est précisément ce qui arrive. Lisez Confucius, lisez les légendes bouddhiques, lisez les lois de Manou, les Entretiens de Socrate, tous les écrits des philosophes, partout vous rencontrerez la distinction de l'entendement et des sens, de la raison et des passions, de la volonté et de l'instinct, du souvenir et de la prévision. Les lignes essentielles de l'humanité sont donc les mêmes partout. Que si la philologie, la physiologie, l'histoire des mœurs et des religions ont des rectifications à apporter à ce principe, des faits contradictoires, qu'elles les proposent, on les jugera. Seulement, il ne faut pas prendre des accidents pour des traits essentiels ; c'est en quoi peuvent se tromper ceux qui ne sont pas psychologues ; de même que ceux qui ne sont pas anatomistes peuvent croire, par l'apparence, que les hommes sont beaucoup plus différents qu'ils ne le sont en réalité. Au point de vue du monde et de ses idées de beauté, la différence d'un nez camus et d'un nez aquilin est considérable ; pour un anatomiste, elle n'existe pas, ou elle n'a aucune importance.

Enfin, on dit et on répète que la philosophie est une science immobile et sans avenir, et qu'elle n'a fait aucun progrès depuis Platon et Aristote. Il faudrait, pour répondre complétement à cette objection, faire le tableau de toute l'histoire de la philosophie. On voudra bien nous en dispenser ici, et nous permettre de nous borner à quelques points.

En psychologie, les grandes lignes de la nature humaine ont été reconnues, à la vérité, par Aristote et par Platon (comment en pourrait-il être autrement ?); mais on peut considérer néanmoins comme des progrès incontestables : 1° l'analyse et la théorie des sentiments et des inclinations ; 2° la théorie des signes et de leur rapport avec la pensée ; 3° la théorie de la volonté libre ; 4° la théorie des rapports du moral et du physique. De ces quatre théories, la première est principalement due à l'école écossaise, la seconde à l'école de Condillac, la troisième et la quatrième à Maine de Biran, et à Cabanis.

En logique, il faut reconnaître que la logique *déductive* a été fondée d'une manière définitive par Aristote. Cependant, même là, les modernes, et récemment encore M. Hamilton, ont fait des progrès importants, et les travaux de Hégel sur ce point sont dignes de la plus grande attention. Mais, 1° quoi qu'en disent les partisans exagérés d'Aristote, la logique *inductive* est toute moderne et date de Bacon. C'est la gloire de l'Angleterre et de l'Ecosse ; et récemment encore, un des esprits les plus originaux, M. Mill, a recueilli tous ces progrès, en y ajoutant lui-même dans son remarquable ouvrage de la *Logique inductive* ; 2° la théorie des *erreurs*, ébauchée par Bacon avec une grande supériorité, est évidemment l'œuvre de Malebranche, et elle serait encore susceptible de grands progrès ; 3° la théorie du *témoignage* et de la méthode historique est encore l'œuvre des temps modernes et appartient, en quelque sorte, à tout le monde ; elle n'en est pas moins très-importante et très-digne d'intérêt.

En morale, on peut citer également : 1° La théorie des sentiments moraux, œuvre admirable d'Hutcheson, de Smith, de Ferguson, de Jacobi, et de toute l'école sentimentale du xviii° siècle ; 2° La théorie de l'obligation morale, dégagée par Kant, avec une netteté incomparable, de tous les embarras où l'antiquité, le moyen âge et même le xvii° siècle l'avaient laissée; 3° Enfin, la théorie du *droit*, telle qu'elle est sortie des admirables travaux de Grotius, de Montesquieu, de Rousseau et de Kant, et qui est le grand principe de la politique moderne.

4° Quant à l'esthétique, on peut dire que c'est une science toute moderne et presque contemporaine. Sans doute, dans l'antiquité, Platon, Aristote et surtout Plotin ont eu d'admirables intuitions. Mais leurs vues sont restées complétement stériles jusqu'au xviii° siècle. Dans la philosophie de Descartes, il n'y a pas un mot sur la question du beau : j'excepte le Père André, qui est le véritable rénovateur de cette science dans les temps modernes. Burke, Diderot, Hemsterhuys et Baumgarten ont été également d'utiles initiateurs. Mais les vrais fondateurs de l'esthétique scientifique sont, en Allemagne, Kant et Hégel, et, en France, MM. Cousin et Jouffroy.

C'est là, sans doute, un résumé fort incomplet et qui demanderait à être prouvé lui-même par l'étude des faits. Mais là, où l'on se contente de nier, pourquoi ne nous serait-il pas permis de nous contenter d'affirmer ? Heureusement, il serait si étrange que l'esprit, perfectible partout ailleurs, restât précisément immobile en philosophie, et que malgré cette immobilité, il s'obstinât encore à une étude ingrate et inféconde; une telle hypothèse est si peu conforme à la nature des choses, que ne pouvant pas la réfuter ici par les textes, nous pouvons au moins en appeler aux présomptions et à la vraisemblance contre une objection qu'il est facile de glisser dans une phrase, mais dont la réfutation exigerait un volume.

A la vérité, cette objection est beaucoup plus dirigée contre la métaphysique elle-même que contre la philosophie. Mais avant de rechercher si la métaphysique est susceptible de progrès, il faut d'abord savoir si elle existe : c'est ce que nous allons maintenant examiner.

II.

On peut nier la métaphysique de deux façons : d'abord, par des raisons extérieures, superficielles, et, si j'ose dire, littéraires ; on peut la nier par des raisons intrinsèques, essentielles, philosophiques. De ces deux méthodes de nier la métaphysique, c'est la première que notre auteur emploie. La plus forte, de ces objections, sinon la plus neuve, c'est que la métaphysique n'est pas une science faite; or, on peut bien conclure de là que c'est une science incomplète, inexacte, sujette aux dissentiments, mais non pas qu'elle ne soit rien. Lorsqu'il nous dit ensuite qu'il ne croit pas plus à la formation d'un nouveau système philosophique qu'à la naissance de nouvelles épopées, ce n'est là qu'une opinion individuelle, que les faits peuvent démentir d'un instant à l'autre : jamais on n'a moins cru à la possibilité des systèmes nouveaux qu'à la fin du XVIIIe siècle, lorsque la doctrine de Condillac était universellement admise : c'est cependant le moment où l'école allemande a commencé ses gigantesques évolutions. L'auteur nous dit qu'en lisant quelques-uns de ces métaphysiciens intrépides, qui savent l'alpha et l'oméga de toutes choses, il se demande involontairement ce que fera l'auteur désormais. Mais ce n'est rien là de décisif; car, après tout, c'est un petit malheur qu'un auteur n'ait plus rien à dire, et si, par hasard, quelqu'un avait trouvé la vérité absolue, il faudrait bien en prendre son parti. Enfin, l'auteur dit que les écrits métaphysiques ressemblent à ces soutras bouddhiques, vastes portiques, préambules sans fin, où tout se passe à annoncer une révélation excellente. On ne peut mieux critiquer les programmes ambitieux et les promesses non suivies d'effets : mais ce défaut

n'appartient-il qu'aux métaphysiciens de profession ?
et ceux qui nous promettent dans l'avenir une magnifique philosophie fondée sur l'étude des langues primitives, ne feraient-ils pas mieux de nous en donner dès à présent les prémices ?

Il y a beaucoup de raisons de ce genre dans l'article de M. Renan, c'est-à-dire des vues piquantes et agréables; mais de raisons vigoureuses, sérieuses, philosophiques, je n'en ai pas vu. Cette critique de la métaphysique est faite pour plaire aux lettrés : c'est un lieu commun charmant, habillé en paradoxe. Mais comme M. Renan dédaigne autant que personne la philosophie littéraire, je veux croire qu'il en a une autre par devers lui, et qu'écrivant pour le monde et un peu pour les dames, il a réservé pour son propre esprit la vraie critique de la métaphysique, telle qu'elle a été faite par Kant et par M. Hamilton. Voilà de vrais, de forts, de profonds critiques. Ils ne se contentent pas de « saisir la physionomie des choses, » ils creusent, ils pénètrent jusqu'au cœur même des questions : pour les suivre ou les goûter, il faut renoncer aux vanités de la forme, aux gloires du bel esprit, aux à-peu-près de la métaphore : il faut penser.

Or, je crois que l'on peut soutenir contre les critiques de la métaphysique trois choses : 1°. En fait, il y a nécessairement et il y aura toujours une métaphysique; 2° En principe, la métaphysique est légitime et a un fondement solide dans la nature de l'esprit humain; 3° Historiquement, la métaphysique n'est pas immobile, et elle se développe comme toutes les sciences.

1° La métaphysique, ou philosophie première, est définie, depuis Aristote, la science des premiers principes et des premières causes. Or, pour savoir s'il y a une science qui soit en état d'affirmer quelque chose de ces causes et de ces principes, il faut savoir si, dans l'entendement humain, il y a quelques notions qui leur correspondent : la critique de la métaphysique suppose donc la critique de l'entendement humain. C'est cette idée que Locke avait eue le premier, et qu'il a faiblement exécutée, mais qui, reprise par Kant avec une force de génie supérieure, fera l'immortelle renommée de son nom. Or, je dis que cette critique de la métaphysique est elle-même une métaphysique. Car on ne peut critiquer les notions métaphysiques et en déterminer la portée sans prononcer par là même sur la nature des choses telle qu'elle nous apparaît. Aussi voyons-nous que, dans la *Critique de la raison pure* de Kant, toutes les questions métaphysiques sont successivement traitées, creusées, résolues : c'est une métaphysique négative et sceptique, je le veux bien, mais c'est une métaphysique. La théorie de l'espace et du temps, la théorie des antinomies, la distinction des noumènes et des phénomènes, la critique des preuves de la spiritualité de l'âme, des preuves de l'existence de Dieu, sont autant d'admirables chapitres de métaphysique.

Ainsi, lors même qu'on admettrait la critique de Kant, il faudrait accorder l'existence d'une métaphysique négative, contre-partie de la métaphysique dogmatique, la suivant dans toutes ses questions, opposant réponse à réponse : cette sorte de métaphysique a existé de tous les temps ; c'est une des formes de la métaphysique éternelle : c'est le scepticisme.

Supposons maintenant un esprit parfaitement convaincu de la métaphysique critique : il y a mille à parier contre un qu'une fois satisfait sur ce point, l'inquiétude et un certain pressentiment de l'inconnu se feront sentir d'un autre côté. Quelques-uns peut-être supporteront avec une parfaite sécurité cet état de vide, et nul soupir ne s'élèvera plus en eux vers le monde invisible. Je veux le croire, et cependant je ne le crois pas; partout et chez tous se fait sentir un mouvement dans le sens opposé. Quelques-uns, par un tour de force logique, essayeront de reconstruire le monde invisible sur la base de la loi morale, et retrouveront Dieu par le devoir; c'est là l'évolution morale de Kant; d'autres, comme Pascal et l'abbé de Lamennais, se plongeront dans la foi positive;

d'autres, comme Jacobi et Rousseau, feront appel au sentiment; d'autres enfin, comme MM. Comte et Littré, s'exalteront à l'idée de l'humanité, et inventeront le culte des grands hommes; les plus ignorants ou les plus exaltés croiront aux fluides, aux esprits, aux ombres, que sais-je? aux vertus secrètes et mystérieuses; et enfin les plus sages, ceux qui critiqueront tous ces retours, toutes ces évolutions, tous ces démentis, auront encore leurs moments d'oubli; et à une heure fortuite, un soupir inattendu entraînera malgré eux leur cœur vers ce monde idéal, objet d'amour et de terreur, que l'on ne peut ni démontrer ni détruire, qui n'a pas de proportion avec notre être, et qui cependant nous appelle, nous enveloppe, nous engloutit de tous côtés. Ce n'est pas M. Renan qui pourrait nier cette contre-partie de la métaphysique critique, lui qui a dit que l'évolution de Kant devait se passer dans toute âme sérieuse, lui qui dit encore dans ce nouveau travail que le Dieu de l'abstraction ne suffit pas, et qu'il faut y ajouter le Dieu du sentiment, lui enfin qui termine ce travail par une prière, dont je ne puis croire qu'elle soit une pure fiction. Elle s'adresse à quelqu'un, ne fût-ce qu'au Dieu inconnu; elle est ce soupir de l'âme vers ce *nescio quid* que la raison n'atteint pas; et ainsi M. Renan lui-même est un témoignage de cette réaction produite par la critique jusque dans l'âme du critique lui-même. On me dit que ce n'est pas sincère, mais je n'en crois rien ; ce n'est pas seulement parce que je n'ai aucune raison de douter de la loyauté d'un si noble esprit, mais ce mouvement est si naturel, si nécessaire, que je le supposerais encore lors même que l'auteur ne le déclarerait pas.

Que conclure de cette analyse? C'est que, s'il y a une métaphysique critique, il y en aura nécessairement une autre correspondante, à savoir, la métaphysique de la foi, du sentiment, et, pour en embrasser d'un seul mot toutes les formes, la métaphysique mystique; on peut y entrer un peu ou beaucoup, s'y sauver ou s'y perdre, s'y élever ou s'y abêtir, mais on ne peut y échapper.

Maintenant, je demanderai aux critiques devenus quasi-mystiques, c'est-à-dire faisant appel au sentiment, je leur demanderai si la critique peut s'appliquer au sentiment lui-même, s'il est permis à la raison de chercher à se rendre compte, dans la mesure de ses forces, de ce que le cœur, le sentiment moral, l'amour de l'idéal devine, pressent, adore; je demande par exemple, si, lorsque la critique adresse au Père suprême une prière mystérieuse, une autre critique n'aurait pas le droit de critiquer cette prière et de chercher à qui elle s'adresse. Or, cette nouvelle critique, qui ne serait autre chose que l'analyse même du sentiment religieux, pourrait conduire ceux qui la suivraient à deux résultats opposés.

Ou bien, en réfléchissant, on s'apercevrait que ce sentiment ne s'adresse à rien, absolument à rien. On renoncerait pour toujours aux élans, aux soupirs, aux hymnes et aux prières; on ne laisserait à la poésie aucune prise sur nos âmes ; on ne lui accorderait que le droit d'amuser l'imagination : analysant, creusant, disséquant toutes nos idées et tous nos sentiments, on ne trouverait rien dans l'âme qui n'y soit entré par les sens, et rien dans les sens qui ne soit image des choses corporelles, d'où il suivrait que rien n'existe qui ne soit corps ou combinaison de corps. Voilà une troisième métaphysique qui diffère de la métaphysique critique, en ce que celle-ci ne sait rien de la nature des choses et ne nie pas le monde invisible et supérieur, tandis que celle-là sait positivement que tout se réduit à des corps : c'est la métaphysique matérialiste ou athée.

Ou bien, on trouverait que tout sentiment implique un objet ; on admettrait donc quelque chose de réel auquel s'appliquerait la prière, dont nous supposons la critique. On dirait, avec l'auteur, de cet être inconnu : Il est. Mais on chercherait encore si on ne peut pas dire quelque chose de plus. Partant de cette affirmation, on se demanderait s'il est possible que la raison ne sache absolument rien d'un objet dont elle affirme invinciblement qu'il est : à la lumière de cette nouvelle idée, fournie, on le voit, par la critique elle-même, on examinerait de nouveau toutes les affirmations de la métaphysique critique ; on verrait s'il est vrai de dire que l'idée de cause ne répond à rien, que l'idée de substance ne répond à rien, que l'absolu exclut la détermination, que la substance ne peut pas être personne, que l'individu ne peut pas être substance, que l'âme est le résultat et l'harmonie du corps, que la vie a son point de départ dans la force et le mouvement, et sa résultante dans l'humanité ; que les causes finales sont absentes de la nature, etc.; et l'on pourrait arriver sur tous ces points à des pensées tout à fait différentes de celles de nos critiques : de là une quatrième espèce de métaphysique, la métaphysique déiste et spiritualiste.

Ainsi, l'on verrait renaître par la force des choses les quatre systèmes les plus généraux, et, à leur suite, toutes les combinaisons différentes que l'on peut faire entre eux ; et ainsi renaîtrait la métaphysique tout entière, indestructible comme l'esprit humain.

L'une des pensées les plus belles et les plus ingénieuses de M. Cousin a été certainement cette réduction des systèmes de philosophie à quatre types essentiels ayant tous leur raison d'être dans la nature humaine et l'esprit humain. On peut contester cette classification. Mais que ce soit celle-là ou une autre, il est certain que lorsqu'on aura détruit dans la science tous les systèmes philosophiques, ils renaîtront dans la foule : si ce n'est plus l'école, ce sera le peuple qui aura ses sceptiques, ses mystiques, ses matérialistes et ses spiritualistes. Il y aura donc toujours une métaphysique latente; et comme le besoin de se rendre compte de ce qu'il pense est inhérent à l'esprit humain, cette métaphysique latente et populaire redeviendra nécessairement une métaphysique savante. Elle est donc indestructible.

2° Ce n'est pas assez de dire que la métaphysique existera toujours en fait. Il faut encore prouver qu'elle doit exister, c'est-à-dire qu'elle est légitime. Or, ici encore, M. Renan nous rend la défense très-difficile.

En effet, il se contente d'affirmer que Kant et Hamilton en ont fini décidément avec la métaphysique, et il s'en réfère à leurs arguments sans prendre la peine de les reproduire. Mais, pour notre défense, nous imposer de réfuter Kant et Hamilton, ce n'est rien moins que nous demander une philosophie tout entière, œuvre sans contredit au-dessus de nos forces, et qui d'ailleurs ne peut être entreprise en passant. Pour échapper à ce piége, nous nous contenterons de présenter quelques observations d'où l'on pourra conjecturer que la métaphysique n'est pas aussi condamnée qu'on le prétend, par les travaux de ces deux éminents philosophes.

Je suis loin de méconnaître que Kant ait fait en

philosophie une révolution immense, dont les conséquences sont incalculables. Il est impossible aujourd'hui de toucher à une question métaphysique, sans rencontrer sa trace. Traiter de l'existence de Dieu par les arguments de l'Ecole, sans discuter les objections de Kant ; exposer une théorie de l'infini dans l'espace et dans le temps, sans chercher à résoudre les antinomies, serait faire preuve de l'ignorance la moins excusable. J'irai plus loin, et j'accorderai que la critique de Kant nous a fort utilement appris à mesurer avec plus de circonspection nos affirmations sur les choses invisibles, et enfin que peut-être a-t-il démontré que certaines questions sont en dehors et au-dessus de la raison spéculative

Ces concessions faites, je nie que Kant ait absolument ruiné la métaphysique ; et cela, par une raison très-simple : c'est que le système de Kant est lui-même une *hypothèse métaphysique*. Il suffit, en effet, d'ouvrir, pour s'en convaincre, la Critique de la raison pure : « Jusqu'ici, dit-il, l'on a cru que toute notre connaissance devait se régler d'après les objets ; mais tous nos efforts pour décider quelque chose sur ces objets au moyen de concepts sont restés sans succès, dans cette supposition. *Essayons donc si l'on ne réussirait pas mieux* dans les problèmes métaphysiques, *en supposant que les objets doivent se régler sur nos connaissances*... Il en est ici comme de la première pensée de Copernic, lequel voyant qu'il ne servait de rien pour expliquer les mouvements des corps célestes, de supposer que les astres se meuvent autour du spectateur, essaya s'il ne vaudrait pas mieux supposer que c'est le spectateur qui tourne et que les astres restent immobiles. Or, *en métaphysique, on peut tenter la même chose* pour ce qui concerne l'intuition des objets (1). »

Voyons maintenant quelle est cette hypothèse. Il établit d'abord, qu'il y a deux choses dans la connaissance : la *matière* et la *forme*. « La matière, ce sont les *phénomènes ;* la forme, c'est ce qui fait que la diversité des phénomènes peut être coordonnée dans de certains rapports. » En un mot, la matière, c'est le *divers ;* la forme, c'est l'*unité* dans la connaissance.

Or, Kant pose en principe, sans le prouver, que la matière, c'est-à-dire le phénomène, est seule *donnée* dans l'expérience, et que « la forme *doit l'attendre toute préparée à priori dans l'esprit.* » Tout le système est là, mais on voit du premier coup combien il est hypothétique. Sur quoi établit-on un pareil principe? Pourquoi la forme ne serait-elle pas donnée en même temps que la *matière?* Pourquoi l'expérience en même temps qu'elle me donne le multiple, ne me donnerait-elle pas aussi une certaine unité? Pourquoi le lien des phénomènes

(1) *Crit. de la raison pure*, trad. Tissot, t. I, suppléments, p. 532.

ne serait-il pas l'objet de l'expérience, aussi bien que les phénomènes eux-mêmes ? Pour démontrer qu'il n'en est pas ainsi, il n'y aurait qu'une seule méthode rigoureuse : ce serait d'analyser la matière de la connaissance avant d'en analyser la forme. Pour savoir ce qui est préparé *à priori* dans l'esprit, il faut savoir tout ce qui lui est donné par l'expérience ; car il ne faut pas multiplier les êtres sans nécessité ; il ne faut donc pas multiplier sans nécessité les notions *à priori* ; il faut se borner en ce genre au strict nécessaire. Mais comment savoir ce qui est nécessaire, si nous ne savons pas exactement ce que l'expérience nous fournit. Ainsi, la théorie de la matière de la connaissance devait nécessairement précéder celle de sa forme ; la théorie du *phénomène* était la seule base scientifique de la doctrine de Kant. Or, elle manque entièrement. Rien de plus vague, de plus obscur que ce qu'il dit du phénomène. « C'est, dit-il, l'objet indéterminé d'une intuition empirique. » C'est affirmer implicitement ce qu'il faudrait prouver, à savoir que toute forme et toute détermination est *à priori*. Or, c'est cette première erreur de méthode, qui fait que la critique de la raison pure est une œuvre si artificielle, malgré le profond génie dont elle témoigne. En effet, Kant ayant négligé de déterminer expérimentalement la limite entre la matière et la forme de la connaissance, fut réduit, pour découvrir les formes élémentaires de la pensée, à prendre pour fil conducteur la logique vulgaire ; et il crut que les formes logiques de la pensée supposaient autant de formes pures et *à priori* dans l'esprit : conception essentiellement fausse, et qui est une des causes des égarements de l'idéalisme en Allemagne (1). C'est là ce qui rend la théorie des catégories si obscure, si confuse, si peu satisfaisante ; et là cependant est le cœur de la doctrine.

Non-seulement le système de Kant est une hypothèse, mais encore une hypothèse contradictoire et incompréhensible.

Puisque la connaissance, selon Kant, est la réunion de deux choses, la *matière* et la *forme*, il faut que chacune d'elles, prise à part, ait une certaine intelligibilité : autrement on ne saurait ce qu'on réunit. Or, je maintiens que dans cette théorie, la matière de la connaissance, c'est-à-dire le phénomène, se refuse à toute notion. En effet, faites abstraction, je ne dis pas seulement de l'espace et du temps, ce qui peut se comprendre, mais de toutes les notions contenues dans la table des catégories, par exemple l'*unité*, la *pluralité*, la *réalité*, la *limitation*, l'*existence*, etc., je demande ce que peut être un tel objet, qui n'est ni un, ni plusieurs, ni réel, ni limité, etc. : je dis que c'est un pur rien. Non-seulement, sans ces catégories, il ne peut être

(1) Sur ce point, voyez plus loin, p. 308.

logiquement pensé, mais il ne peut même être perçu ; il ne peut être donné dans aucune intuition : car l'objet d'une intuition est déterminé, c'est ceci ou cela. Par conséquent le phénomène séparé des catégories est un chaos; il n'est pas.

La difficulté se complique, lorsqu'on réfléchit qu'il y a, selon Kant, deux ordres de phénomènes, les uns externes, les autres internes : quelle peut être la différence entre les uns et les autres, dans un système qui n'admet pas que nous connaissions les choses en soi : car puisque nous ne percevons les choses externes que par les modes dont nous sommes affectés, comment distinguera-t-on dans ces modes ce qui est interne ou externe; et d'ailleurs toute affection n'est-elle pas nécessairement interne, et alors à quelle partie du phénomène s'applique la forme pure de l'espace, d'où résulte l'extériorité ? Et enfin, qu'est-ce que ces phénomènes internes, qui, pris en soi, nous sont donnés, sans *unité*, sans *pluralité*, sans *réalité*, sans *existence*, etc.

On voit que la notion du phénomène est absolument incompréhensible dans ce système. Mais enfin passons sur ces difficultés. En voici une autre bien plus grave encore et plus profonde. Nous connaissons, dit-on, en appliquant aux phénomènes les formes préparées *à priori* dans l'esprit. Soit ; mais qu'appelle-t-on l'esprit ? Je comprendrais que si l'on commençait par poser, comme Descartes, l'existence de l'esprit, c'est-à-dire du moi pensant, on affirmât que le moi ne connaît le dehors qu'en raison des lois de son intelligence, mais sans aucune garantie de leur exactitude et de leur fidélité. Mais il n'en est pas ainsi; le moi lui-même, dans le système de Kant, n'est qu'un ensemble de phénomènes, qui, pris en soi, ne sont absolument rien de déterminé, dont on ne peut absolument rien dire, et qui n'arrive à se connaître et à se penser qu'en vertu de ces mêmes formes *à priori*, qui s'appliquent aussi bien aux phénomènes internes qu'aux phénomènes externes. Mais alors, où résident ces formes, ces lois, ces catégories, ces idées? Quel sujet les reçoit? Quel être les applique? On ne peut dire qu'elles soient en moi, puisque je ne suis moi que par elles, et qu'on ne pourrait les placer, tout d'abord en moi, sans un manifeste cercle vicieux. Dire qu'elles sont dans l'esprit, c'est parler le langage de la philosophie vulgaire, mais non celui du système. Car il n'y a pas d'*esprit*, pour celui qui ne connaît aucune chose en soi. Entend-on par esprit l'ensemble des phénomènes subjectifs, présents à la conscience empirique? Mais alors, il faudrait admettre que les *formes à priori* ont pour sujet ce qui *n'est donné qu'à posteriori*. Les formes pures de la pensée ne sont donc nulle part, elles ne résident dans aucun sujet. Et en méditant cette difficulté, on voit qu'il n'est pas si extraordinaire qu'on l'a supposé de voir l'idéalisme objectif de Schelling sortir du kantisme, tout aussi bien que l'idéalisme subjectif de Fichte. En effet, on pouvait tout aussi bien supposer que ces lois étaient les lois mêmes de l'être, pris en soi, que les lois d'un sujet qu'il était impossible de saisir, et qui échappait à toute expérience.

La théorie de Kant, bien loin d'être la ruine de toutes les hypothèses métaphysiques, n'est donc elle-même qu'une de ces spéculations *à priori* qu'il a si vivement attaquées, et une spéculation contradictoire et incompréhensible. Locke, génie moins profond que Kant, était cependant beaucoup plus près de la vérité, lorsqu'il fondait la critique de la métaphysique sur l'analyse expérimentale de l'esprit humain. C'est cette analyse seule qui peut découvrir si l'homme est capable de s'élever au-dessus des phénomènes, et de pénétrer dans le monde des existences.

Or, voici ce que nous soutenons. 1° La conscience, en même temps qu'elle nous apprend que nous sommes affectés de mille manières diverses, nous apprend qu'il y a en nous quelque chose qui ne change pas, tandis que nos affections changent et passent; quelque chose d'absolument un, quoique affecté à la fois de diverses manières, et souvent même d'une façon contradictoire. Or, ce qui est identique et un, au sein de la multiplicité et du changement, nous l'appelons substance, ou être, et nous n'avons pas une autre idée d'être ou de substance que celle-là. 2° L'esprit, c'est-à-dire ce qui a conscience de soi-même, et se perçoit comme un et identique dans le divers et le changeant, l'esprit se saisit en même temps comme une activité permanente, capable de produire, spontanément ou volontairement, une suite indéterminée de phénomènes. Or, cette puissance de produire des phénomènes, c'est ce que nous appelons cause. Ainsi, l'esprit se saisit lui-même comme une substance et comme une cause ; et par là, il échappe au monde des phénomènes, et il habite dans le monde des existences et des êtres. A ce titre, il est une *chose en soi*, un *noumène*. Les deux idées fondamentales de la métaphysique, la substance et la cause, ne sont donc pas des notions *à priori*, des *idées innées*, moules vides, préparés à l'avance pour recevoir et coaguler la matière flottante et bouillonnante des phénomènes. Ce sont des notions puisées dans l'expérience ; elles ont un type précis et immanent, qui est le moi lui-même. Ainsi la psychologie rationnelle se confond avec la psychologie expérimentale : le monde intelligible n'est plus un monde mystérieux où l'on ne peut pénétrer que par le sentiment, l'extase ou les artifices de logique les plus raffinés ; c'est le monde naturel, où chacun de nous se trouve, quand il est présent à lui-même par la réflexion, et même avant toute réflexion, par le sentiment immédiat de son existence une et identique.

Le passage du phénomène à l'être est le premier degré de la métaphysique ; le passage de l'être fini à l'être infini, du relatif à l'absolu, en est le second. C'est ici que le plus redoutable adversaire de la métaphysique n'est plus Kant ; c'est le savant critique écossais, M. Hamilton.

Sans doute, Kant a déclaré tout à fait impossible l'application des idées d'infini ou d'absolu à l'ordre de l'expérience ; il a essayé de prouver que toute tentative de ce genre est contradictoire, et c'est là sans aucun doute qu'il a fait à la métaphysique les blessures les plus dangereuses. Mais il ne faut pas oublier qu'au-dessus de la sphère de l'expérience, dans le monde supra-sensible, Kant conserve la notion de l'absolu, et il n'en considère pas l'objet comme impossible.

Il est vrai que l'absolu n'est à ses yeux que la règle suprême de la pensée, la limite nécessaire d'une raison qui ne peut remonter à l'infini la chaîne des phénomènes et des êtres, un point d'arrêt enfin. Mais je dis qu'il suffit d'accorder que la raison humaine ne peut se passer de la notion d'absolu. Car une fois ce point reconnu, le doute hyperbolique que l'on émet sur la valeur de cette idée, est de peu d'importance. La raison peut parfaitement bien prendre son parti de ne connaître les choses que suivant les lois de sa propre constitution ; car il est impossible à un être pensant de penser à d'autres conditions que celles-là. A la vérité, Kant va plus loin, et il essaie de ruiner toute tentative de démontrer logiquement l'existence de l'absolu ou de Dieu, en établissant que si l'on part du fini, on ne peut fonder l'infini sur le fini, et que si l'on part de l'idée de l'infini, on ne peut conclure de l'idée à l'être. Mais je dis : si vous commencez par accorder qu'il est dans les nécessités de la raison de s'élever du fini à l'infini, du contingent à l'absolu, je n'ai pas besoin d'une autre démonstration que celle-là. Ce fait fondamental que vous accordez est caché au fond de toutes vos démonstrations, et c'est lui qui en fait la force ; ce que, du reste, Hégel a admirablement démontré (1). Enfin, dans le système de Kant, la métaphysique de l'absolu est en suspens, en raison du doute sceptique qui pèse sur toutes nos connaissances ; mais elle n'est pas impossible. Ce qui le prouve, c'est qu'il a suffi aux successeurs de Kant de passer par-dessus ce doute, pour construire, avec ses propres principes, la métaphysique la plus ambitieuse qui fut jamais.

M. Hamilton, le savant critique écossais, est bien plus radical ; il reproche à Kant d'avoir conservé cette notion qui peut encore laisser quelque espoir aux

(1) Voy. Logique, Introduction, § L et suiv.

métaphysiciens, et de n'avoir pas une bonne fois
exorcisé le fantôme de l'absolu. « Il aurait dû montrer, dit-il, que si l'*inconditionnel* n'a aucune raison
objective, c'est qu'en fait il n'est pas susceptible d'une
affirmation subjective ; qu'il ne donne pas une vraie
connaissance, parce qu'il ne contient rien de concevable (1). » La notion de l'*inconditionnel*, c'est-à-dire de l'infini ou de l'absolu, est une notion négative, vide de tout contenu, qui est produite dans
l'esprit par la faculté que nous avons de concevoir
les contradictoires : « Les contradictoires, dit-il,
s'impliquent nécessairement, car la connaissance
des contraires est une. Mais la réalité d'un des contradictoires, loin d'être une garantie de la réalité
de l'autre, n'est rien moins que sa négation. Ainsi
toute notion positive (la connaissance d'une chose en
tant qu'elle est) suggère une notion négative (la connaissance d'une chose en tant qu'elle n'est pas) ; et la
plus haute notion positive, celle du concevable, est
toujours accompagnée de la notion négative correspondante, celle de l'inconcevable. Mais, bien que ces
notions se supposent réciproquement, la positive est
seule réelle ; la négative n'est que l'abstraction de
l'autre, et dans sa plus haute généralisation, elle
n'est que l'abstraction de la pensée elle-même (2). »

(1) Fragments d'Hamilton (traduction de Louis Peisse), article *Cousin-Schelling*, p. 24.
(2) Ibid. p. 58.

Mais il n'est pas vrai que toute notion négative soit nécessairement une notion vide de tout contenu. Par exemple, l'idée d'incorporel, quoique négative, correspond certainement dans notre pensée à quelque chose; car on peut bien discuter s'il y a des substances incorporelles, mais non s'il y a des choses incorporelles; par exemple, la pensée, la vertu, un rapport abstrait, etc. Et, quand même nous ne saurions absolument pas ce que c'est que l'incorporel pris en soi, on ne pourrait cependant pas soutenir que nous n'en avons pas absolument d'idée, puisque nous en pouvons donner des exemples.

Une notion négative n'est donc pas nécessairement une notion vide, et ainsi il est possible que la notion d'inconditionnel, quoique obtenue par la négation du conditionnel, soit cependant quelque chose dans l'esprit. Or, je remarque que nous obtenons cette idée en faisant abstraction de ce qui restreint notre notion d'être, et non pas en faisant abstraction de l'être lui-même. Nous avons vu que nous avons une notion positive de l'être, mais que nous ne le percevons que limité et subordonné; or, si nous supprimons la condition, nous ne supprimons pas pour cela ce qui est le fond de notre perception, à savoir, l'être : nous obtenons ainsi la conception de l'être sans restriction. On ne voit pas comment la suppression de ce qui limite une notion entraînerait la suppression totale de cette notion. Il faut bien d'ailleurs supposer qu'il reste quelque chose dans l'esprit après cette négation; autrement il serait impossible de comprendre ce que dit M. Hamilton : « Cette conscience même que nous avons de notre impuissance à rien concevoir au delà du fini et du relatif, nous inspire, par une étonnante révélation, la croyance à quelque chose d'inconditionnel au delà de la sphère de la réalité compréhensive. » Or, je demande comment il serait possible de croire à l'objet d'une notion absolument vide. On conçoit qu'au delà du compréhensible je croie à l'existence de quelque chose d'incompréhensible; mais encore faut-il que cette croyance ait un fondement dans un acte de l'entendement, et, par conséquent, que l'inconditionnel soit, dans une mesure que je ne détermine pas, quelque chose de pensable. C'est, du reste, ce qui résulte évidemment de cette phrase du savant et pénétrant traducteur de M. Hamilton : « *On ne nie pas que notre science n'atteigne jusqu'à Dieu*, jusqu'à la nature et jusqu'à nous ; on ne discute que sur la nature, le contenu et la forme de cette science..... C'est dans l'appréciation différente de la valeur des notions ontologiques, *et non dans la réalité de ces notions*, que réside la difficulté (1). » Ainsi, ce qui est un acte de foi, dans M. Hamilton, est, selon M. Louis Peisse, une notion

(1) Fragm. d'Hamilton, Préface du traducteur, p. ɾxxxvɪɪɪ.

réelle, dont il s'agit seulement de déterminer le contenu. Or, c'est précisément ce que nous disons.

Nous n'avons pas ici à aller plus loin ; car déterminer la valeur de cette notion, est l'objet même de la science dont nous défendons l'existence. Peut-on, par exemple, avoir de Dieu une idée adéquate, quoique incomplète, ou ne le concevons-nous que par rapport à nous-mêmes ? C'est la première question que la métaphysique elle-même aura à résoudre. On peut soutenir la doctrine du *Deus absconditus*, sans nier pour cela la métaphysique. Il est parfaitement permis de dire que Dieu ne se montre pas face à face à l'intelligence créée, ou encore, comme Fénelon, que « cette distinction des perfections divines que j'admets en Dieu...., n'est rien de vrai en lui ; que c'est un ordre et une méthode que je mets par nécessité dans les opérations bornées et successives de mon esprit, pour me faire des espèces d'entrepôts dans ce travail, et pour contempler l'infini à diverses reprises, en le regardant par rapport aux diverses choses qu'il fait hors de lui. » Dans la première hypothèse, la métaphysique sera l'analyse de l'idée même de Dieu considéré en soi ; dans la seconde, la métaphysique sera l'analyse des divers points de vue sous lesquels nous le considérons. Choisir entre ces deux théories est l'œuvre de la science elle-même.

3° Non-seulement la métaphysique prise en soi est éternelle, mais j'ajoute qu'elle fait des progrès avec le temps, qu'elle a, quoi qu'on en dise, des résultats acquis, et enfin que parmi les systèmes qui se partagent le champ de la pensée, il en est qui restent éternellement les mêmes, sans s'améliorer, ou qui disparaissent progressivement; d'autres, au contraire, qui se développent sans cesse, et auxquels l'avenir appartient. C'est ce que démontrerait une histoire complète et profonde de la philosophie; c'est ce que nous ne pouvons indiquer ici qu'en quelques mots.

Par exemple, des divers systèmes que nous venons de signaler, il en est un qui n'a fait aucun progrès depuis l'antiquité, et qui, dans l'avenir, sera évidemment écarté de la spéculation philosophique: c'est le matérialisme. Le matérialisme a eu, dans l'antiquité, sa période de gloire. Comme adversaire des superstitions polythéistes, il a pu rendre quelques services et jeter quelque éclat. Le matérialisme de Lucrèce, par exemple, a, si l'on veut, une sorte de grandeur. Encore cette grandeur doit-elle être surtout attribuée, comme l'a montré un ingénieux et pénétrant critique (1), aux emprunts involontaires que ce poëte éloquent fait aux vérités du spiritualisme. Mais, depuis ce temps, où sont les conquêtes

(1) *De Lucrèce et du Poëme de la nature,* par M. Patin, Leçons d'ouverture à la Faculté des lettres.

et les progrès du matérialisme? Au moyen âge, il n'y en a pas trace; au dix-septième siècle, tandis que Descartes, Malebranche, Leibnitz, Spinosa lui-même, renouvellent si audacieusement le champ du spiritualisme, Gassendi et Hobbes ne font que traduire, sans aucune invention, le système d'Épicure. Ce dernier n'est original que dans la politique; le premier n'est qu'un érudit. Au dix-huitième siècle, ni Montesquieu, ni Rousseau, ni Voltaire même ne sont matérialistes. Locke ne l'est pas davantage. Berkley, Hume, Condillac, sont des idéalistes, non des matérialistes. Les seuls matérialistes de ce temps, d'Holbach, Lamettrie, Naigeon, sont des esprits aussi lourds que grossiers, étrangers à toute connaissance sérieuse et délicate de la nature humaine. Aucun d'eux n'offre trace d'une idée qui lui appartienne. La philosophie allemande, la philosophie écossaise, la philosophie française de notre temps sont trois mouvements absolument contraires au matérialisme. En un mot, la métaphysique tend à rejeter de plus en plus de son sein cette philosophie grossière et inférieure, qui n'a pu avoir quelque valeur que dans les premiers temps de la spéculation philosophique.

Le scepticisme et le mysticisme ont plus d'avenir que le matérialisme, car ils ne viennent pas seulement de l'ignorance, mais de certaines conditions essentielles de notre nature : l'esprit humain est à la fois très-faible et très-impatient ; quand il remarque sa faiblesse, il est sceptique ; quand il s'abandonne à son impatience, il est mystique. On ne peut donc supposer que ces deux travers, si ce sont des travers, disparaîtront jamais. Il n'est même pas à désirer qu'ils disparaissent entièrement : un peu de scepticisme, un peu de mysticisme sont un utile assaisonnement et un correctif intéressant à un dogmatisme qui pourrait devenir présomptueux et impertinent, et à un rationalisme qui pourrait dessécher l'âme. Disons cependant que le scepticisme et le mysticisme sont plutôt deux états de l'esprit ou de l'âme que deux doctrines : ce sont des accidents dans le développement de la science; ce n'est pas la science elle-même.

En réalité, il n'y a qu'une seule métaphysique : la métaphysique idéaliste ou spiritualiste. Seulement, elle a encore, à l'heure qu'il est, deux formes très-opposées, et c'est là qu'est le débat. Suivant les uns, le principe des choses est une force obscure, indéterminée, qui ne se connaît pas elle-même, qui devient successivement toutes choses, et qui ne prend conscience de soi que dans la conscience de l'homme ; selon les autres, le principe des choses est un être souverainement parfait, une intelligence distincte du monde dont elle est la cause, ayant donné naissance à des créatures libres et morales dont elle est la fin. De ces deux conceptions, la première est le panthéisme ; la seconde, le spiritualisme proprement dit. Mais, entre ces deux conceptions contraires, combien encore de principes communs : 1° Il y a quelque chose ; 2° ce quelque chose peut être connu par la raison ; 3° le principe des choses est esprit et non matière ; 4° il n'y a qu'un seul principe ; 5° l'ordre des choses se développe conformément à des lois régulières. Je ne voudrais pas affaiblir l'opposition du panthéisme et du spiritualisme ; mais je crois utile de montrer qu'à mesure que la philosophie fait plus de progrès, le débat se circonscrit davantage. Or, dans les sciences morales, il est impossible de demander et de concevoir un autre progrès que celui-là.

Il y a donc une métaphysique, c'est-à-dire une philosophie première qui traite des premiers principes et des premières causes. Cette métaphysique, comme l'ont démontré Socrate, Descartes, Locke et Kant, a son point de départ dans la science de l'esprit humain. Est-ce à dire qu'elle ne puisse pas sortir de ce cercle étroit, qu'elle ne doive pas jeter les yeux sur le monde extérieur, sur la nature inorganique ou vivante ? Loin de là, et c'est ici que la thèse de MM. Littré et Renan nous paraît solide et appeler la réflexion de tous les philosophes qui aiment le progrès. D'une part, les sciences physiques, naturelles et mathématiques ; de l'autre, les sciences historiques, philologiques, archéologiques nous paraissent l'auxiliaire indispensable de la science de l'esprit humain et de la science du principe des choses. C'est là une voie nouvelle ouverte à tous les jeunes penseurs : et s'il y avait encore aujourd'hui, comme autrefois, une pépinière de philosophes, c'est dans cette voie qu'il faudrait les diriger.

Mais, lorsqu'il est si facile d'avoir une idée juste, quel plaisir peut-on avoir à en soutenir une fausse ? De ce qu'une science peut avoir besoin du secours d'une autre, s'ensuit-il qu'elle n'existe pas comme science indépendante ? Que serait la physique sans le calcul ? Une science très-circonscrite, très-étroite, très-peu féconde. Dira-t-on pour cela que la physique n'est que la « vibration qui sort de l'éther divin des mathématiques ? » Les physiciens riraient bien de cette définition. Que serait la physiologie sans l'anatomie ? Rien, absolument rien. Est-ce à dire que la physiologie ne soit rien par elle-même, qu'elle ne soit que l'*esprit* de l'anatomie, le *résultat* de l'anatomie, l'*assaisonnement* de l'anatomie ? Que diraient nos grands physiologistes si l'on traitait ainsi leur science, par la raison que, comme toute chose humaine, elle ne se suffit pas à elle-même ? Aucune science ne se suffit à elle-même. Cependant le progrès n'est possible dans chacune d'elles qu'à la condition de les étudier séparément.

D'ailleurs, lorsqu'on reproche au spiritualisme contemporain son indifférence pour les sciences de la nature, on oublie que le devoir de la philosophie, au commencement de ce siècle, était de rétablir les *droits de l'homme* dans la science, comme la Révolution l'avait fait dans la société ; et que, pour fonder le droit politique et le droit public, il fallait d'abord établir que l'homme est essentiellement un esprit et une personne, et non pas un simple résultat de l'organisation. Car si l'homme n'est qu'une chose semblable à celles qui nous entourent, et seulement plus complexe, il doit être gouverné comme les choses (quoique peut-être avec plus de délicatesse, parce qu'il résiste); mais ce n'est plus qu'une question d'art, et non point de principe et de droit.

A mon avis, tous ceux qui demandent à la philosophie, non pas de s'allier avec les sciences (ce qui est légitime), mais de s'absorber dans les sciences, demandent à la nature morale d'abdiquer. Le principe de la justice et de la vertu ne sera jamais trouvé en dehors de nous. Et ceux qui nous disent que cela importe peu, parce que la pratique n'est pas la même chose que la théorie, et que nous devons faire abstraction de l'intérêt moral de notre âme quand il ne s'agit que de l'intérêt logique de nos déductions, ceux-là comprennent bien peu la nature de l'ordre moral ; ils n'y voient qu'une nécessité pratique, indispensable pour vivre, mais dont on peut facilement se dégager par la pensée. Ils ne voient pas que c'est là, au contraire, la vie la plus haute de l'âme; je dirai même que c'est toute sa vie; et lui demander de se séparer un instant d'elle-même et de se chercher au dehors, dans son corps, dans les animaux, dans les éléments des choses, dans l'histoire de ceux qui nous ont précédés, dans l'histoire de la terre qui les porte, partout enfin, excepté là où elle est, c'est-à-dire en soi, c'est la mettre à la poursuite de son ombre, c'est lui dire de commencer par mourir pour ressusciter. Le *dehors* est la condition de notre existence; mais ce n'est pas le principe de notre existence. L'homme ne peut pas vivre seulement en soi, cela est vrai; et il doit s'unir à tout le reste; mais pour cela il faut d'abord qu'il soit lui-même. Autrement il n'est rien. La théorie des milieux, qui explique tout être par la rencontre des choses environnantes, est un véritable non-sens, comme l'a dit avec raison un philosophe éminent (1). Car toute chose résultant d'un milieu, et ce milieu étant composé lui-même de choses qui résultent encore d'un milieu, et cela à l'infini, comme il serait impossible de découvrir jamais un premier milieu, puisque le raisonnement n'a pas de fin, il s'ensuit que rien n'existerait. Pour qu'il y ait des milieux, il faut qu'il y ait des éléments. Or l'un de ces

(1) Lamennais, *Esquisse d'une philosophie*, 2ᵉ partie, l. II, c. II.

éléments est l'âme humaine, et les conditions intimes de sa vie ne peuvent être cherchées au dehors d'elle. Le milieu est la limite de son être, mais ne constitue pas son essence. Cette essence est la moralité. C'est là ce que ne nous apprendront jamais les mathématiques, la physique, la physiologie, l'archéologie, etc. Dire que, pour connaître cette essence, il faut commencer par en faire abstraction, c'est dire que, pour connaître la nature d'un être vivant, il faut le tuer. Tel est, selon nous, le vice radical de toutes ces doctrines négatives, qu'enivre le spectacle magnifique des sciences de la nature. Elles concourent ainsi, sans le vouloir et sans le savoir, à l'affaiblissement moral qu'elles déplorent elles-mêmes, je le reconnais, souvent même avec grandeur et fierté. Elles concourent encore, et aussi contre leur dessein, à l'abaissement des études spéculatives, quoiqu'elles se fassent cependant de la science une idée très-élevée. En voulant abaisser la philosophie devant les sciences, elles fraient le chemin à ceux qui veulent sacrifier la théorie à la pratique, le vrai à l'utile, la science à l'industrie, et la dignité de la pensée au bien-être de la vie. Telle est pour moi la conséquence dernière de ces belles témérités de pensée qu'on appelle aujourd'hui la critique et la science positive. C'est l'extinction de toute grandeur, de toute beauté, de toute noble espérance parmi les hommes.

I.

PYTHAGORE

ET

LE PYTHAGORISME[1].

L'obscurité des symboles pythagoriciens, la confusion des diverses époques du pythagorisme, la rareté des monuments authentiques, et l'incohérence des fragments rares et mutilés qui nous en restent, enfin le mystérieux caractère de cette école, qui n'est pas moins religieuse que philosophique, ont longtemps découragé la critique et l'ont empêchée de porter un regard sévère sur toutes les difficultés de l'histoire pythagoricienne. Et cependant la grandeur de quelques-uns de ces fragments, où se retrouve encore, quoique mutilé, l'esprit de la doctrine, le lien irrécusable des idées de Pythagore et des idées

[1] Extrait du *Dictionnaire des sciences philosophiques*, publié sous la direction de M. Adolphe Franck, membre de l'Institut, chez MM. Hachette et Cie.

de Platon, et une certaine conformité des principes pythagoriciens avec plusieurs secrètes dispositions de l'esprit humain, enfin le goût de l'érudition moderne pour les origines, toutes ces causes réunies ont ramené l'attention des savants et des philosophes sur ce sujet négligé. La critique allemande a essayé de faire la part du certain et du raisonnable dans les traditions innombrables qui couvraient l'histoire du pythagorisme. Bœck, particulièrement, a jeté un grand jour sur cette histoire, en établissant l'authenticité des fragments de Philolaüs qu'il avait recueillis, et en montrant un point d'appui solide, quoique étroit, sur lequel peuvent et doivent reposer toutes les reconstructions d'un système si mal connu. Le savant et judicieux Ritter a mis à profit ces précieuses données, et en a tiré une assez claire et très-vraisemblable exposition des doctrines primitives de l'école pythagoricienne. C'est en nous aidant de ces secours et en remontant aux sources mêmes, qui sont, avec les fragments de Philolaüs, les inestimables témoignages d'Aristote, que nous essayerons à notre tour de rendre aussi clairs que possible aux lecteurs modernes les dogmes de cette antique philosophie. Nous ferons précéder ces considérations d'un court exposé historique.

Les traditions se partagent sur le lieu de naissance de Pythagore. Selon les uns, il était Samien;

selon les autres, Tyrrhénien ; selon d'autres encore, Syrien ou Tyrien (1). L'opinion la plus accréditée le fait naître à Samos, qu'il habita certainement, d'après le témoignage d'Hérodote (2). On donne à Pythagore beaucoup de maîtres. Selon Diogène Laërce (3), qui rapporte l'opinion de Dinarque et d'Aristoxène, deux des plus anciens biographes de Pythagore, il suivit les leçons de Phérécyde de Syros, contemporain de Thalès, l'un des premiers qui essayèrent de dégager la philosophie des voiles de la poésie et de la religion. Les autres traditions sur les différents maîtres de Pythagore ont peu d'autorité et peu d'importance. Les voyages furent pour Pythagore une source d'instruction plus féconde que l'enseignement des écoles. Mais il y a encore ici divergence dans les récits. Selon les uns, c'est de l'Orient, de l'Egypte particulièrement, que Pythagore a rapporté en Grèce les principes de sa philosophie, par exemple sa philosophie mathématique et sa doctrine de la transmigration des âmes (4). D'autres donnent à sa philosophie une origine toute nationale : c'est en Crète, c'est dans l'antre de Jupiter Crétois que Pythagore, descendu avec Épiménide,

---

(1) Clém. Alex. *Stromat.*, i, p. 300, D.
(2) Hérodote, iv, 95.
(3) Diog. Laert., viii, 2. En général, conf. Diog. Laert. pour tous les faits qui suivent.
(4) Callimach. ap. Diog. Excerpt. Vat. vii-x, 55. — Hérod., ii, 81.

s'initia à ces mystères et trouva l'origine des siens ; ou bien c'est de Thémistoclie, prêtresse de Delphes, qu'il reçut la plupart de ses dogmes moraux (1). A la suite de ses différents voyages, il revint dans sa patrie, à Samos, qu'il trouva sous le joug du tyran Polycrate. C'est alors qu'il la quitta de nouveau et définitivement, et se rendit à Crotone, à Sybaris, dans ces parties de l'Italie que l'on appela la Grande-Grèce (2). Ce fut, selon Cicéron, la quatrième année du règne de Tarquin le Superbe, c'est-à-dire vers la soixante-deuxième ou soixante-troisième olympiade ; ce qui fixerait à peu près son arrivée en Italie de 520 à 530 avant Jésus-Christ. Il donna des lois, dit-on, à la ville de Crotone, et bientôt, son école ayant grandi, ses disciples, au nombre de trois cents, furent choisis par les différentes villes de la Grande-Grèce pour les gouverner ; ils y introduisirent, ou simplement y conservèrent en l'améliorant, le gouvernement aristocratique. Quant à l'école de Pythagore en elle-même, elle était, si l'on en croit la tradition, assez peu semblable aux autres écoles libres des philosophes grecs, qui professaient, en général, en public, devant tous, ou qui, s'ils avaient un enseignement intérieur, le communiquaient à des élèves choisis, sans autre condition que leur intelligence et

---

(1) Diog. Laert., VIII, 5 ; VIII, 8.
(2) Cicer., *De Rep.*, 15.

leur bonne volonté. Quant aux pythagoriciens, ils formaient plutôt un *mystère* qu'une école. Ils avaient des initiations, des épreuves, un langage symbolique et voilé, une obéissance exagérée à la parole de leur maître. On sait que cette parole célèbre : Αὐτὸς ἔφα, « le maître l'a dit, » était une parole pythagoricienne. On connaît la loi du silence imposée par Pythagore à ses disciples. Il faut distinguer, à ce sujet, le silence quinquennal ou silence d'épreuve (ἐχεμυθία) (1), et le silence perpétuel ou mystique (μυστικὴ σιωπή) (2), que les pythagoriciens gardaient toute leur vie sur les articles de leurs doctrines secrètes. Jamblique attribue, peut-être à tort, à la société pythagoricienne la communauté des biens (3). Les auteurs les plus dignes de foi n'en font pas mention. Ce qui a pu favoriser cette supposition, c'est cette maxime célèbre de Pythagore : « Tout est commun entre amis. » Mais il est vraisemblable qu'elle n'avait qu'un sens tout moral. L'un des traits incontestables de l'association était l'amitié fidèle de ses membres. C'est aux pythagoriciens qu'appartient cette belle parole : « Un ami est un autre nous-mêmes (4). » On sait l'histoire de Damon et de Pythias. Il est bien établi que les femmes firent partie de l'association pythagori-

---

(1) Gell. Noct. Attic., i, 9. — Jamblique, v, Pythag., 71 sqq.
(2) Diog. Laert., viii, 15.
(3) Jambl., v; Pythag., 81.
(4) Porphyr., v, p. 33.

que (1). Nous avons dit que cette association avait obtenu un grand pouvoir politique. Ils gouvernaient à Crotone, et avaient une importante influence dans les autres villes de la Grande-Grèce; mais une lutte avec le parti populaire les renversa. Ils furent exclus de Crotone, poursuivis, persécutés (2). Pythagore lui-même trouva, dit-on, la mort dans cette révolution. Les pythagoriciens ne reprirent jamais leur pouvoir politique ; mais ils conservèrent toujours une assez grande influence par leur science et par leur vertu. Dès lors l'histoire du pythagorisme n'est que l'histoire de sa doctrine que nous exposerons plus bas. Quelles sont maintenant les sources où nous puisons les éléments de cette histoire? Pythagore, le chef de l'école, n'a rien écrit (3). Les *Vers dorés*, que nous possédons sous son nom, ne sont pas de lui ; ils expriment d'ailleurs les traditions morales de l'Ecole, mais non pas son système philosophique. On connaît les noms de plusieurs pythagoriciens (4) : Timée de Locres, Ocellus de Lucanie, de qui il nous reste de prétendus ouvrages dont la critique a démontré d'une manière décisive et incontestable l'inauthenticité ; Arésas, maître de Philolaüs, dit-on ; Philolaüs

---

(1) Porphyr., v, p. 19 ; —, Jambl. 267.
(2) Polyb., *Hist.*, ii, 55. — Justin, *Hist.*, xx, 4.
(3) Porphyr., v ; Pythag., 57 ; Claud. Mamercus, *De statu animæ*, ii, 3.
(4) Jambl., v ; Pythag., 265.

lui-même, maître de Simmias et de Cébès, que nous connaissons par *le Phédon*; Archytas, célèbre mathématicien et homme d'Etat, six ou sept fois stratége à Tarente, sa patrie; Lysis, maître d'Epaminondas. C'est seulement d'après Philolaüs, l'un des pythagoriciens les plus récents, puisqu'il était contemporain de Socrate, et encore d'après de simples fragments recueillis par Bœck, que l'on peut entreprendre de donner une certaine exposition et une explication bien incomplète encore des principes pythagoriciens. L'on est autorisé à croire que la doctrine pythagoricienne, d'abord toute mathématique et religieuse, n'a pris que plus tard le développement philosophique dont les fragments de Philolaüs sont le seul monument (1). C'est donc la doctrine de Philolaüs plus que celle de Pythagore que nous exposerons. Philolaüs est pour nous le seul représentant authentique du pythagorisme primitif, c'est-à-dire de celui qui a précédé Platon.

Ce qui importe le plus, selon nous, dans l'histoire de ces premières créations de l'esprit philosophique, ce n'est pas d'en reproduire le développement systématique et d'en comprendre tous les détails. Outre que cela est, en général, impossible dans l'absence d'ouvrages complets et réguliers, il est fort probable

---

(1) Diog. Laert. VIII, 15. Μέχρι δὲ Φιλολάου οὐκ ἦν τι γνῶναι Πυθαγόρειον δόγμα.

que ces systèmes n'avaient pas cette suite logique et sévère que la rigueur de l'esprit moderne apporte et exige dans les systèmes de philosophie. La prétention d'expliquer tous ces passages épars, ces textes mutilés, ces opinions plus ou moins fidèlement rapportées, et de les ranger par ordre, sous la dépendance de certains principes, a quelque chose d'arbitraire et surtout d'inutile. Dans la philosophie grecque, avant Socrate, lorsque la méthode existe à peine, que l'imagination a encore tant de part et que le langage est si obscur et si vague, il ne faut pas chercher à tout comprendre, ni à tout enchaîner. Ce qui importe et ce qui est le plus intéressant, c'est de découvrir le principe général de chaque système, sans négliger toutefois d'en suivre les développements, si on peut le faire avec lumière et sans effort.

Or, pour se rendre bien compte de l'esprit général et du caractère distinctif de l'école pythagoricienne, il ne faut pas oublier ce qu'Aristote nous rappelle lui-même : c'est qu'elle était avant tout une école de mathématiciens (1). On distinguait, comme on sait, les philosophes italiens des philosophes de l'Ionie par cette épithète de mathématiciens : μαθηματικοί. On sait les traditions qui rapportent à Pythagore d'importantes découvertes en géométrie. Le pythagorisme, avant d'être une école philosophique, fut donc une

---

(1) Arist., *Met.*, A, 5.

école mathématique, et il a toujours conservé quelques traces de son origine. Il est né de considérations savantes sur les nombres et les figures, et non des instincts superstitieux de l'imagination, quoique, dans sa décadence, il se soit réduit à flatter ces instincts. Les pythagoriciens, nourris aux mathématiques, selon l'expression d'Aristote, expliquèrent toutes choses mathématiquement, et ne virent partout que les rapports qui leur étaient familiers.

A ce point de vue très-général, peu nous importe que les pythagoriciens aient admis que toutes choses sont des nombres ou sont seulement semblables à des nombres (1). Cette distinction, de très-grande conséquence sans doute, ne changerait rien pourtant au caractère original de l'école. Quelque portée que Pythagore ou Philolaüs aient donnée à leurs expressions arithmétiques, ils se reconnaissaient à ce trait singulier d'avoir aperçu partout des rapports numériques, et d'avoir ramené à ces rapports l'harmonie et la beauté des choses. A ce point de vue, tout ce qu'il y a d'extraordinaire et d'étrange dans les formules pythagoriciennes disparaît aisément. En effet, qu'un esprit habitué aux mathématiques porte ses regards sur la nature, il est clair que ce qu'il y a de mathématique dans le monde le frappera vivement, tandis que la plupart des hommes y seront à peine

(1) Stob., *Ecl.* i, p. 502 ; Arist., *Metaph.*, A, 6.

sensibles. Un physicien, habitué à ne considérer que des forces physiques qui luttent les unes contre les autres, ne verra partout que ces sortes de forces : l'âme et Dieu lui-même seront pour lui des forces de cette nature. Pour les imaginations vives, comme celles des poëtes grecs, les dieux eux-mêmes auront des corps, et les plus beaux corps. De même, pour les mathématiciens, Dieu, l'âme, les corps, seront des nombres ou des figures.

Mais ce n'étaient pas seulement les mathématiques qui occupaient l'attention des pythagoriciens; ils cultivaient aussi une science qui, du reste, faisait partie des mathématiques, quoique, par un certain côté, elle parût se rapprocher davantage des arts qui séduisent l'imagination. La musique, comme on sait, occupait une grande place dans l'éducation et dans la vie des anciens : elle était presque une institution religieuse. Les pythagoriciens, qui s'étaient beaucoup appliqués à la musique, virent les nombreux rapports de la musique et des mathématiques, et découvrirent les lois mathématiques des sons et des accords (1). Ils apercevaient partout des rapports musicaux; c'était reconnaître encore des rapports mathématiques.

Un examen plus attentif des conditions de l'har-

---

(1) Porphyr., *in Ptol. Harm.*, p. 213 ; Nicomach., *Harm.*, i, p. 9 sqq.; Diog. Laert., viii, 12.

monie musicale nous fera mieux pénétrer dans les principes du pythagorisme. De quoi se compose un accord musical? de la réunion d'un certain nombre de sons élémentaires séparés les uns des autres par certains intervalles. En effet, une réunion quelconque de sons ne forme pas un accord juste; il faut que les intervalles soient déterminés. Que si la réunion des sons, au lieu d'être simultanée, est successive, c'est encore la même chose ; cette succession de sons ne sera harmonique et ne charmera l'oreille que si des intervalles déterminés séparent chaque son l'un de l'autre. Si l'on supprime par la pensée les intervalles qui séparent les sons, il n'y a plus de différence entre eux ; tous se confondent en un seul, ou plutôt il n'y a plus de son ; car tout son étant déterminé, suppose par cela même un intervalle qui le sépare d'un autre son possible. La suppression de l'intervalle entraîne donc avec elle le son lui-même et l'harmonie. Or, qu'est-ce que le son? c'est quelque chose de déterminé. Qu'est-ce que l'intervalle? c'est quelque chose d'indéterminé. Le son est la limite de l'intervalle, lequel par lui-même est illimité. Un accord, une mélodie est donc une certaine réunion du déterminé et de l'indéterminé ; et pour parler le langage pythagoricien, du limité et de l'illimité, du fini et de l'infini.

La considération des sons nous conduit facilement à celle des nombres. Tout accord est un nombre, car il se compose nécessairement de plusieurs sons séparés par certains intervalles. Or, le nombre lui-même est une réunion d'unités ; une seule unité ne forme pas un nombre ; mais pour qu'elle s'unisse à d'autres unités, il faut qu'il y ait entre celles-ci et celle-là certaines différences, ou, du moins, certaines séparations, et, encore une fois, certains intervalles. Supprimez par la pensée ces intervalles, les unités réunies se réunissent en une seule, et le nombre s'évanouit. Ces intervalles sont donc le principe de la pluralité ; on peut les appeler, selon le langage familier des philosophes grecs, le *plusieurs* ; et l'on dira que le nombre est l'union de l'*un* et du *plusieurs* ; ou enfin, si l'on considère que l'unité est impaire, que *deux*, le premier nombre multiple, est pair, on dira encore, en exprimant la même pensée par une autre formule, que le nombre est l'union du pair et de l'impair.

L'examen des objets géométriques nous donne les mêmes résultats. De quoi se compose, par exemple, un solide géométrique ? Il se compose de différentes surfaces, qui se composent elles-mêmes de différentes lignes, et celles-ci d'un certain nombre de points ; il semble donc se réduire à certains points élémentaires qui, eux-mêmes, sont absolument simples et tout à fait semblables aux unités arithmétiques. Mais ni une réunion de surfaces ne forment un solide, ni une réunion de lignes une surface, ni une réunion de points une ligne, s'il n'existe entre les lignes, les points et les surfaces, un certain nombre d'intervalles qui, distinguant les unes des autres les parties constitutives et élémentaires du corps, leur permettent de se réunir et de faire un tout déterminé. Supprimez ces intervalles, et toutes les surfaces, les lignes et les points venant à se pénétrer, les surfaces s'absorbant dans les surfaces, les lignes dans les lignes, les points dans les points, tout se réduirait à un point, si ce point pouvait se concevoir sans que l'esprit conçût en même temps un intervalle infini qui l'entourât de toutes parts. D'où il suit que le corps se ramène nécessairement à ces deux éléments, le point, ou, selon l'expression pythagoricienne, la monade, μονάς, et les intervalles, διαστήματα.

Ainsi, partout dans la nature se rencontrent deux éléments que l'on appelle, dans le langage de la métaphysique ancienne, le fini et l'infini ; expressions familières à Platon. Ces deux éléments peuvent prendre des formes diverses. De là les différents noms qu'ils ont dans l'école pythagoricienne (1) : le fini et l'infini, l'impair et le pair, l'un et le multiple, le droit et le gauche, le mâle et la femelle, le repos et le mouvement, la ligne droite et la ligne courbe, la

(1) Arist., *Méth.*, A, 5.

lumière et les ténèbres, le bien et mal, le carré et le quadrilatère long. Cette table des oppositions primitives des choses n'appartient, selon Aristote, qu'à quelques pythagoriciens; mais elle exprime les vues générales de l'école entière, et, quelle que fût la classification adoptée, les pythagoriciens voyaient dans ces oppositions les différents aspects sous lesquels se manifestent les principes des choses. Les contraires, c'est Aristote lui-même qui nous l'apprend, sont, dans la doctrine de Pythagore, les principes constitutifs de toute existence; et comme, dans la double série de ces oppositions, le bien et le mal se rencontrent toujours en face l'un de l'autre sous des noms divers, on peut dire que, suivant les pythagoriciens, toutes choses se composent du parfait et de l'imparfait.

Mais il ne faut pas se laisser aller à cette facilité de traduction qui, d'analogie en analogie, pourrait nous entraîner bien loin de la doctrine pythagoricienne. N'oublions pas que le point de départ de ces considérations générales, c'est toujours le nombre. En effet, qu'est-ce que des accords musicaux? ce sont des nombres. Qu'est-ce que des corps? ce sont encore des nombres : car les uns et les autres sont des réunions d'unités, séparées ou liées entre elles par certains intervalles. De là cette idée, que tout ce qui existe, ou se compose de nombres, ce qui paraît être la doctrine orthodoxe des vrais pythagoriciens, ou est créé sur le type des nombres, ce qui paraît être la doctrine mitigée d'une certaine secte dissidente du pythagorisme. C'est du moins l'opinion de Ritter, qui explique de cette façon les différentes expressions qui nous représentent les nombres pythagoriciens tantôt comme les modèles, tantôt comme les essences des choses. Une autre explication, satisfaisante encore, serait d'attribuer à la fois ces deux points de vue au pythagorisme primitif et orthodoxe ; il aurait passé alternativement, et presque à son insu, de l'un à l'autre, selon que l'esprit systématique l'aurait entraîné, ou que le bon sens l'aurait retenu ; mais je suis porté à croire que le pythagorisme tendait, par la force de son origine, à faire de toutes choses des nombres, à considérer les nombres comme des êtres réels. A ce point de vue, les formules pythagoriciennes ne seraient en aucune façon symboliques, mais exprimeraient exactement la nature des choses, telle que les pythagoriciens la concevaient.

Examinons d'un peu plus près le sens vraisemblable de ces formules. Les nombres, dit Aristote, sont les principes des choses, et les éléments des nombres sont les éléments des choses. Mais dans quel sens entendait-on, à cette époque, le mot de principe des choses ? Aristote a fait, sur ce terme de principe, de profondes et d'ingénieuses distinctions ; mais elles n'étaient pas connues dans une philosophie si peu avancée. Le principe était bien pour elle le commencement de toutes choses, ce d'où dérivaient toutes choses; mais l'on ne se rendait pas un compte exact de cette idée, et l'on se contentait d'appeler principe ce qui frappait le plus vivement l'esprit dans les choses que l'on considérait. Thalès voyait partout l'eau entretenir la vie; il déclarait que l'eau ou l'humidité était le principe des choses. Anaximène en disait autant de l'air. Les pythagoriciens, dont l'esprit était si fortement saisi des considérations mathématiques, apercevant à chaque pas des rapports mathématiques, ramenant assez facilement toute la nature physique à des figures géométriques et ces figures à des nombres; découvrant dans toutes les harmonies de la nature des harmonies musicales, et dans celles-ci encore des rapports numériques; pénétrés de cette conviction que partout les contraires luttent dans la nature, et que tous les contraires se réduisent à l'opposition primitive de la limite et de l'illimité, c'est-à-dire à l'unité et au multiple, durent attribuer aux nombres et aux principes des nombres la première place dans l'ordre des êtres, et ils les déclarèrent principes des choses dans le sens vague et indéfini que l'on attachait alors à ce mot.

Mais les nombres sont-ils les derniers principes des choses, et n'ont-ils pas eux-mêmes un principe? Il faut distinguer entre les éléments des nombres et leur principe (1). Les éléments des nombres, ce sont les parties des nombres, leurs parties intégrantes et constitutives. Dans ce sens, les éléments des nombres sont aussi les éléments des choses. Le principe des nombres n'est pas leur matière, mais leur cause. Dire que les nombres n'ont d'autres principes que leurs éléments, ce serait dire que la nature n'a d'autres principes que ces éléments eux-mêmes; que la nature existe seule ; qu'elle n'a point de cause supérieure à elle ; en d'autres termes, qu'il n'y a point de Dieu. Le pythagorisme admet-il un Dieu, ou bien, comme la philosophie d'Ionie, n'est-il qu'une philosophie naturaliste ou athée? Telle est la traduction de cette question pythagoricienne : Les nombres ont-ils un principe?

Le principe des nombres est le nombre ou l'essence du nombre, ὁ ἀριθμός, ἡ οὐσία ἀριθμοῦ (2). De même que dans les doctrines où la nature se compose d'êtres et de substances, le principe premier s'appelle l'être en soi; de même que dans le système de Platon, où toutes choses se composent d'idées, le premier principe est une idée, l'Idée du bien ; de même que pour Aristote, qui ne voit la réalité que dans l'acte

---

(1) Cette distinction appartient à Eudore. *Voy.* Simplic. *ad Arist. physic.*, fol. 39 *a*.

(2) Philol. *ap.* Stob. *Ecl.*, p. 456.

ἐνέργεια, le premier principe est l'Acte pur ; de même, pour Philolaüs, le nombre en soi, l'essence du nombre, ou plus simplement le Nombre, est le principe de toutes choses composées de nombres. Et selon que l'on entend dans un sens symbolique ou littéral cette formule, que les nombres sont les principes des êtres, on entendra dans le même sens cette autre formule, que le nombre est le principe des nombres et l'essence de toutes choses.

Le nombre joue donc tout à fait dans le monde le rôle de Dieu. Nous le considérerons tout à l'heure en lui-même. Voyons-le d'abord mêlé avec les choses : « Le nombre, dit Philolaüs (1), dans un très-beau langage digne de Platon, mais malheureusement mutilé, le nombre réside dans tout ce qui est connu. Sans lui, il est impossible de rien penser, de rien connaître. C'est dans la décade qu'il faut contempler l'essence et la puissance du nombre. Grande, infinie, toute-puissante, la décade (l'un des noms symboliques du nombre en soi, ou de Dieu), est la source et le guide de la vie divine et de la vie humaine. C'est l'essence du nombre qui enseigne à comprendre tout ce qui est obscur ou inconnu. Sans lui, on ne peut s'éclaircir ni les choses en elles-mêmes, ni les rapports des choses..... Ce n'est pas seulement dans la vie des dieux et des démons que se manifeste la toute-puis-

(1) *Ibid.*

sance du nombre, mais dans toutes les actions, toutes les paroles de l'homme, dans tous les arts, et surtout dans la musique. Le nombre et l'harmonie repoussent l'erreur; le faux ne convient pas à leur nature. L'erreur et l'envie sont filles de l'infini, sans pensée, sans raison; jamais le faux ne peut pénétrer dans le nombre, il est son éternel ennemi. La vérité seule convient à la nature du nombre, et est née avec lui. » C'est donc Dieu, ou le nombre, qui apporte la clarté et la vérité dans les choses; c'est encore lui qui y apporte l'harmonie; sans harmonie il serait impossible à des éléments hétérogènes de s'accorder, et de revêtir les belles formes que nous présente l'univers.

Ainsi, Dieu donne aux choses particulières leur clarté, leur harmonie et leur beauté; mais qu'est-il en lui-même? qu'est-ce que le nombre dans son essence? C'est l'unité. L'un est principe de tout, dit Philolaüs, ἕν ἀρχὰ πάντων (1) : « Il est un Dieu, dit-il encore, qui commande à tout, toujours un, toujours seul, immobile, semblable à lui-même, différent du reste (2). » Nous sommes encore ici en présence d'un doute : Philolaüs entend-il par l'unité un principe métaphysique, semblable à celui que défendirent les éléates, et plus tard, les alexandrins, ou bien un principe mathématique? Le principe de tou-

---

(1) *Philol. ap. Jambl. in Nicom. Arithm.*, p. 109.
(2) *Ibid. ap. Phil. de mundi Opif.* xxxiii, p. 24 Mang.

tes choses est-il l'unité absolue, l'être en soi, ou l'unité arithmétique? Selon nous, il se faisait vraisemblablement une certaine confusion dans l'esprit des pythagoriciens, et ils passaient insensiblement de l'une de ces conceptions à l'autre. Servis par leurs formules, ils s'étaient facilement élevés des nombres en général au nombre en soi, et la définition du nombre les conduisait naturellement à l'unité : arrivés là, ils appliquaient à ce principe abstrait et obscur les notions qui s'attachent ordinairement à l'idée de Dieu ; et ainsi s'opérait, presque à leur insu, la transformation d'un dieu mathématique en un dieu vivant.

Mais les pythagoriciens ne se contentaient pas de dire que Dieu était l'*un*, ils cherchaient à en définir plus précisément la nature. Selon les pythagoriciens, le premier principe doit contenir en lui-même, et comme en germe, tout ce qui existe dans l'univers. Or, l'univers est composé de contraires : les contraires se doivent donc retrouver dans le principe premier. C'est pourquoi le premier principe est appelé le pair-impair (ἀρτιοπέρισσος) (1), c'est-à-dire qu'il contient en soi les deux principes élémentaires et constitutifs des nombres, l'impair et le pair; et comme nous avons vu que cette opposition est une des traductions, une des formes de la grande opposition du parfait et

(1) Théon, *Smyrn.*, I, v, p. 30.

de l'imparfait, du bien et du mal, on peut dire que l'unité de Philolaüs n'est pas cette unité parfaite, absolue, que Socrate et Platon appellent du nom de Dieu, mais un mélange ou une lutte de deux principes contraires. Tantôt, comme le remarque très-bien Ritter, les pythagoriciens représentent cette union du pair et de l'impair, du fini et de l'infini, comme primitive; tantôt comme une rencontre qui a lieu dans le temps. Mais Aristote nous explique cette apparente contradiction, quand il nous dit : « Ce n'est qu'au point de vue logique que les pythagoriciens traitent de la genèse des nombres (1). » Ainsi, les pythagoriciens racontent comme s'étant passé dans le temps ce qui est l'état éternel et nécessaire des choses : mode d'exposition familier à la philosophie antique.

La naissance des choses est donc expliquée dans le système pythagoricien par la rencontre du fini et de l'infini, c'est-à-dire du pair et de l'impair, et dans leur langage, du ciel et du vide (2). Le ciel, qui est originairement un (l'impair), aspire le vide, et en l'aspirant se divise; cette division de la primitive unité donne les nombres. Cette absorption du vide dans le ciel donne naissance aux différents intervalles dont naissent les corps, et l'aspiration perpétuelle de l'in-

---

(1) Arist., *Met.*, N, 4.
(2) Stob., *Ecl. phys* 1. p. 380.

fini par le fini, du vide par le ciel, du pair par l'impair, toutes expressions identiques, forme la vie du monde. On voit, d'après cette exposition, que Dieu, dans le système pythagoricien, est mêlé au monde, qu'il forme l'âme du monde (1). Mais Dieu est-il tout entier dans le monde? Peut-on le croire, lorsque l'on voit les pythagoriciens distinguer deux espèces d'unités? En un sens, dit Eudore, rapporté par Simplicius (2), l'*un* est le principe absolu de toutes choses; en un autre sens, la nature se compose de deux éléments, l'*un* et son contraire. De telle sorte que l'*un* se trouve à la fois au sommet des choses et dans les choses mêmes. Il est au commencement de l'univers et se retrouve dans son développement. Ne poussons pas trop loin ces conséquences, et ne traduisons pas Pythagore par Plotin. Ce qui est certain, c'est que le pythagorisme a placé l'unité au-dessus de tout ce qui est, et qu'il l'a vue aussi dans tout ce qui est : les nombres dérivent de l'unité, et les nombres se composent d'unités. L'unité est donc à la fois principe et élément. A l'état de principe, elle contient en soi, d'une manière indiscernable, les deux contraires; à l'état d'élément, elle se distingue de son contraire. Comme principe, elle est Dieu, et Philolaüs lui prête tous les attributs de l'existence divine.

(1) Cic., *De Nat. Deor.*, i, 11.
(2) Simp. *ad Arist. phys.*, fol. 59 a.

Comme élément, elle est la matière des choses. Il est évident qu'un tel système, si on le presse, conduit facilement à la doctrine de l'émanation.

Mais ce qui distingue profondément le système pythagoricien du grossier panthéisme ionien, c'est le sentiment de l'ordre et de l'harmonie des choses. En un sens, à la vérité, les mathématiciens d'Italie ne paraissent pas se distinguer facilement des physiciens d'Ionie. Lorsque Philolaüs compose le corps de points géométriques, séparés par des intervalles, il ne parle guère autrement que Démocrite, qui ramène les éléments du corps aux atomes et au vide (1). Il y a un degré d'abstraction de plus dans la doctrine pythagoricienne, mais voilà tout. Son explication mathématique de la nature n'a rien de philosophiquement supérieur à l'explication physique des atomistes. Si c'était seulement dans ce sens que les nombres sont les principes des choses, le pythagorisme n'aurait pas, à proprement parler, une grande originalité. Mais il y a dans les nombres autre chose qu'une simple réunion d'unités, qu'une composition indéterminée et insignifiante; il y a une raison. Les rapports de nombre ont quelque chose d'intellectuel; ils sont au moins le symbole de l'intelligence. Sans doute, toute espèce de nombre et toute espèce de rapports numériques n'est pas le

(1) Arist., *De anim.*, 1, 4.

signe et le principe de la raison et de l'ordre. Aussi les pythagoriciens n'honoraient-ils pas tous les nombres ni toutes les figures, mais certains nombres particuliers, qui paraissent jouer un rôle plus particulier dans la création : trois, sept, dix, par exemple, et les figures, les proportions fondées sur ces nombres; en un mot, les pythagoriciens voyaient dans les nombres plutôt encore les raisons des choses que leurs forces constitutives; ils étaient plus frappés de la beauté et de l'harmonie que des éléments physiques de l'univers. Les nombres pythagoriciens sont le premier germe des idées platoniciennes, c'est-à-dire de ces principes d'ordre et de sagesse que Platon, comme il nous l'explique dans *le Phédon*, par la bouche de Socrate, avait substitués aux explications toutes matérielles de ses devanciers.

Si l'on descend de ces considérations générales aux théories de détail, le peu de clarté qu'il est possible d'apporter dans cette épineuse exposition s'évanouit selon nous entièrement. Le pythagorisme, dans son ensemble, et si l'on ne veut pas trop presser le sens des formules qui nous en restent, n'est pas inexplicable; mais si l'on prétend rendre compte de tous les problèmes dans le sens pythagoricien, et les interpréter comme on ferait pour une école moderne, on rencontre à chaque pas des difficultés. Par exemple, quelle différence le pythagorisme établit-il entre le corps et l'âme? peut-il même reconnaître entre ces deux êtres une différence? Le corps est un nombre dans cette doctrine; mais l'âme est aussi un nombre. Comment distinguer ces deux espèces de nombres? Il est vrai qu'on leur attribue quelquefois cette doctrine que l'âme est un nombre qui se meut soi-même. Mais tout le monde sait que cette définition appartient à Xénocrate, c'est-à-dire au pythagorisme platonicien. D'après l'opinion prêtée à Simmias, dans *le Phédon*, on peut supposer que Philolaüs définissait l'âme une harmonie, ce qui fournirait une conjecture assez subtile. Le nombre pourrait jouer tour à tour le rôle de matière et de forme : comme matière, il constituerait le corps; comme forme, il en serait l'harmonie. Mais cette hypothèse toute gratuite ôterait à l'âme toute individualité, comme Platon, du reste, le démontre fort bien. Or, le pythagorisme reconnaît si bien l'individualité de l'âme, qu'il la fait passer de corps en corps, ainsi que le prouve la doctrine si connue et si populaire de la métempsycose. Nous ne pouvons donc que nous faire des idées très-vagues sur les degrés et les différences que les pythagoriciens établissaient entre les êtres. Quel sens ont pour nous ces représentations numériques qui définissent l'existence de la nature par le nombre cinq, la vie par six, l'esprit et la santé par sept, l'amour, l'amitié, la prévoyance par huit (1)? Il est clair que ces expressions sont purement symboliques : elles nous indiquent bien l'échelle de perfection que les pythagoriciens établissaient entre les choses ; mais non l'idée exacte qu'ils se faisaient de ces choses-mêmes. C'est ainsi que nous ne sommes nullement éclairés en apprenant par Aristote qu'un certain nombre était pour eux l'essence du cheval, un autre l'essence de l'homme, et qu'ils définissaient par tel ou tel nombre la justice, l'à-propos et les qualités morales. N'est-ce pas répéter, sans y rien ajouter, la formule du système : les nombres sont les principes de toutes choses?

Mais, sans tomber dans des détails arbitraires, qui ont perdu pour nous tout leur intérêt et tout leur sens, on peut se rendre compte des idées morales des pythagoriciens, en se reportant aux principes généraux de leur système. Nous avons déjà vu que Philolaüs rapporte à l'infini, c'est-à-dire au mauvais principe, l'erreur, le mensonge, et réserve au nombre et à l'unité, la vérité, comme son éternel patrimoine. De même c'est au désordre et au principe de l'erreur que le pythagorisme rapporte l'injustice, et au nombre la justice et la vertu. Du mélange de ces deux principes différents dans la na-

(1) Théol., *Arith.*, viii, p. 56.
(2) Arist., *Meth.*, N, 5 et A, 5. *Magn. moral.* i, 1.

ture humaine naît la lutte que l'homme est obligé de soutenir avec lui-même (1) : ce n'est qu'une partie de la grande lutte que, dans la nature, le fini soutient contre l'infini, l'*un* contre le multiple, le bien contre le mal. L'homme, point de rencontre de la raison et du déraisonnable, de la lumière et des ténèbres, est appelé par la nature et par Dieu à lutter sans cesse, et cela sans quitter jamais son poste, contre le principe du mal. Ces idées nous révèlent un nouveau côté de la doctrine pythagoricienne. La philosophie de Pythagore n'était pas seulement une philosophie spéculative, elle était une doctrine morale, nous dirons presque une doctrine religieuse. Ce n'est même que plus tard, et probablement déja dans la corruption de la secte, qu'elle a pris, entre les mains de Philolaüs, ce caractère scientifique qui nous a particulièrement arrêtés. Mais aucune tradition authentique ne rapporte à Pythagore lui-même un système de philosophie déterminé. On connaît ses travaux mathématiques : l'esprit de l'école a, sans doute, sa première source dans sa personne. Mais la tradition nous le représente plutôt comme un réformateur moral que comme un métaphysicien. C'est sous l'influence d'idées morales, et dans un but tout moral, que l'école s'est constituée. Cette idée de la lutte de l'homme contre lui-même et

(1) Cic., *Tusc.*, iv, 5.

contre ses passions, qui n'était plus guère déjà, à l'époque de Philolaüs, qu'une théorie, était chez Pythagore l'objet pratique de ses institutions. De là le caractère ascétique et austère de l'institut pythagoricien à l'origine; de là la grande autorité que prit en Italie cette admirable société; de là son influence politique. Les pythagoriciens appliquaient à la société leurs théories morales : ils voulaient que l'Etat, comme l'âme humaine, fût guidé par la raison ; l'aristocratie n'était pour eux que le gouvernement de l'Etat par les sages. C'est cette aristocratie qu'ils approuvaient. En général, leur politique paraît s'être vivement inspirée de l'idée de la justice. Mais ils paraissent aussi avoir trop conçu l'Etat sur le type de leur association particulière : peut-être aussi peut-on les accuser d'avoir tenté d'asservir l'Etat à cette association. Enfin, il n'est pas impossible que leurs nobles idées sur l'amitié les aient conduits à quelques conclusions chimériques; et l'on ne peut pas déterminer le sens exact et la juste mesure de cette maxime célèbre qui leur appartient : « Tout est commun entre amis (1). »

Après Philolaüs, on peut considérer comme finie l'histoire du vrai pythagorisme, du pythagorisme pur et original. Depuis, il s'est associé à d'autres

---

(1) Sur la morale des pythagoriciens, *voy.* le savant ouvrage de M. J. Denis, *Hist. des théories morales dans l'antiq.*, x, 1.

systèmes; il leur a prêté ses formes ou a pris les
leurs. A quelques époques, il a essayé de reparaître, d'une manière plus indépendante; mais ç'a été
d'ordinaire aux époques de décadence ou de révolution intellectuelle, c'est-à-dire dans ces temps où
l'agitation des esprits ne permet pas de discerner la
vraie valeur des doctrines, et se porte vers celles qui
flattent davantage la curiosité, l'imagination et l'ardent désir de l'extraordinaire. Aussi est-ce moins
par ses profondeurs sérieuses que par ses côtés superstitieux que le pythagorisme, aux époques dont
je parle, a séduit les esprits qui s'y attachèrent. Une
exposition rapide de ces phases de la doctrine pythagoricienne terminera cette incomplète esquisse.

Un des titres de gloire de la philosophie de Pythagore et de Philolaüs est d'avoir le premier germe
d'une bien plus grande philosophie, qui vit encore
dans l'esprit et dans l'âme des hommes, tandis que
le pythagorisme n'intéresse plus guère que la curiosité savante des érudits. Platon, toujours inspiré par
l'excellente méthode et le sens exquis de Socrate, a
ôté aux formules de Pythagore ces voiles mystérieux
qui cachaient de grandes vérités : il a présenté ces
vérités elles-mêmes; et, laissant dans quelque coin
obscur de ses dialogues les traces de l'enseignement
de Philolaüs, il a traduit la doctrine des nombres
dans la doctrine plus claire et plus humaine des

idées. Il n'a plus vu dans les nombres qu'un des aspects des choses, et, tout en laissant aux objets mathématiques une place élevée dans l'ordre des êtres, il ne les a pas placés au premier rang du monde intelligible. Les considérations mathématiques ne sont pour lui que les degrés qui conduisent aux vraies essences. Malheureusement, Platon ne resta pas toujours dans ces justes limites; et, si l'on en croit Aristote, sa doctrine, sur la fin de ses jours et dans son enseignement intérieur, serait retourné au pythagorisme, dont elle n'était, en effet, qu'un développement. Faut-il prendre à la lettre les témoignages d'Aristote? Faut-il juger la philosophie de Platon d'après les traductions de son irréconciliable adversaire? Ce qui prête faveur aux expositions d'Aristote, ce sont les analogies évidentes de la doctrine des nombres, telle qu'il la décrit, avec la théorie des idées. Mais faut-il en conclure que la théorie des idées n'est au fond qu'une théorie des nombres, ou que cette doctrine des nombres n'est que la traduction symbolique de la théorie des idées? C'est un problème qui nous semble tout à fait insoluble, dans l'absence de données claires et suffisantes. Quoi qu'il en soit, voici la doctrine de Platon, selon Aristote. Platon, comme Philolaüs, compose tout être de deux principes : le fini et l'infini (ce sont les termes mêmes du *Philèbe*), ou, si l'on veut, de l'unité et de la dyade indéfinie, expressions toutes pythagoriciennes. L'union de ces deux principes est un nombre. Mais, au lieu de n'admettre, comme les pythagoriciens, qu'une seule espèce de nombres, Platon établit une échelle, et, de même que dans la théorie des idées il reconnaît trois degrés, en quelque sorte trois mondes (le monde sensible, le monde mathématique, le monde idéal), il reconnaît trois espèces de nombres qui correspondent à ces trois mondes : le nombre idéal, le nombre mathématique et le nombre sensible. On n'a pas de peine à montrer les contradictions et les impossibilités de cette théorie : on fait voir, d'après Aristote, que cette distinction des trois nombres est purement arbitraire; que tous les nombres se ramènent nécessairement aux nombres mathématiques, à la quantité pure, abstraite, indéterminée, laquelle, nous en convenons, ne peut rien produire de réel. Toutes ces difficultés, renouvelées d'Aristote, sont vraies dans l'hypothèse où la doctrine des nombres serait entendue par Platon selon le sens littéral. Elles tombent, si cette doctrine n'a qu'un sens symbolique. On comprend, en effet, dans une doctrine philosophique la distinction de trois ordres d'êtres, ce qu'on traduit mathématiquement par trois ordres de nombres : mais cette distinction devient inintelligible et impossible dans une doctrine exclusivement mathématique. Quoi qu'il en soit, il n'est pas douteux que le platonisme, sinon dans Platon même, du moins dans ses disciples immédiats, n'ait fini par prendre un caractère pythagoricien, chaque jour plus prononcé. Aussi n'est-il pas facile de distinguer dans la longue polémique d'Aristote ce qui va à l'adresse des pythagoriciens ou des platoniciens : il est probable que ces deux écoles devaient se confondre, et c'était avec raison qu'Aristote jetait ce cri de désespoir : « Aujourd'hui, les mathématiques sont toute la philosophie. » Speusippe, le neveu et le successeur de Platon, détruisait, en effet, toute l'originalité du système de son maître, et supprimant dans sa philosophie le nombre idéal, en ne conservant que le nombre mathématique ; c'est-à-dire qu'il abandonnait la théorie des idées pour la théorie des nombres, et Platon pour Philolaüs (1).

Après Platon et ses disciples, le platonisme et le pythagorisme disparurent ensemble : on sait ce que fut la nouvelle Académie. Des doctrines nouvelles effacèrent les anciennes doctrines. Cependant le pythagorisme ne s'évanouit pas entièrement; mais il n'eut plus que de rares partisans, et, dans sa décadence, il perdit son originalité et sa pureté. Il ne dut quelques restes de puissance qu'en trompant le vulgaire su-

---

(1) Voyez la dissertation savante et originale de M. Ravaisson : *Speusippi de primis rerum principis placita.* Paris, 1858.

perstitieux par les mensonges d'un art chimérique, la magie, que Pythagore, disait-on, avait appris lui-même à Babylone. En métaphysique, le pythagorisme revêtit les formes et adopta les idées du stoïcisme. Le dieu de Pythagore, dit Cicéron, était l'âme des choses, tendue et répandue dans toute la nature. Virgile, dans sa belle traduction du système pythagoricien, au vi^e livre de l'*Énéide,* nous peint le principe vivant de l'univers animant tout de son esprit, et donnant à chaque être son âme et sa vie particulière. Ovide, enfin, rattachant la doctrine de la métempsycose au sujet de son charmant poëme, prête à Pythagore une théorie du mouvement universel des choses qui ne diffère guère des principes d'Héraclite, d'où est sortie, comme on sait, la métaphysique stoïcienne. Ainsi se perdaient, dans ces temps de confusion intellectuelle, tous les caractères propres des écoles : c'était le temps où Cicéron ne voyait entre Platon, Aristote et Zénon, qu'une différence de mots. La même doctrine se retrouve encore dans les lettres attribuées à Apollonius de Tyane, le plus célèbre des nouveaux pythagoriciens. Mais, à cette époque, le pythagorisme était moins une philosophie qu'une thaumaturgie. Il se confondit, ainsi que le nouveau platonisme, dans la doctrine éclectique des alexandrins. Au moyen âge, le pythagorisme eut une part très-peu importante dans la philosophie scolastique. Pour en retrouver les traces, il faudrait sortir de la philosophie proprement dite, et pénétrer dans les mystères de l'alchimie ou dans les symboles non moins obscurs de l'architecture mystique. On attribue, en effet, à Albert de Strasbourg, l'un des fondateurs de la franc-maçonnerie, une doctrine scientifique, morale, architecturale, où les nombres jouaient un grand rôle soit comme principes, soit comme symboles. On sait, en effet, que les nombres, dans l'architecture du moyen âge, ne servaient pas seulement à exprimer les proportions et la symétrie, mais avaient par eux-mêmes un sens mystique et secret qui faisait de l'architecture une langue religieuse. Si nous voulions suivre l'histoire secrète du pythagorisme, nous ne finirions pas; mais nous sortirions des limites et du dessein de ce travail. Pour retrouver la trace des doctrines pythagoriciennes dans la philosophie, il faut aller jusqu'à la Renaissance. A cette époque, où tous les systèmes de l'antiquité classique reparurent, le pythagorisme eut aussi sa résurrection. Nous citerons seulement le célèbre Nicolas de Cusa, et le nom, plus connu encore, de Jordano Bruno.

Nicolas de Cusa, dont le système n'est guère que le panthéisme alexandrin exprimé dans le langage de Pythagore, emploie les nombres comme des formules symboliques; et, quoiqu'il recommande d'affranchir l'esprit de toutes les formes sensibles et mathématiques, afin de s'élever jusqu'aux idées pures, il n'exprime lui-même ces idées que par des formules mathématiques. C'est ainsi qu'il appelle le premier principe le *maximum*, ce qui ne signifie pas le plus grand des nombres, mais ce qui est au-dessus de tout nombre. Le maximum n'est pas un nombre, il est l'unité absolue. Il n'est pas intelligible en lui-même, précisément parce qu'il n'est pas un nombre : car le nombre est ce qui rend toutes choses intelligibles; c'est la raison expliquée (*ratio explicata*). Cependant l'intelligence peut comprendre qu'il y a quelque chose au-dessus des nombres, mais non pas s'en faire une idée : elle ne peut qu'en avoir une représentation symbolique. C'est ainsi que le maximum est en même temps le minimum ; car, étant plus grand que toute grandeur concevable, il est la parfaite unité, et, par conséquent, l'infiniment petit. C'est encore par des images mathématiques que l'on peut se représenter la Trinité. Le maximum est un par lui-même ; en second lieu, il est égal à lui-même ; en troisième lieu, l'unité est jointe en lui à l'égalité. Comme un, c'est le Père ; comme égal, c'est le Fils ; comme un et égal à la fois, c'est la troisième personne de la Trinité, le Saint-Esprit. Mais je ne pousserai pas plus loin ces analogies : on voit assez ce qu'il y a de faible et d'arbitraire dans ce mysticisme mathématique. Les mêmes principes se retrouvent dans son célèbre disciple Bruno. Les deux principaux maîtres de Bruno sont Pythagore et Platon. Il adopte tous les principes de Platon, d'après les interprétations alexandrines; mais il lui reproche d'avoir abandonné les formes et les termes de Pythagore. Pour lui, comme pour Nicolas de Cusa, le premier principe est à la fois le maximum et le minimum; il l'appelle la *monade*. La monade est le principe de la force et de la vie dans l'univers; elle engendre toute multiplicité, sans perdre son unité, comme l'unité arithmétique engendre le nombre, comme le point géométrique engendre la ligne. De même que les pythagoriciens, Bruno oppose la dyade à la monade, c'est-à-dire le principe du désordre, la pluralité, au principe de l'unité et de l'harmonie. Comme eux encore, il reconnaît des propriétés divines dans les dix premiers nombres, et n'attribue pas moins la perfection absolue à la décade qu'à la monade; comme eux, enfin, il découvre ou invente des rapports arbitraires entre les choses et les nombres. Toutes ces idées, d'ailleurs, se trouvent mêlées dans Bruno à d'autres idées d'origine différente. Il les embrasse toutes dans un confus syncrétisme.

Depuis le xvie siècle, le pythagorisme n'a plus de place en philosophie. On en trouverait des traces dans les doctrines secrètes, mais ce n'est pas notre objet. A la fin du xviiie siècle, le pythagorisme eut certainement sa part dans toutes les espèces d'illuminisme qui séduisirent un moment cette société incrédule. Dans notre temps, assez semblable, par la confusion des doctrines, au xvie siècle et à l'époque alexandrine, le pythagorisme a encore trouvé des partisans, surtout parmi les esprits hardis et aventureux. Le comte Joseph de Maistre, qui, malgré la roideur de son orthodoxie, trahit une certaine faveur pour l'illuminisme de Saint-Martin, développe avec complaisance et avec l'originalité passionnée de son éloquence les mystères et les beautés de la doctrine des nombres. Il n'est pas non plus difficile de reconnaître l'influence pythagoricienne dans le système d'attraction universelle du célèbre Fourier. L'idée d'appliquer aux âmes les principes des mathématiques et de la musique, cette idée, qui est le fond du système fouriériste, est certainement une idée pythagoricienne. Mais le philosophe de notre temps qui s'est fait le restaurateur officiel de la doctrine de Pythagore, est, sans contredit, M. Pierre Leroux. On connaît sa fameuse triade et sa doctrine de la métempsycose ; mais ces idées surannées n'ont pas beaucoup plu aux bons esprits (1).

(1) Consultez pour l'histoire du pythagorisme : Henri Dodwell, *Exercitationes duæ, prima de œtate Phalaridis, altera de œtate Pythagoræ*, in 8°, Londres, 1699. — *Dissertations sur l'époque*

de Pythagore, par Delanauze et Fréret, t. xiv des *Mémoires de l'Académie des Inscriptions*. — Hamberger, *Exercitationes de vita et symbolis Pythagoræ*, in-4°, Wittemberg, 1676. — Dacier, *la Vie de Pythagore, les Symboles*, etc., 2 vol. in-12, Paris, 1706. — Schrader, *Dissertatio de Pythagora*, in-8°, Leipzig, 1808. — Scheffer, *De natura et constitutione philosophiæ italicæ*, Wittemberg, in-8°, 1701. — Wendt, *Commentatio de rerum principiis secundum Pythagoram*, in-8°, Leipzig, 1827. — Bœck, *Doctrine de Philolaüs*. in-8°, Berlin, 1819. — Ritter, *Histoire de la philosophie pythagoricienne*, in-8°, Hambourg, 1826. — Brandis, *Sur la théorie numérique des pythagoriciens et des platoniciens*, dans le *Musée du Rhin*, 3e année. — Reinhold, *Essai d'explication de la métaphysique pythagoricienne*, in-8°, Iéna, 1827. — Trendelenberg, *De platonicis ideis et numeris*, in-8°, Leipzig, 1826. — Ravaisson, *Essai sur la métaphysique d'Aristote*, 2 vol. in-8°, Paris, 1837 et 1846.

II.

DE LA DIALECTIQUE

DE PLATON.

La philosophie de Platon a été relevée de nos jours du discrédit où le dix-huitième siècle l'avait fait tomber. De nombreux écrits, en France et en Allemagne, en ont éclairci plusieurs parties obscures et expliqué les plus fécondes vérités. Les travaux d'un écrivain illustre ont rendu populaires les *Dialogues* de Platon (1), et jeté une lumière éclatante sur l'esprit vrai de cette philosophie antique et sur quelques-uns de ses points essentiels. Depuis, de grandes études ont été entreprises sur les philosophies qui ont suivi Platon. Aristote et les Alexandrins ont à leur tour occupé les efforts d'une critique savante et profonde ; et l'intelligence de la doctrine

---

(1) Nous nous sommes servis partout, dans ce travail, de l'admirable traduction de M. Cousin, qui a conquis une si haute place dans l'estime de tous les hommes éclairés.

de Platon a dû gagner à l'étude de ce disciple si éminent et de ces continuateurs pleins de génie.

Toutefois il est permis de dire que la méthode dialectique de Platon, c'est-à-dire, la base de tout son système, n'a peut-être pas été présentée encore dans toute son étendue, sa rigueur, sa fidélité. Nous nous proposons de faire connaître exactement cette méthode, de la décrire dans toutes ses parties et sous toutes ses faces, non pas sous ce jour particulier qu'une école hostile, comme celle d'Aristote, ou trop souvent infidèle, comme celle de Plotin, a dû choisir de préférence, mais au grand jour de Platon lui-même et de ses dialogues les plus divers, le *Phèdre* et le *Sophiste*, la *République* et le *Parménide*, le *Banquet*, le *Phédon* et le *Timée*.

L'étude de la méthode dialectique dans ses origines historiques d'une part, et de l'autre dans ses conséquences métaphysiques, mais surtout en elle-même; la recherche de tous les éléments si complexes de cette méthode riche et simple, comme l'esprit humain, et du lien qui les unit; en un mot, la restitution fidèle de la dialectique platonicienne, d'après Platon, tel est l'objet de ce travail.

I.

ORIGINES DE LA DIALECTIQUE.

On entend généralement par dialectique l'art de raisonner ou plutôt l'art de discuter. C'est, en effet, le sens original du mot. La dialectique dont Zénon d'Élée fut, dit-on, l'inventeur, n'était qu'un grand art de discussion. Mais Platon et son école lui donnèrent un sens plus général et plus étendu : elle devint la méthode même de la science ; et la science ne se borna plus à la réfutation, elle aborda directement les difficultés, elle aspira à la vérité en elle-même ; elle tenta de pénétrer jusqu'aux essences, jusqu'aux principes des choses.

Sans l'intelligence de cette méthode, Platon est inintelligible. C'est là qu'il faut porter la lumière et la clarté, parce que là est la force du système entier. Mais cette méthode à son tour ne devient claire que par l'étude de ses origines. Héraclite, Pythagore, Parménide, Socrate, nous expliquent Platon.

La philosophie est plus ancienne que la dialectique. La philosophie existe dès qu'un sage essaye de résoudre par la seule réflexion quelques-uns des problèmes que l'homme se pose nécessairement sur la nature des choses; mais la dialectique implique déjà un certain art de conduire ses pensées, un certain ordre logique; c'est la raison obéissant à des lois régulières. Dans les premiers temps de la philosophie grecque, dans l'école d'Ionie, par exemple, les sens et l'imagination dominaient seuls : la dialectique était presque entièrement absente; les premières traces qui s'en font remarquer chez Diogène d'Apollonie, chez Anaxagore, méritent à peine d'être signalées. Le caractère commun et dominant de cette école, à quelques exceptions près, est d'avoir les yeux constamment fixés sur la nature, et de ne concevoir que des causes analogues à celles qui frappent nos sens.

Un seul nom mérite qu'on s'y arrête : c'est celui d'Héraclite. Platon lui doit beaucoup quoiqu'il ait consacré à le discuter tout un dialogue, le Théétète. Tout en le combattant, il s'est pénétré de ses doctrines, et l'on peut dire que la philosophie d'Héraclite est le véritable point de départ de celle de Platon. « Platon, dit Aristote, s'était familiarisé dès sa jeu- » nesse, dans le commerce de Cratyle, avec cette » opinion d'Héraclite que tous les objets sensibles sont » dans un écoulement perpétuel, et qu'il n'y a point » de science possible de ces objets. Plus tard, il con- » serva la même opinion (1). » L'idée qui éclate en

(1) Arist., *Mét.*, I, c. vi; Lipsiæ, p. 18.

effet dans la philosophie d'Héraclite, c'est l'idée du mouvement universel. « Héraclite, dit Plutarque, a » retranché de toutes choses le repos et la stabilité; » car cela n'appartient qu'aux morts (1). » « Tout » marche, a-t-il écrit lui-même, et rien ne demeure ». (πάντα χωρεῖ καὶ οὐδὲν μένει) (2). » Platon résume cette doctrine dans cette énergique formule : « Rien » n'est, mais tout devient (3). » Le sentiment de la mobilité absolue des choses avait pénétré profondément dans l'esprit et dans l'âme d'Héraclite, et la tradition nous le montre triste et résigné devant ce flot éternel qui dévore toute existence.

Héraclite n'est pas un dialecticien. On ne peut guère dire qu'il ait plus de méthode que ses devanciers; comme eux il suppose, il imagine. Il s'exprime en poëte, et souvent d'une manière énigmatique (4). La clarté, la rigueur, la régularité scientifique lui font défaut. Mais sa pensée est profonde, et un grand génie spéculatif y apparaît. Il a tiré de toute la philosophie grossière des Ioniens l'idée qu'elle enveloppait, à savoir, que tout est phénomène et apparence. Il marqua par là où la logique conduit ceux qui ne veulent admettre aucune autorité supérieure aux sens, et il eut le mérite de faire comprendre plus

(1) Plut., *De plac. philos.*, I, 23.... Ἔστι γὰρ τοῦτο τῶν νεκρῶν.
(2) Plat., *Crat.*, p. 402 A. Nous citons l'édition vulgaire.
(3) Plat., *Théét.*, p. 152.
(4) Ὁ σκοτεινός. Arist., *De mundo*, p. 5.

tard que le seul moyen de sauver la réalité des choses, et la vérité des pensées, était d'en appeler à des principes supérieurs, lois des esprits et causes des êtres.

En face de l'école d'Ionie, et dans une direction toute contraire, s'élevait, sous l'inspiration de Pythagore, une philosophie étrange et profonde. Tandis que l'Ionie, entraînée par une imagination mobile et un génie empirique, réduisait la nature à une succession d'apparences et de phénomènes, l'Italie formait le monde à l'image des principes mathématiques, et ramenait toutes choses à des nombres. Les pythagoriciens passèrent des mathématiques à la philosophie, et ne firent que transporter leurs principes d'une science à l'autre (1). Dans le pythagorisme, comme dans la philosophie d'Ionie, il n'y eut pas, à proprement parler, de méthode philosophique. La spéculation y était plus abstraite, plus indépendante des sens; mais l'imagination était encore toute-puissante. Sortie à peine de la poésie et de la religion, la philosophie pythagoricienne était asservie aux symboles, aux formules mystérieuses, à la parole du maître.

Toutefois, la philosophie de Pythagore est plus élevée que la philosophie d'Ionie. Elle n'arrête pas

---

(1) Ar., *Mét.*, I, v, p. 14.... Τῶν μαθημάτων ἁψάμενοι πρῶτον..., καὶ ἐντραφέντες ἐν αὐτοῖς τὰς τούτων ἀρχὰς τῶν ὄντων ἀρχὰς ᾠήθησαν εἶναι πάντων.

sa vue aux phénomènes ; elle la porte au contraire sur les lois de ces phénomènes, et l'unité, la permanence, la régularité, lui paraissent les caractères des principes véritables. Elle explique, il est vrai, ces principes d'une manière bizarre et arbitraire : elle transporte les mathématiques dans le monde de la vie, elle place le nombre à tous les degrés de l'être, elle le fait Dieu, elle le fait âme, elle le fait corps. Mais, malgré ces erreurs, un grand résultat a été obtenu : la philosophie rationnelle est née ; elle s'est élevée jusqu'à l'idée de la substance et de la loi. Que la raison fasse un effort de plus, qu'elle se dépouille de toutes formes étrangères, et la dialectique apparaîtra.

Ni Héraclite en Ionie, ni Pythagore dans la Grande-Grèce n'ont connu véritablement la dialectique, mais ils ont contribué à la faire naître par l'action puissante qu'ils imprimèrent à la pensée. Tous deux ont exercé sur Platon une influence considérable : Pythagore, par l'esprit même de sa doctrine ; Héraclite, par la contradiction. C'est du sein d'Héraclite et de Pythagore que la pensée platonicienne s'est fait jour. Nous devions signaler tout d'abord cette double inspiration que Platon a rencontrée dès son début dans la science.

La dialectique ne commence véritablement qu'avec l'école d'Élée. Affranchie des sens, affranchie des symboles mathématiques, la raison s'exerce à réfléchir sur elle-même, à comprendre ses principes ; elle apprend à se conduire, et surtout à se défendre.

La première théorie de la connaissance se trouve dans Parménide; la différence de l'opinion et de la raison y est nettement exprimée. D'un côté est la vérité infaillible et qui ne trompe jamais (ἀληθείης εὐπειθέος ἀτρεκὲς ἦτος); de l'autre, les opinions des hommes qui ne méritent nulle confiance (βροτῶν δόξας τῆς οὐκ ἔνι πίστις ἀληθής) (1). Cette distinction même est poussée jusqu'à l'exagération; car le monde de l'opinion et celui de la vérité sont pour Parménide deux mondes absolument à part. L'un des deux seul est réel, c'est le monde de la raison : dans celui-ci, ni le mouvement, ni la pluralité, ni rien de ce que nos sens nous montrent, n'existe d'aucune façon. Quant au monde de l'opinion, c'est un monde de fantômes ; il n'est pas, il ne peut pas être. Ainsi, contradiction absolue entre les sens et la raison : la raison montre seule la vérité, l'opinion et les sens ne nous communiquent que le mensonge ; telle est, si l'on peut dire, la théorie psychologique de Parménide, théorie profonde, hardie, extrême; mais ce qu'il nous faut remarquer surtout, c'est qu'elle est le fondement de sa doctrine métaphysique.

La raison, ainsi réduite à ses propres forces, est obligée de se borner au principe le plus général et le

---

(1) Parménide, éd. Brandis, v. 29-30 *sqq.*

plus vague de tous, celui qui est bien en effet le premier principe de la raison, mais qui devient tout à fait stérile, quand on se condamne à le répéter sous toutes les formes, sans le vivifier par l'expérience. Ce principe est celui-ci : ce qui est, est; ce qui n'est pas, n'est pas. Ce que Parménide exprime ainsi : L'être est, le non-être n'est pas (1). C'est, au fond, le principe de l'identité ou le principe de l'être. Parménide s'y renferme. La profondeur de cette métaphysique consiste à exclure de la science tout ce qui est embarrassant, tout ce qui complique le problème. En supprimant toute multiplicité et tout mouvement, la raison réduisait la question de l'être à des termes bien simples, puisqu'elle n'avait qu'à prononcer une chose : L'être est, pour achever la science.

En se condamnant à ne pas dépasser l'idée vague de l'être indéterminé, la dialectique de Parménide ne pouvait qu'accumuler les négations. Analysez l'idée de l'être, vous n'en ferez sortir jamais que l'être seul, et toute la série de vos raisonnements ne sera qu'une série d'identités. Voulez-vous, au contraire, le déterminer en excluant de lui tout ce qu'il n'est pas, qu'ajouteront toutes vos négations à la notion première? A la rigueur, dans votre système, les né-

---

(1) *Ibid.*, v. 41.
Ἡ μὲν, ὅπως ἔστι τε καὶ ὡς οὐκ ἔστι μὴ εἶναι.

gations mêmes sont impossibles; puisque nier c'est comprendre ce que l'on nie, et que l'on ne peut comprendre, d'après Parménide lui-même, ce qui n'existe d'aucune façon (1).

Malgré la stérilité de ces conclusions, l'Eléatisme de Parménide est un grand progrès dialectique. La pensée a déployé une force d'abstraction bien supérieure à tout ce qui avait été tenté auparavant; elle a pénétré jusqu'au fond d'elle-même, pour y trouver ce principe de l'être, que nulle école n'avait encore dégagé d'une manière aussi hardie; et pour s'être attaché avec tant de rigueur à ce principe, il a fallu, chez Parménide, une confiance inébranlable en la puissance de la raison. Or, la raison, chez les Eléates, ce n'est pas la raison mathématique, c'est la raison elle-même, partant des principes les plus généraux qu'elle puisse concevoir, dont les principes mathématiques eux-mêmes ne sont que des applications. En même temps, et par une conséquence naturelle, la raison, en s'affranchissant elle-même, a dégagé l'être des formes grossières dont on l'enveloppait jusqu'alors, soit qu'on en fît un principe matériel, soit qu'on en fît un nombre ou un rapport de nombres. Si elle est allée trop loin tout d'abord dans son

---

(1) Parménide, v. 45.
   Οὔτε γὰρ ἂν γνοίης τό γε μὴ ἐόν, οὐ γὰρ ἐφικτὸν
   Οὔτε φράσαις.

explication de l'absolu, en le reléguant dans la région inaccessible de l'indéterminé; si, pour échapper aux déterminations toutes physiques que le génie sensuel de la Grèce avait imaginées, les Eléates se sont rejetés jusqu'à une sorte de panthéisme inconnu à l'Orient, reconnaissons là les abus explicables d'un principe qui se fait jour; distinguons surtout le panthéisme mystique de l'Orient, qui a sa source dans une sorte d'exaltation de l'imagination et du sentiment, du panthéisme tout rationnel et logique de Parménide. C'est la notion de l'être conçue dans sa rigueur, dans son absolue simplicité, qui est le fond de l'éléatisme. Il part d'une idée de la raison, à laquelle il sacrifie tout, jusqu'à la raison elle-même.

Zénon d'Elée, disciple de Parménide, passe dans l'antiquité pour l'inventeur de la dialectique (1), et il l'est en effet, si la dialectique est simplement l'art de discuter. La dialectique de Zénon est un instrument de défense, une arme. Le système de l'unité, si étrange et si absurde pour l'opinion vulgaire, si peu d'accord surtout avec l'esprit mobile et empirique des Athéniens, Ioniens d'origine, prêtait aisément au ridicule par les conséquences absurdes qu'il entraînait. La tactique de Zénon fut de renvoyer à ses adversaires le ridicule et l'absurdité. Au lieu de défendre

(1) Diog. Laert., ıx, 25.

Parménide par des raisons dogmatiques, il le défend en réduisant à l'absurde ceux qui l'attaquent. « La » vérité est, dit-il dans le Parménide de Platon, que » cet écrit est fait pour venir à l'appui du système » de Parménide contre ceux qui voudraient le tour- » ner en ridicule, en montrant que si tout est un, il » s'ensuivrait une foule de conséquences absurdes et » contradictoires. Mon ouvrage répond donc aux ob- » jections des partisans de la pluralité, et leur ren- » voie leurs objections et au delà, en essayant de » démontrer qu'à tout bien considérer, la supposi- » tion qu'il y a de la pluralité conduit à des consé- » quences encore plus ridicules que la supposition » que tout est un (1). »

Proclus expose avec beaucoup de précision, dans son Commentaire sur le *Parménide* de Platon, la différence de méthode de Parménide et de Zénon (2).

« Parménide, dit-il, établissait l'existence de l'un- » être; Zénon, lui, démontrait que la pluralité n'est » pas, et, entre autres raisons, l'une des principales » se tirait des conséquences de l'hypothèse de la plu- » ralité, conséquences contradictoires : par exemple, » que le semblable devient le même que le dissem- » blable. D'un côté, Parménide s'attachait à la dia-

---

(1) Plat., *Parm.*, p. 128.
(2) Proclus, *Comm. in Parm.*, éd. Cousin, t. IV, p. 111.

» lectique rationnelle (νοερῶς) conformément au ca-
» ractère de son esprit, et se bornait à des proposi-
» tions rationnelles (νοέραις); Zénon, au contraire,
» s'avançait d'une façon plus logique (λογικωτέρως)
» à la chasse de l'être : il pratiquait une sorte de dia-
» lectique secondaire (κατά τινα δευτέραν διαλεκτίκην)
» dont le rôle est de reconnaître quelles sont celles
» des hypothèses qui se détruisent elles-mêmes,
» comme par exemple celle qui dit qu'aucun dis-
» cours n'est vrai, et que toute supposition est fausse;
» quelles sont celles qui sont détruites par d'autres
» propositions, soit dans leurs conséquences, soit
» comme principes contraires aux principes posés
» (par exemple, un géomètre détruit une hypothèse,
» soit lorsqu'elle est contraire aux axiomes, soit en
» détruisant les conséquences de l'hypothèse); quelles
» sont celles qui se détruisent par les conséquences
» qu'elles amènent, soit qu'elles unissent les contra-
» dictoires, par exemple : le semblable est le même
» que le dissemblable, ou seulement les contraires,
» comme : le cheval est la même chose que l'homme.
» C'est d'après cette sorte de dialectique qui a besoin
» de longs discours, de longues déductions et de
» combats, que Zénon écrivait ses ouvrages. Par-
» ménide ne se servant que de l'esprit lui-même (τῷ
» νῷ μόνῳ), contemplait en elle-même l'unité de l'être,
» n'employait que la dialectique rationnelle (νοερᾶς)

» dont la force est tout entière dans de pures intui-
» tions (ἐν ἁπλαις ἐπιβόλαις).

Il exprime encore les mêmes idées dans quelques autres endroits.

». Parménide procède par la position d'un prin-
» cipe dogmatique (κατὰ τὴν τοῦ προκειμένου θεσίν); Zé-
» non, par la destruction du principe opposé (κατὰ
» τὴν τοῦ ἀντικειμένου ἀναιρεσίν)... Parménide est comme
» l'esprit pur (ὁ νόος) dont l'objet est de contempler
» l'être (τό ἕν); Zénon, comme la science qui doit voir
» aussi ce qui est opposé et d'un côté approuver
» le vrai, de l'autre confondre le faux (1). »

Après avoir séparé ainsi Parménide et Zénon, Proclus les rapproche. « Cette diversité dans le mode d'en-
» seignement n'était guère qu'un voile sous lequel il
» était facile de reconnaître l'accord et l'unité (2). »

Tous ces passages nous montrent le vrai caractère de la dialectique de Zénon. D'abord cette dialectique n'est pas, comme fut plus tard celle de Socrate, une méthode de découverte, née du besoin de trouver la vérité mal cherchée jusqu'alors. Zénon n'est pas un réformateur de la philosophie, lui ouvrant de nouvelles voies par une méthode nouvelle. Il a déjà sa philosophie, et c'est de la nécessité où il est de défendre cette philosophie que naît sa méthode. Elle a

(1) Proclus, *ibid.*, p. 115.
(2) *Ibid.*, p. 116.

donc une origine toute particulière, elle n'est qu'une conséquence, et comme une nécessité de circonstance; nous l'avons dit, elle est une arme, un moyen de combat; mais, comme telle, elle est une conquête. Avant Zénon, les doctrines philosophiques en Grèce ne paraissent pas s'être prises corps à corps ; on ne voit pas que l'école de Pythagore ait discuté l'école d'Ionie, qu'Anaxagore ait pris à partie le système de Thalès ou d'Héraclite. Chaque philosophe exprimait ses propres idées; il y mêlait ou n'y mêlait point celles des autres. Quelquefois il se prononçait sur telle ou telle doctrine, mais jamais il ne s'y attaquait directement. A proprement parler, la discussion philosophique ne commence pas en Grèce avant Zénon.

L'art de discuter, inauguré par Zénon avec un grand éclat, convenait merveilleusement à l'esprit vif, ardent et subtil de la Grèce. Il reçut le nom de *dialectique*, soit parce que Zénon discutait en interrogeant et en répondant, c'est-à-dire par dialogues (διαλόγοις) (1), soit que l'on voulût exprimer par là le caractère discursif (διὰ) de cette dialectique qui marche de conséquences en conséquences (ἐξ ἀκολουθίαις), et en ajoutant les propositions les unes aux autres (συνθέσει λόγων).

(1) Ce que nous pouvons supposer d'un passage de Simplicius, qui nous transmet une argumentation de Zénon contre Protagoras, sous la forme du dialogue. On dit de plus qu'il composa des dialogues philosophiques. Diog. Laert., III. 57. Arist., *El. sophist.*, 10.

Deux choses doivent être remarquées dans la dialectique de Zénon.

En premier lieu, elle part toujours d'hypothèses dont elle déduit les conséquences, par exemple : « Si » la pluralité existe, les choses sont à la fois finies » et infinies... (εἰ πολλὰ ἐστὶ) (1). Si le lieu existe, » il est lui-même dans un lieu à l'infini... (εἰ ἐστὶ » τόπος) (2). » Dans le *Parménide* de Platon, Socrate prie Zénon de lui relire la première *hypothèse* de son premier chapitre (τὴν πρώτην ὑπόθεσιν τοῦ πρώτου λόγου) (3), et tout ce dialogue, qui bien certainement est rempli de l'esprit éléatique, est aussi sous la forme d'hypothèses. Nous retrouverons des traces de cette forme hypothétique dans la dialectique de Platon.

Le second caractère de la dialectique de Zénon est de pousser les doctrines qu'il combat, à la contradiction. Cette contradiction, il la démontre de différentes façons. Tantôt il établit que la proposition est contradictoire en elle-même; tantôt qu'elle produit des conséquences, ou contradictoires en elles-mêmes, ou en contradiction avec leur principe; tantôt qu'elle donne lieu à deux conséquences contradictoires entre elles, par exemple : « Si la pluralité existe, les choses sont » infinies; si la pluralité existe, les choses ne sont pas

---

(1) Simpl., *Phys.*, fol. 30 *b*.
(2) *Ibid.*, fol. 130 *b*.
(3) Plat., *Parm.*, p. 127.

» infinies. » Mais que l'on ne voie pas là, comme on l'a cru quelquefois, des antinomies absolues, imputées à la raison, comme sa condition légitime et nécessaire; ce sont des antinomies qui dérivent d'une hypothèse fausse, et qui en démontrent la fausseté. C'est par cet art de pousser à la contradiction (δι' ἐναντιολογίας), que Zénon jetait ses adversaires dans l'embarras et dans le doute (εἰς ἀπορίαν) (1).

La dialectique de Parménide et celle de Zénon ont un fond commun, une forme différente. L'une, avons-nous dit, est fondée sur le principe d'identité, et n'en peut pas sortir; l'autre, sur le principe de contradiction, qui n'est qu'une face du premier. La dialectique de Parménide et de Zénon est ainsi profondément rationnelle, mais, trop étrangère à l'expérience, elle est stérile et s'exerce dans le vide. Cette dialectique toute négative va porter ses fruits.

La sophistique est l'abus de la dialectique. La dialectique de Zénon était fondée sur le principe de contradiction. La dialectique de Protagoras détruit le principe de contradiction lui-même; elle détruit donc la raison, et par conséquent la dialectique qui n'est que l'usage logique et rigoureux de la raison. La raison, impuissante encore, tourne dans un cercle, et à peine née se dévore elle-même.

Ainsi les premiers efforts de la dialectique n'avaient

(1) Plut., *in Peric!.*

point abouti; elle avait montré sa force, mais sans l'appliquer d'une manière durable. A peine inventée, elle était devenue l'arme d'une science misérable et fausse, habile seulement à renverser. Une réforme était nécessaire. Ce n'était pas assez de discuter contre les sophistes avec l'arme même dont ils se servaient. La dialectique devait chercher dans la conscience de l'homme, dans les principes éternels de la raison une force nouvelle : ce fut le caractère de la réforme socratique.

Ce qui caractérise Socrate, c'est d'avoir senti le besoin d'une méthode. Socrate n'est pas un rêveur comme Parménide, ni un disputeur comme Zénon ; c'est un esprit positif et critique ; il comprend que les recherches spéculatives ne peuvent aboutir que si elles sont poursuivies régulièrement et avec suite. Or, la règle de toutes nos recherches, quelle peut-elle être, sinon la règle même, la loi naturelle de notre raison? C'est à découvrir cette loi que Socrate s'est appliqué (1).

Socrate marque une ère tout à fait nouvelle en philosophie, dont le trait le plus éclatant est le retour de l'esprit sur lui-même, l'analyse de ses forces, de ses formes, de ses procédés; ère signalée par la méthode

---

(1) Voy. sur Socrate l'excellent article de M. Stapfer dans la *Biographie universelle*, et le chapitre de Ritter dans son *Histoire de la philosophie ancienne*.

même de Socrate, la dialectique de Platon, l'analytique d'Aristote.

Et d'abord Socrate se sépare de toutes les philosophies antérieures par son indifférence pour les questions métaphysiques, cosmogoniques qu'elles avaient essayé de résoudre. Il ne pouvait comprendre que l'on ne vît pas avec la dernière évidence, qu'il est impossible à l'homme de rien savoir sur toutes ces matières (1).

Le seul objet de la science, son point de départ légitime et nécessaire, c'est l'homme. « Est-ce donc
» parce qu'ils croient en savoir assez sur l'homme, di-
» sait-il, qu'ils s'occupent des choses divines(2)?... »
« Je n'ai pas tant de loisir, dit-il dans le Phèdre ;
» pourquoi? C'est que j'en suis encore à accomplir ce
» précepte de l'oracle de Delphes : « Connais-toi toi-
» même. » Et quand on en est là, je trouve bien plai-
» sant qu'on ait du temps de reste pour les choses
» étrangères. »

Rien n'est plus logique, comme on voit, que cette marche de la pensée. Elle a commencé par se jeter au hasard dans les difficultés innombrables de la science des choses. Asservie d'abord à la sensation, elle s'en est vite affranchie. Livrée à elle seule, au lieu

---

(1) Xén., *Memorab*, l. I, c. 1. Ἐθαύμαζε δὲ εἰ μὴ φανερὸν αὐτοῖς ἐστιν ὅτι ταῦτα οὐ δυνατόν ἐστιν ἀνθρώποις εὑρεῖν.

(2) *Ibid., ibid.*

de s'assujettir à de lentes et nécessaires épreuves, elle s'élança tout d'abord jusqu'au principe de l'être; elle supprima tout intermédiaire, franchit sans y regarder les échelons de la réalité, et tomba dans le vide. Instruite par la nécessité à combattre, elle combattit tout ce qu'elle rencontra, s'en prit à elle-même, et triompha de sa propre ruine. Mais tant d'épreuves malheureuses la rendent enfin plus prudente. Elle sent la nécessité de se régler par l'étude de ses lois naturelles. Elle cherche la voie la meilleure pour arriver à la vérité et à l'être. Le résultat de ces recherches, c'est la dialectique de Platon; mais l'entreprise appartient d'abord à Socrate.

L'œuvre de Socrate avait deux parties : 1° renverser l'autorité des sophistes; 2° réformer la philosophie. Mais ces deux parties tiennent inséparablement l'une à l'autre; car il fallait détruire la sophistique avant d'espérer de fonder une philosophie véritable; et c'était seulement à l'aide de la véritable méthode philosophique qu'il était possible de renverser les sophistes.

On a quelquefois confondu Socrate avec les sophistes. Socrate, en effet, tient aux sophistes. Un philosophe se rapproche toujours par quelque endroit de ceux qui l'entourent, de ceux mêmes qu'il combat. La sophistique était la philosophie dominante au temps de Socrate; tous les esprits en étaient imprégnés; Socrate comme les autres. D'ailleurs pour combattre les sophistes ne fallait-il pas être en état de se servir de leurs armes ?

Il y a donc de la sophistique dans Socrate ; mais là n'est pas sa force véritable. Sa force, elle est dans le plus admirable bon sens, dans la raison la plus simple et la plus fine, pénétrante et prudente, pleine de grâce et de solidité. La méthode de Socrate dut beaucoup de son succès au personnage même dont la parole mordante et aimable confondait ceux-ci, attirait ceux-là, dont l'éloquence bizarre, sans modèle, sans imitateurs, transportait, enivrait ceux qui avaient le bonheur de l'entendre (1).

La vie de Socrate ne fut qu'une lutte, lutte contre les sophistes, contre les politiques, contre la fausse sagesse du vulgaire, ou la sagesse présomptueuse des philosophes. Mais pour lutter ainsi contre tous, car qui ménageait-il? pour réduire surtout ces hommes qui avaient approfondi tous les artifices de la discussion, pour triompher de ces esprits légers et corrompus qui surprenaient la jeunesse et la foule par l'habileté et l'élégance de leur langage, un art nouveau était nécessaire. Les discours sérieux ne suffisaient pas. Il eût été dangereux de se livrer soi-même

---

(1) Conv., 215. Ἐπειδὰν δὲ σοῦ τις ἀκούῃ ἢ τῶν σῶν λόγων, ἄλλου λέγοντος, κἂν πάνυ φαῦλος ᾖ ὁ λέγων, ἐάν τε γυνὴ ἀκούῃ ἐάν τε ἀνὴρ ἐάν τε μειράκιον, ἐκπεπληγμένοι ἐσμὲν καὶ κατεχόμεθα, *sqq.*

à leur artificieuse dialectique. Il fallait une supériorité de pensées qui se dissimulât, dont ils subissent l'autorité sans la comprendre ; il fallait les surpasser par la ruse, par l'esprit, par la raillerie.

De là l'εἰρωνεία socratique ou raillerie dissimulée. Socrate y excellait et est resté maître en ce genre. Il savait à merveille exalter la vanité des sophistes et par sa feinte modestie les engager dans de compromettantes discussions. Il arrivait auprès d'eux, comme pour se faire instruire, et il les interrogeait de la manière la plus naturelle ; mais par un art dont il avait le secret, tout en ayant l'air d'interroger toujours, il s'emparait peu à peu de la discussion et la menait où il lui plaisait ; il les faisait tomber ainsi dans de grossières contradictions, ou bien il finissait l'entretien par quelques observations triviales dont s'irritait l'élégance affectée des sophistes, et il les livrait surpris et déconcertés aux risées de la foule.

L'εἰρωνεία n'était pas seulement l'art d'un esprit fin et railleur : c'était une méthode régulière et vraiment scientifique dissimulée seulement par la grâce de la forme. Cette méthode repose sur cette idée que l'erreur contient en elle-même sa réfutation, et porte, comme dit Platon, l'ennemi avec soi. Zénon recherchait et mettait à découvert les absurdités de ses adversaires, Socrate obligeait les siens à trouver par eux-mêmes et à confesser leurs contradictions.

Quant à lui, il affectait de n'avoir point de système. On connaît son mot : « Je ne sais qu'une chose, c'est que je ne sais rien. » Et en effet la science de Socrate est surtout critique. Non que l'on doive faire passer Socrate pour un sceptique : il s'éloigne du scepticisme par sa méthode de recherche et par l'esprit général de sa philosophie. Il est douteur, non sceptique. Le mot même que nous venons de citer n'est pas d'un sceptique : car il affirme qu'il sait une chose, à savoir qu'il ne sait rien. Pyrrhon dirait : « pas même cela. » Ce mot n'a qu'un sens, c'est que Socrate était arrivé à la conscience de son ignorance; mais c'est là une des formes du savoir. Pour distinguer ce que l'on sait de ce que l'on ne sait pas, ne faut-il pas comprendre ce que c'est que savoir, et par conséquent savoir cela ? Cette maxime en apparence modeste de Socrate, prouvait au contraire qu'il était allé plus avant dans la science qu'aucun de ses prédécesseurs, puisqu'il avait pénétré jusqu'aux sources mêmes du savoir. C'est pourquoi Apollon le déclarait le plus sage des hommes. Il possédait un criterium infaillible du vrai, qu'il appliquait à ses propres pensées, et à celles des autres hommes. Différent en tout des métaphysiciens dogmatiques, il avait de plus qu'eux le vrai sentiment de la science, et de moins qu'eux leurs affirmations téméraires sur la nature des choses.

C'est ce sentiment vrai de la science qui le rendait si fort dans sa lutte contre les sophistes et lui inspirait cette ironie dédaigneuse par laquelle il triomphait d'eux. Malgré toute leur habileté dans le maniement des formes dialectiques, ils étaient profondément ignorants sur les principes de la science. Ils croyaient tout savoir, parce qu'ils parlaient de tout, et pensaient qu'avec un certain nombre d'artifices logiques, ils pouvaient raisonner sur toutes choses, même sur l'art de la palestre, même sur l'art militaire (1). Socrate, qui, au contraire, s'était appliqué sérieusement à critiquer ses propres pensées, et qui cherchait moins une science apparente qu'une science véritable, fût-ce la science de son ignorance, avait peu d'efforts à faire pour ruiner cette science stérile et menteuse, destituée de tout principe. Ce qui lui donnait une supériorité éclatante, c'est qu'il n'avait pas lui-même de système, et que, ne prêtant point à l'attaque, il réservait toutes ses forces pour la critique.

C'est pour cette raison encore, je veux dire l'absence de système, que Socrate n'enseignait pas par des leçons dogmatiques et par des discours comme ses devanciers, mais qu'il préférait la forme du dialogue, employée déjà avec bonheur par Parménide et Zénon. Pour Socrate, c'était la forme ordinaire : à

---

(1) Xén., l. III, c. 1. Protagoras avait fait un traité sur la palestre. *Voy*. Théét.

vrai dire, il n'enseignait pas, il causait, et même il se contentait d'interroger. En effet, il voulait savoir quel était l'état d'esprit de ses interlocuteurs relativement à la science; il leur appliquait la mesure avec laquelle il se jugeait lui-même. Aussi, ses interrogations n'étaient-elles pas faites au hasard; elles suivaient une certaine logique : elles amenaient les idées à sortir les unes des autres, ou à se contredire les unes les autres.

Cet art d'interroger, que Socrate possédait au plus haut degré, prouve cependant que la science pour lui n'était pas absolument négative. Si le résultat de ses entretiens était souvent de produire le doute, souvent aussi il amenait à une connaissance plus claire et plus précise les auditeurs qu'il avait entrepris d'instruire Et en effet, sitôt que la science est saisie dans ses principes essentiels, il est bien difficile que l'on se renferme partout et toujours dans la critique. Les principes font leur chemin, pour ainsi dire, d'eux-mêmes. D'ailleurs, l'esprit de Socrate, si éloigné du scepticisme et de la sophistique, ne devait pas pouvoir se reposer dans le doute. Il dut donc chercher des procédés de découvertes. Cela nous amène à parler des deux procédés qui lui sont attribués : l'induction et la définition (1).

Aristote nous dit que Socrate fut l'inventeur de l'in-

---

(1) Arist., *Mét.*, xiii, 4.

duction (τοὺς ἐπακτικοὺς λόγους). N'entendons pas ici l'induction d'une manière trop précise. On retrouverait difficilement dans ce qu'on nous rapporte de Socrate des exemples rigoureux de l'induction baconienne : l'induction paraît même avoir été analysée logiquement pour la première fois par Aristote lui-même. Ce que Socrate a inventé, ou pour mieux dire employé le premier avec bonheur, ce sont les discours à forme inductive qui amenaient peu à peu l'auditeur à une conclusion inattendue, en le faisant passer de propositions en propositions de moins en moins simples, mais toujours enchaînées entre elles. C'est ce que Socrate appelait la *maieutique* ou l'accouchement des esprits. Ce procédé de Socrate était fondé sur cette pensée, que chaque homme sait tout ce qu'on lui apprend, mais qu'il ne s'en souvient pas, et qu'il s'agit seulement de l'en faire ressouvenir. C'est ce que fait l'interrogation. Elle développe la science qui est en germe dans l'esprit de l'homme ; elle sait découvrir dans toutes questions les principes clairs et évidents, les dégager et les faire luire à l'esprit qui les possédait à son insu, et de principe en principe, elle l'amène, sans rien lui apprendre de nouveau, à la conclusion qu'il refusait (1).

(1) Xén., l. IV, c. 6.
« Si quelqu'un eût soutenu contre lui quelque opinion, sans rien
» établir de clair, mais en affirmant sans démonstration que tel homme
» était plus sage, ou plus politique, ou plus courageux que tel autre

Avant Socrate, l'art des définitions était presque ignoré. Démocrite et les pythagoriciens avaient seuls, suivant Aristote, essayé de définir. Mais le premier s'était borné aux objets physiques, et encore n'a-t-il guère défini que le chaud et le froid. Les pythagoriciens, comme nous avons vu, ramenaient les notions des objets aux nombres. Et même ces sortes de définitions arithmétiques sont peu nombreuses. On cite la définition de la justice, de l'à-propos, du mariage (1). Dans un autre passage de la Métaphysique, Aristote signale encore ces tentatives imparfaites de définitions. « Ils ont aussi commencé à s'occuper de la
» forme propre des choses et à définir; mais, sur ce
» point, leur doctrine est trop imparfaite. Ils définis-

» que lui Socrate préférait, il aurait amené son adversaire à l'opinion
» qu'il avançait de cette manière : Tu dis que l'homme dont tu parles
» est meilleur citoyen que celui que je défends. — Oui, sans doute
» — Que devons-nous donc faire, sinon rechercher quelle est l'œuvre
» d'un bon citoyen? — Faisons-le. — Ne l'emporterait-il pas dans
» l'administration de la fortune publique, celui qui saurait accroître
» la richesse de l'État. — Oui, dit-il. — Et dans la guerre, celui qui
» se rend supérieur à ses ennemis? — Évidemment. — Et dans le
» conseil, celui qui change les ennemis en amis? — Oui. — Par con-
» séquent aussi celui-là l'emportera dans l'art de parler au peuple,
» qui sait apaiser les factions et inspirer la concorde? — Je le crois.
» C'est ainsi que, par des discours amenés les uns par les autres, il
» faisait apparaître la vérité même aux yeux de ceux qui le contredi-
» saient. Mais lorsque lui-même il développait quelque chose dans
» ses discours, il s'avançait à travers les principes les mieux reconnus,
» pensant que c'était là le véritable appui du discours. Aussi la plu-
» part du temps, lorsqu'il parlait, il amenait les auditeurs à son opi-
» nion. Il disait qu'Homère avait représenté Ulysse comme un rhéteur
» supérieur, parce qu'il excellait à appuyer ses discours sur des princi-
» pes évidents aux yeux des hommes. »

(1) Arist., *Mét.*, XIII, 4.

» saient superficiellement, et le premier objet auquel
» convenait la définition donnée, ils le regardaient
» comme l'essence de la chose définie (1). » On peut
aussi juger du peu d'habitude que les prédécesseurs
de Socrate avaient des définitions par les dialogues
de Platon. Presque partout les adversaires de Socrate, lorsqu'il leur demande une définition, lui répondent par un exemple particulier, comme Hippias,
ou, comme Théétète, par une énumération. Socrate
est obligé de leur expliquer que ce qu'il demande, ce
n'est pas tel exemple en particulier, ni quelles sont
les parties de l'objet dont on discute, mais quelle est
sa nature propre, ce qu'il est en lui-même, par exemple ce que c'est que le beau en lui-même, la science
en elle-même.

La définition pour Socrate était en effet la recherche
de l'essence. « Il recherchait constamment avec ses
» disciples, dit Xénophon, ce qu'était chaque chose
» (τί ἕκαστον εἴη τῶν ὄντων) (2). » C'est l'ignorance des
définitions qui fait que l'on se trompe si aisément et
que l'on trompe les autres. « Ce n'était pas sans mo-
» tif, dit Aristote, que Socrate cherchait à déterminer
» l'essence des choses; l'argumentation régulière, tel
» était le but où tendaient ses efforts (3). » Socrate

---

(1) Id., *Mét.*, i, 5.
(2) Xén., *Mém.*, iv, 6.
(3) Arist., *Mét.*, xiii, 4.

cherchait donc à déterminer les caractères essentiels des choses ; et par là il était dans la vraie voie scientifique, car l'essence d'une chose c'est ce qu'il y a d'universel et d'éternel en elle. Or, l'universel est le seul objet de la science. Cet axiome d'Aristote, accepté et même exagéré par Platon, doit son origine à Socrate lui-même.

Avant Socrate, on avait cherché instinctivement l'universel ; mais il eut le premier la conscience claire que là seulement est l'objet de la science ; mais, en recherchant l'universel, il ne s'arrête pas, comme ses prédécesseurs, à des notions vagues, telles que l'être, l'infini, la concorde, la discorde, les atomes, les nombres, principes vagues et indéterminés : il recommande de chercher pour chaque chose une notion précise et propre ; il empêche ainsi la confusion des genres et prépare à la fois la théorie métaphysique de Platon, qui trouvera dans les universaux les principes des choses, et la science logique d'Aristote qui, de l'étude du rapport des genres entre eux, a fait sortir la théorie de la démonstration et du syllogisme. Ainsi, la théorie de Socrate sur la définition est à la fois le point de départ de la métaphysique de Platon surtout, et même d'Aristote, et de la logique, dont le fondement, suivant Aristote, est dans l'étude de l'essence.

En un mot, si la philosophie est la critique de la

pensée, Socrate est le vrai fondateur de la philosophie. Avant lui, il y a eu sans contredit de grandes vues philosophiques, de beaux systèmes, des luttes remarquables de dialectique; mais c'étaient là des germes de philosophie plutôt qu'une philosophie vraiment scientifique. Il ne suffit pas de traiter des questions philosophiques et même de répandre des idées philosophiques, pour être fidèle à l'esprit de la philosophie. La philosophie, elle ne le savait pas avant Socrate, elle l'a appris depuis, est la science de la science. Ce sont les fondements même du savoir qu'elle doit établir d'abord pour marcher au delà. Elle doit se rendre compte d'elle-même, de son but, de son point de départ, de ses ressources, de ses limites; elle doit trouver dans les lois de la pensée le modèle et la règle de sa propre marche. Sans ce retour continuel de la philosophie à sa source, la philosophie s'égare, emportée par l'imagination ou par la spéculation. Elle s'était égarée ainsi dans le premier âge de son développement; Socrate la ramena à la réalité en la ramenant à l'étude de l'homme.

Non-seulement Socrate a imprimé une direction générale à la pensée philosophique, et peut être considéré comme le vrai fondateur de la philosophie; mais encore, comme dialecticien, il est digne du plus haut intérêt par son doute, si semblable, malgré les différences, au doute méthodique de Descartes, par son ironie, sa maieutique ou méthode d'accouchement, et enfin par sa recherche des définitions. Chacun de ces points a une importance considérable comme moyen régulier de savoir.

Le doute de Socrate est l'avénement du vrai esprit scientifique, c'est-à-dire de l'esprit d'examen. Avant Socrate l'esprit d'examen n'était pas absent de la science, car elle ne naît, elle n'existe qu'avec lui; mais il n'en était pas la condition première, constante, absolue. En persuadant aux esprits de s'examiner eux-mêmes, et les uns les autres; bien plus, en leur imprimant cette habitude par la pratique et l'exemple, Socrate fit plus que s'il avait ajouté quelque hypothèse nouvelle aux systèmes de Thalès, d'Héraclite et de Pythagore. La vérité ne se découvre que si on la recherche avec attention. Socrate apprit aux hommes à être attentifs. Par son doute éclairé, il les prémunit contre les opinions frivoles, les faux systèmes et les séductions d'un scepticisme effréné.

Avec l'esprit de doute et d'examen se développa l'esprit d'analyse, cet instrument si actif de la science. L'ironie et la maieutique ne sont que des applications remarquables de l'analyse. Soit qu'il fît ressortir les conséquences absurdes d'une thèse absurde, en vertu des lois mêmes de la vérité; soit que d'une vérité incomplète et confuse il fît sortir une vérité lumineuse et entière, il n'arrivait là que par l'analyse des notions et des idées. Comprenant admirablement que la vérité est à la fois une et complexe, et que toutes les vérités s'enveloppent les unes les autres, il ramenait la science à un simple travail d'explication et de développement.

Or, ce développement de la science se compose d'une série de rapports dont chaque terme doit être expressément déterminé, car ce n'est que par la connaissance précise des termes que l'on peut les unir ou les désunir, fixer leur placé et leurs rapports ; c'est le rôle de la définition. La définition, en nous forçant à rechercher les éléments essentiels de chacune de nos idées, nous permet de les classer, de les séparer, de les subordonner, en un mot, de les placer dans tous les rapports logiques imaginables.

Un grand pas restait à faire, c'était d'appliquer la méthode socratique à l'étude des questions métaphysiques exclues par Socrate, mais que l'esprit humain ne peut pas cesser de se poser, quelle que soit l'apparente inutilité de ses efforts. Tirer de la méthode de Socrate une méthode philosophique proprement dite, capable d'atteindre les principes mêmes des choses, telle fut, nous le verrons, l'œuvre de Platon.

A côté de Socrate, un peu avant ou un peu après lui, d'autres écoles plus ou moins importantes doivent être signalées dans l'histoire de la dialectique. Citons particulièrement Antisthènes, chef de l'école des Cyniques, et surtout l'école de Mégare, qui tient à la fois de Zénon d'Élée et de Socrate.

Ces deux écoles qui l'une et l'autre se rattachent à Socrate, surtout par la morale, s'en séparent sur la dialectique. Antisthènes, disciple de Gorgias en même temps que de Socrate, touche à la sophistique. Euclide avait étudié avec ardeur les livres de Parménide, et quoiqu'il ait emprunté à la tradition socratique, il n'en est pas moins le continuateur de l'école d'Elée.

Antisthènes attaqua le point capital de la dialectique socratique, à savoir la définition. Il prétendait que l'on ne peut pas dire d'une chose ce qu'elle est ($τί\ ἐστί$), mais seulement quelle elle est ($ποιόν\ τί\ ἐστί$) (1), c'est-à-dire qu'on ne peut pas atteindre l'essence, mais seulement la qualité des objets. La définition n'est qu'un discours allongé ($μακρὸς\ λόγος$) (2). Dès lors toute affirmation que l'on porte sur une chose n'atteint pas la chose même, et l'on ne peut en donner une certaine idée que par comparaison. Il était aussi conduit par là à penser que l'on ne peut rien dire d'exact sur une chose, sinon en répétant son nom même, par exemple en disant : l'homme est

---

(1) Simpl., *in Categ. Arist.*, fol. 54 *b*.
(2) *Ibid., ibid.*

homme, ou le bon est bon (1). Il était donc un de ces philosophes dont parle Platon dans le Sophiste, qui ne souffrent pas qu'on dise que un soit plusieurs, et qui ne permettent pas d'affirmer une chose d'une autre. Antisthènes disait encore, et c'est l'une de ses propositions les plus célèbres, qu'il ne faut pas contredire (μὴ εἶναι ἀντιλέγειν) (2). Mais il est douteux qu'il l'ait entendu au sens sophistique de Protagoras, c'est-à-dire en admettant l'absolue vérité de toute proposition. Il croyait que c'était par l'enseignement positif plus que par la contradiction qu'on chassait l'erreur. La dispute lui paraissait une folie. (Οὐκ ἀντιλέγοντα δεῖ τὸν ἀντιλέγοντα παύειν, ἀλλὰ διδάσκειν · οὐ δὲ γὰρ μαινόμενον ἀντιμαινόμενός τις ἰᾶται.)

L'école de Mégare mérite plus d'attention que l'école grossière d'Antisthènes. Elle cultiva avec assez de succès la dialectique pour que ses partisans fussent appelés les dialecticiens (οἱ διαλεκτικοί).

La dialectique de l'école de Mégare ne paraît pas être autre chose que la continuation de la dialectique de Zénon d'Elée. Quoique Socrate ait exercé sans aucun doute une certaine influence sur cette école, c'est plutôt en y introduisant quelques-unes de ses idées qu'en lui communiquant sa méthode. Je ne dis pas que l'esprit général de la philosophie de Socrate,

---

(1) Arist., *Mét.*, iv, 29.
(2) Arist., *Mét.*, *ibid.*

à savoir l'esprit de réflexion et l'examen, n'ait pas agi en quelque façon sur l'esprit d'Euclide; mais ce n'est là qu'une action vague et générale que reçurent ceux mêmes qui n'avaient point assisté aux leçons de Socrate et ceux qui lui étaient contraires.

Mais on ne trouve point trace des procédés particuliers à Socrate dans la dialectique d'Euclide. Cette dialectique, comme plus tard celle de Platon, devait avoir deux parties : l'une par laquelle il atteignait ce qui lui paraissait être la vérité; l'autre, par laquelle il réfutait l'erreur. La première de ces deux parties paraît n'avoir été autre chose que la méthode même de Parménide, méthode toute spéculative, toute rationnelle; et la seconde celle de Zénon. Euclide réunit en lui les deux moments de l'école d'Elée; mais nulle part on ne voit l'induction socratique, ni la définition; et même son mode de réfutation ne ressemble en rien à l'εἰρωνεία. Socrate amenait son adversaire à abandonner lui-même son opinion, en le faisant passer par une suite de propositions toutes évidentes, dont la dernière était l'opposé même de l'opinion soutenue. Euclide attaquait les raisonnements par leurs conclusions (1); c'était une réfutation indirecte, marquée du caractère négatif de la dialectique éléate.

Quant aux définitions, il rejetait l'opinion d'An-

---

(1) Diog. Laert., ɪɪ, 107.

tisthènes, que l'on peut suppléer à la définition par une explication analogique. « De deux choses » l'une, disait-il, ou les termes comparés sont semblables, ou ils ne le sont pas ; s'ils le sont, il vaut » mieux s'occuper de la chose elle-même que de sa » ressemblance ; s'ils ne le sont pas, la comparaison » est vicieuse (1). » Mais, de ce qu'il rejetait la comparaison, s'ensuit-il qu'il admît la définition ? Suivant Ritter, Euclide rejetait et la définition et même l'explication analogique ; suivant d'autres critiques, il ne rejetait l'explication analogique que parce qu'il admettait la définition. La solution de cette difficulté est peut-être dans la métaphysique d'Euclide. Ritter prétend qu'Euclide avait admis la doctrine des éléates, l'unité absolue qu'il appelait de plusieurs noms : la pluralité n'était donc que dans les noms : l'être était un, d'une unité absolue. Suivant Schleiermacher au contraire (2), Euclide aurait développé la doctrine de Parménide par la doctrine de Socrate. Non-seulement il a admis la pluralité des noms, mais encore la pluralité des essences intelligibles, formes de l'être absolu. Dans cette hypothèse, Euclide serait le premier auteur de la théorie des idées (3);

---

(1) *Ibid., ibid.*
(2) Introd. au soph.
(3) Cette opinion de Schleiermacher a été soutenue et développée plus tard par M. Deicks, critiquée par Ritter, et défendue en France

et tout porte à croire, en effet, que ces partisans des idées, dont Platon veut parler dans le Sophiste, ne sont autres que les mégariques. Mais lorsque cela serait, l'histoire de la dialectique mégarique ne s'en éclairerait guère davantage. Comment Euclide

dans une excellente thèse de M. Henne, sur l'école de Mégare. Voici le texte du Sophiste :
« Leurs adversaires, par une sage précaution, les combattent des
» hauteurs d'un monde invisible, s'efforcent de ramener à certaines
» formes intelligibles et incorporelles toute véritable existence (νοητὰ
» ἄττα καὶ ἀσώματα εἴδη βιαζόμενοι τὴν ἀληθινὴν οὐσίαν εἶναι), et quant
» aux corps et à ce que les autres appellent réalité, les réduisent en
» poussière par leurs raisonnements, ne leur accordent, au lieu de
» l'existence, qu'un simple mouvement de génération. » Ce texte, qui s'appliquerait manifestement à Platon, si Platon lui-même, quelques pages plus loin, ne combattait et ne réfutait l'école dont il parle ici, nous prouve qu'avant Platon une école importante avait exposé une certaine théorie des idées. Les plus grandes vraisemblances sont pour que cette école soit l'école de Mégare. En effet, la critique principale que Platon dirige contre cette école est qu'elle exclut absolument le mouvement et la vie de l'être absolu. Or, quelle autre école que l'école d'Élée, ou celle de Mégare qui en sort directement, a attribué au premier principe l'immobilité absolue? Les pythagoriciens eux-mêmes, auxquels se pourrait le plus convenablement appliquer ce passage, n'ont-ils pas représenté le premier principe ou le ciel (οὐρανόν), aspirant le vide ou l'infini ? Ce premier principe n'est-il pas l'âme du monde, unie au monde, et produisant la vie, par un mouvement continuel d'aspiration et d'expiration? Au contraire, nous savons par Aristote que les mégariques niaient la différence de la puissance et de l'acte, c'est-à-dire que pour eux il n'y avait de possible que le réel et le réel actuel. Or, nier la différence de la puissance et de l'acte, c'est nier le mouvement, car cela seul se meut qui devient ce qu'il n'était pas auparavant; et cela est impossible s'il n'y a pas dans l'être la puissance de devenir ce qu'il n'est pas. Les mégariques niaient donc le mouvement, non pas dans le monde sensible qu'ils livraient à une éternelle génération, mais dans le principe absolu. En outre, Platon dit lui-même que les partisans des idées nient que l'être soit une puissance. Ajoutez qu'Euclide croyait à la pluralité des noms de l'être premier. Quelle apparence d'admettre la pluralité des noms sans la pluralité des idées!

est-il arrivé à cette théorie des idées? Est-ce la méthode de Socrate qui l'y a conduit? A-t-il su, comme Platon plus tard, découvrir dans la méthode socratique, non-seulement un moyen d'arriver aux principes logiques de la science, mais même aux principes réels des choses? Euclide alors aurait en tout devancé Platon, et toute l'originalité de celui-ci disparaîtrait. Mais rien ne prouve, ni même autorise une pareille conjecture. Tout ce que nous savons des mégariques, c'est que, de même que Parménide, ils rejetaient les sensations et les opinions qui en dérivent pour ne s'en rapporter qu'à la raison. Or cela suffit pour conduire à leur théorie de l'être, mais non pas à leur théorie des idées. La méthode qu'on leur prête (1) et qui consiste à rechercher partout l'universel et à s'élever de genre en genre jusqu'à l'unité absolue qui les enveloppe tous, cette méthode n'est décrite nulle part, comme la méthode d'Euclide. « Ils s'efforcent de ramener toutes choses à des formes intelligibles, dit Platon (βιαζόμενοι). » Leur méthode ne paraît donc pas avoir été si régulière, puisque, suivant Platon, il leur fallait des efforts violents pour établir leur doctrine. Les pythagoriciens professaient une doctrine qui avait de grands rapports avec la théorie des idées. Leur attribuera-t-on la dialectique de Platon?

(1) Voyez la thèse de M. Henne, p. 151.

Reconnaissons que si la science métaphysique a entrevu avec Euclide un progrès considérable, la méthode dialectique n'a point pris chez lui un caractère nouveau. Si l'on ne craignait de se prononcer trop sur une doctrine si débattue et si mal connue, on avouerait que la dialectique y a plutôt rétrogradé que marché en avant. Elle est retournée à la dialectique toute négative de Zénon, et a bientôt dégénéré en une dialectique artificieuse, que l'on distinguerait difficilement de la sophistique. Un grand nombre de sophismes rapportés dans l'Euthydème sont empruntés à quelques-uns des mégariques. Platon oppose partout la dialectique et l'éristique : or, l'on sait que c'est aux mégariques que se donnait ce nom de disputeurs (ἐριστικοί).

Nous ne parlons pas des écoles d'Élis et d'Érétrie, qui dérivent de celle de Mégare, et qui sont contemporaines de Platon ou même postérieures à lui. Le seul point important à signaler est celui-ci : elles repoussaient les propositions négatives et les propositions composées, et n'admettaient par conséquent que les propositions simples ou identiques (1), c'est-à-dire celles où l'attribut n'est pas différent du sujet, et revenaient par là à l'opinion d'Antisthènes ; ainsi,

---

(1) Ἀνῄρει (Μηνήδημος) καὶ τὰ ἀποφατικὰ τῶν ἀξιωμάτων, καταφατικὰ τιθείς· καὶ τούτων τὰ ἁπλῆ προσδεχόμενος τὰ οὐχ ἁπλῆ ἀνῄρει, λέγων συνημμένα καὶ συμπεπλεγμένα. Diog. L. II, 135

c'était toujours dans le même cercle que tournaient ces jeux frivoles et captieux.

La dialectique négative et abstraite de Zénon, la dialectique des sophistes était épuisée. C'était dans la méthode de Socrate, approfondie et développée, qu'était l'avenir de la pensée. La philosophie allait enfin s'affranchir de l'imagination aveugle, de la spéculation désordonnée, de la dispute stérile; et, tout en profitant des découvertes fortuites dues à l'inspiration de quelques hommes de génie, elle allait s'élever par une méthode sévère à la première conception durable et scientifique du système des choses.

II.

DE LA DIALECTIQUE.

L'école d'Ionie, tout asservie aux choses sensibles, ne voyait plus dans la nature que la mobilité, le flux et reflux perpétuel des phénomènes. Au contraire, l'école d'Italie, entraînée par l'abstraction, s'était arrêtée à l'unité immobile, inintelligible, inexprimable. De part et d'autre l'être vrai avait été exclu de la nature, de la pensée et du discours. Socrate en ramenant l'homme à l'étude de lui-même, le mit en présence de la réalité véritable, et par l'instrument nouveau de la méthode d'observation et d'analyse il prépara une science plus solide et plus sûre.

Cette science, Platon essaya de la créer. Il connaissait à fond les doctrines de son temps. Philolaüs l'avait mis en commerce avec Pythagore (1); Cratyle, avec Héraclite (2); Euclide de Mégare lui avait transmis la pensée, raffinée sans doute, mais fidèle encore du grand Parménide (3). Toutes ces inspirations s'unirent dans le système de Platon (4). De ces affluents divers se forma le flot de sa doctrine; mais la source principale fut la méthode de Socrate. C'est elle qui, agrandie et développée, est devenue la méthode dialectique.

Expliquer les principes, le mouvement et la portée de la dialectique platonicienne, ce n'est rien moins que découvrir le secret et l'ordre de toute la doctrine de Platon.

Rien n'est plus compliqué en apparence, mais au fond rien n'est plus simple et plus naturel que la

---

(1) Diog. Laert., III, 6. C'est l'opinion d'Hermodore que Diogène rapporte.

(2) Aristote, *Mét.*, I, 6. Συγγενόμενος Κρατύλῳ.

(3) Diogène Laert., III, 6.

(4) Diog. Laert., III, 8. Μίξιν τε ἐποιήσατο τῶν τε Ἡρακλειτείων λόγων καὶ Πυθαγορικῶν καὶ Σωκρατικῶν. Cf. Apulée : « Quamvis hæc ei essent » philosophiæ membra suscepta, naturalis ab Heracliteis, intellectualis » à Pythagoreis, rationalis atque moralis ab ipso Socratis fonte : unum » tamen ex omnibus, et quasi proprii partûs corpus effecit. »

méthode à laquelle Platon assujettit l'âme pour l'élever, comme il le dit lui-même, « du jour ténébreux qui l'environne jusqu'à la vraie lumière de l'Être. » Quoique la marche en soit rigoureusement déterminée, et que dans ses détours elle obéisse partout aux mêmes lois, elle a cependant une admirable liberté d'allure, une variété, une richesse de formes qui souvent a fait prendre le change sur son caractère essentiel. On l'a confondue avec les artifices qu'elle emploie, on la réduisait à celle de ses formes qui frappait le plus, et si l'on s'apercevait que cette réduction était arbitraire parce qu'à côté de la forme choisie s'en dessinait une autre toute contraire et non moins précise, on se tirait d'affaire en accusant Platon de contradiction. Il n'en est rien, du moins à notre avis. La méthode de Platon n'est pas, comme la méthode des géomètres, réduite à un procédé unique et toujours le même, mais elle n'est pas davantage la réunion forcée de procédés contradictoires. La dialectique a sa source dans l'intimité de l'âme. Elle en exprime tous les mouvements, elle s'accommode à tous ses besoins, elle utilise toutes les forces par lesquelles l'esprit communique avec le vrai ; elle ne néglige aucune des ressources de l'art de discuter et de l'art d'instruire, et de tous ces éléments concertés et coordonnés dans de justes proportions et vers un but unique, elle compose une unité harmonieuse.

L'analyse de cette méthode, riche et variée comme l'intelligence même, nous obligera à de longs développements. Ce n'est qu'à la fin de cette exposition qu'apparaîtra dans tout son éclat le caractère vrai de la dialectique ; mais il deviendra de plus en plus manifeste à mesure que nous avancerons. Nous irons en effet de la forme au fond, des parties les plus apparentes de la méthode jusqu'au cœur même. Nous la verrons sortir de Socrate, dont elle reproduit d'abord fidèlement les principaux traits, puis, prenant conscience d'elle-même, se séparer des fausses méthodes, s'élever au-dessus de la science des mots, de la science des choses sensibles, et trouver dans la raison seule son point d'appui, sa loi constante. La raison, étudiée en elle-même, fera paraître le fait fondamental qui la constitue, et auquel Platon a donné le nom de *réminiscence*. La réminiscence, nous le disons tout d'abord, est pour nous l'âme de toute la méthode de Platon. Il faudra établir ce point contre ceux qui considèrent la méthode dialectique comme une méthode abstraite et logique, incapable d'atteindre aucun être, aucun principe ; mais la dialectique, pour ne pas être une méthode logique, n'en a pas moins à son service tous les procédés logiques de l'intelligence, et notre travail se couronnera par l'exposition de ce double mouvement de la dialectique, tantôt marchant, à l'aide de la réminiscence, à la conquête de l'être réel, tantôt analysant, éclaircissant, combinant les notions qu'elle a obtenues, suivant les lois infaillibles de la logique et du vrai.

Quelques mots d'abord sur la forme extérieure de la dialectique, particulièrement sur l'emploi du dialogue et du mythe.

La forme la plus ordinaire de la dialectique, chez Zénon déjà, surtout chez Socrate, c'est la forme du dialogue, la forme interrogative. Le mot même l'indique (διαλεκτική, διαλέγεσθαι, διάλογος). Socrate dit avoir entendu Parménide tirer de l'interrogation de merveilleux effets (1). Mais Socrate s'est approprié cette forme. La méthode interrogative a gardé le nom de méthode socratique. Toute l'école académique, depuis Platon jusqu'à Cicéron, a employé le dialogue pour exprimer ses pensées. Suivant les stoïciens, la dialectique est l'art de bien disserter par demande et par réponse (ὀρθῶς διαλέγεσθαι περὶ τῶν ἐν ἐρωτήσει καὶ ἀποκρίσει λόγων) (2). Aristote dit : la dialectique est interrogative (ἡ διαλεκτικὴ ἐρωτητική) (3) ; et Platon lui-même définit le dialecticien, celui qui sait interroger et répondre : (τὸν ἐρωτᾶν καὶ ἀποκρίνεσθαι ἐπιστάμενον ἄλλο τι σὺ καλεῖς ἢ διαλεκτικόν;) (4).

---

(1) *Soph.*, p. 217.
(2) Diog. Laert., vii, 42.
(3) Arist., *Soph. elench.*, xi.
(4) *Crat.*, 390 C.

Platon est fidèle à cette définition. Toutes ses dissertations philosophiques sont sous la forme du dialogue et de l'interrogation. A ses yeux, le discours parlé est bien supérieur au discours écrit. Les discours écrits sont comme les œuvres de la peinture, qui semblent vivantes, mais qui, si on les interroge, ne savent répondre que par un grave silence (1). Combien est supérieur le discours que la science écrit dans l'âme de celui qui étudie! La pensée elle-même qu'est-elle autre chose « qu'un discours prononcé, » non à un autre, ni de vive voix, mais en silence et » à soi-même? » « L'âme, quand elle pense, ne fait » autre chose que s'entretenir avec elle-même, affir- » mant et niant (2). »

Ainsi la pensée est un dialogue intérieur, le dialogue est une sorte de pensée en commun. Le dialogue, en permettant l'interruption, oblige le maître à douter de lui-même, à présenter sa pensée sous mille formes, à l'éclaircir par des analyses et des vues nouvelles, à l'introduire par de lentes et habiles préparations. Le discours d'ailleurs entre plus aisément dans l'âme que l'exposition abstraite, il y pénètre plus avant. Il n'est personne qui ne comprenne mieux ce qui est exposé par une voix vivante, que par un livret muet, et mieux encore le discours

(1) *Phædr.*, 275 D.
(2) *Théét.*, 190 A.

qui s'adresse directement à nous-mêmes, qui nous prend au point où nous sommes, qui s'arrête et recommence selon nos besoins, nos doutes, nos observations, dont la clarté naturelle s'accroît ainsi par la lutte, et qui nous subjugue par la force même que lui a donnée notre opposition.

Qu'une telle méthode soit nécessairement lente, on le conçoit. Ces lenteurs peuvent impatienter un auditeur inattentif, mais elles ont leur raison dans la nécessité de rendre les disciples plus habiles à résoudre une question par le raisonnement. « Que ceux qui
» blâment les longueurs des discours, et n'approu-
» vent pas les cercles dans lesquels on tourne, nous
» fassent voir comment la discussion, si on l'eût
» abrégée, aurait rendu ceux qui y prenaient part
» plus habiles dialecticiens(1). » La dialectique aime les détours et les retours. C'est comme un voyage, et un voyage capricieux à travers toutes choses (διὰ πάντων διέξοδός τε καὶ πλάνη) (2). Et, en effet, il était bon d'imposer aux jeunes esprits, livrés aux doctrines des sophistes, ou aux ambitieuses chimères des philosophies antérieures, l'épreuve d'une discussion subtile et d'une méthode patiente. Après que l'esprit humain, abandonné à la première impétuosité de sa nature, n'avait su enfanter que des hypothèses con-

---

(1) *Polit.*, 286 E.
(2) *Parm.*, 156 E.

tradictoires ou de désastreuses négations, il fallait mesurer et lentement essayer ses forces, si l'on voulait recommencer avec quelque chance de succès une entreprise signalée par tant de chutes. « Quant à la
» considération de la plus grande facilité et de la plus
» grande vitesse possible dans la solution des problè-
» mes cherchés, la raison nous recommande de ne
» la mettre qu'en seconde ligne, et non pas en pre-
» mière; et si une discussion prolongée rend l'auditeur
» plus pénétrant et plus inventif, de nous y livrer
» sans nous impatienter de cette longueur (1). »

Il est vrai que les longueurs de la dialectique ne sont pas toujours proportionnées aux nécessités de la discussion, et Platon n'est pas toujours fidèle à la mesure qu'il recommande dans la Politique. « Il ne faut pas tout sacrifier à cette mesure, dit-il. » Mais cette longueur était dans l'esprit des Grecs. Les longues conversations ne leur déplaisaient pas. Pardonnons cet amour pour la parole à ces génies harmonieux qui possédaient une langue si ravissante, et dont ils usaient si bien. Nous-mêmes, lorsque, réprimant l'impatience de notre pensée, nous nous laissons aller à suivre dans toutes ses finesses cette langue originale, à la fois molle et sonore, d'où tant de charme a disparu pourtant avec la prononciation et l'accent,

(1) *Polit.*, 286 D.

langue abondante et précise, si riche à rendre les mille nuances d'une pensée délicate et raffinée, quoique naïve encore, l'esprit de la Grèce s'empare de nous, et nous dirons avec Platon : « Ne nous faisons » pas faute d'une longueur qui pourrait nous donner » du plaisir, à moins qu'elle ne soit hors de propos. »

Toujours prêt à faire valoir son système aux dépens de celui de Platon, Aristote oppose à la dialectique qui ne sait qu'interroger et demander partout des principes, la démonstration qui possède ces principes et qui ne les cherche pas (1). Cette observation est plus ingénieuse que solide ; cette prétendue incertitude que l'on impute à la méthode de Platon n'est que dans la forme. Elle aussi possède ses principes, mais elle ne les pose pas tout d'abord : elle les recherche là où elle est sûre de les trouver, c'est-à-dire dans la conscience de l'homme. Ses interrogations n'ont d'autre effet que de dégager peu à peu ces principes de l'obscurité où ils sont cachés, de les réveiller en quelque sorte (2). Il n'est pas vrai que les recherches faites en commun soient plus sujettes à tromper que les recherches solitaires (3). Quel moyen

---

(1) Aristote, *Anal. post.*, I, xi. Οὐ γὰρ ἂν ἠρώτα ; ἀποδεικνύντα γὰρ οὐκ ἔστιν ἐρωτᾶν. Il oppose ὁ ἀποδεικνύων à ὁ ἐρωτῶν. *Top.*, viii, 111. *Analyt.*, μν, ι, 1 : οὐ γὰρ ἐρωτᾷ, ἀλλὰ λαμβάνει ὁ ἀποδεικνύων.

(2) *Mén.*, 86. Ἐρωτήσει ἐπεγερθεῖσαι.

(3) C'est ici une des mille difficultés qu'Aristote soulève contre Platon. Dans le traité περὶ σοφιστικῶν ἐλέγχων, on lit : Μᾶλλον ἡ ἀπάτη γίνεται μετ' ἄλλων σκοπουμένοις ἢ καθ' αὑτούς. Voy. Ravaisson, *Essai*

plus sûr d'arriver à la vérité que de s'essayer à examiner et à réfuter réciproquement ses idées et ses opinions? C'est à aider le mouvement naturel de l'âme vers le vrai que l'interrogation s'attache. Elle est pour la dialectique un secours, elle n'est pas la dialectique même. D'ailleurs l'interrogation, pour être la forme habituelle de la méthode dialectique, n'en est pas même la forme nécessaire. La tradition de Socrate, les habitudes de l'enseignement familier, l'agrément littéraire de cette forme, ont contribué peut-être autant que sa convenance avec la méthode même de Platon à la lui faire choisir de préférence à toute autre. « La méthode d'interrogation est, dit-il,
» plus commode avec un interlocuteur facile et de
» bonne composition ; autrement il vaut mieux par-
» ler seul (1). »

Il en faut dire autant de la forme mythique et poétique si familière de Platon. La philosophie n'était pas encore arrivée à cette rigueur, à cette sévérité dans la forme, qu'Aristote et après lui les modernes lui ont presque toujours imposée. Platon, qui savait être sévère et nu quand il le voulait (2), qui chassait

---

sur la métaphysique d'Aristote, t. II, p. 288. Nous regrettons que l'auteur de cette étude si éminente sur la philosophie d'Aristote ait cru devoir souscrire, sans aucune réserve, à toutes les accusations portées par le disciple contre le maître.

(1) *Soph.*, 217.
(2) Proclus dit en parlant du style du *Parménide* : Οὐχ ὁ μεγαλο-

de sa République les poëtes à cause de leurs mensonges et de leurs mollesses, ne craignait pas de manquer à la vérité, en l'exposant dans de belles fables (μύθοις καλοῖς). Il disait et avec quelque apparence de raison : « Il est difficile d'exposer avec une clarté suffisante de grandes choses sans se servir d'exemples (1). » Son objet était de faire entrer dans les esprits les idées difficiles et relevées à l'aide d'images et de simulacres. Et en effet, à l'aide de ces fables, de ces comparaisons, de ces allégories, la philosophie pénètre dans l'âme par l'imagination. L'imagination attirée et séduite éveille l'esprit, et l'esprit, une fois qu'il a entrevu et soupçonné la vérité, ne s'arrête que lorsqu'il l'a dégagée de tous ses voiles et atteinte en elle-même.

Ce sont là, sans aucun doute, les traces du symbolisme pythagoricien. Mais les mythes de Platon n'ont plus le caractère mystérieux et sacré des symboles de Pythagore. Le pythagorisme est une grande philosophie, mais c'est aussi une secte, c'est presque une religion. Lorsque Pythagore racontait qu'il avait assisté au siége de Troie, quand il disait avoir entendu l'harmonie des sphères célestes, c'étaient, ce devaient être des vérités pour ses disciples. C'est de la secte

φωνος, ἀλλ' ὁ ἰσχὺς, οὐδὲ ὁ κατεσκευασμένος περιττῶς, ἀλλ' ὁ αὐτοφυής. *Comm. in Parm.*, t. IV, p. 40.

(1) *Polit.*, 277.

pythagoricienne que nous est venue cette parole célèbre, signe manifeste de la servitude des esprits : le maître l'a dit (αὐτὸς ἔφα). Il y a encore dans le pythagorisme l'empreinte profonde du mysticisme oriental. Si quelque chose subsiste de ce caractère dans les dialogues poétiques de Platon, c'est avec des traits bien effacés. Le mythe n'est plus sacré par lui-même; il n'est plus une révélation des Dieux ; il inspire encore le respect par son antiquité, il charme par sa grâce et ses brillantes couleurs; on n'est pas encore arrivé à le dépouiller de ses ornements, à le réduire à la vérité nue qu'il exprime; mais on fait entendre que l'on sait bien que ce n'est qu'une image ; on considère comme vraisemblable ce qui est raconté dans les mythes ; on réserve la certitude à la science (1). Dans Platon il s'établit pour ainsi dire une sorte d'équilibre qui ne s'est pas retrouvé, entre l'inspiration et la raison, entre la poésie et la science. Cette harmonie des plus belles facultés de notre âme est le caractère original de Platon. Ce serait faire une analyse inexacte de la méthode que de n'en pas marquer le côté poétique ; ce serait en donner une idée fausse que de ne pas dire que la forme poétique, si chère à Platon, n'est cependant qu'une forme. Les images ne pren-

---

(1) *Voy.* dans le Ménon comment Platon parle des prophètes et des hommes inspirés :... Θείους τε εἶναι καὶ ἐνθουσιάζειν... μηδὲν εἰδότες ὧν λέγουσι.

nent pas chez lui la place des choses mêmes. La clarté qu'il leur attribue n'est qu'une demi-clarté, propre seulement à préparer une clarté plus grande. La vraie clarté n'est pas dans les choses sensibles, elle n'est pas dans l'imagination, elle est dans la raison et dans les objets de la raison. « Il faut travailler,
» dit-il, à nous rendre capables d'expliquer et de
» comprendre nous-mêmes toutes choses par la *rai-*
» *son*. C'est par la raison seulement, et par aucun
» autre moyen, que se manifestent clairement les
» choses incorporelles qui sont aussi les plus grandes
» et les plus belles (1). »

On ne cesse de répéter que Platon est un poëte, pour conclure de là qu'il n'est pas un philosophe. Mais en quoi ces deux qualités sont-elles donc incompatibles? Est-il absolument nécessaire d'être privé d'imagination et de sentiment pour voir clair dans la nature des choses? Ne peut-on pas à la fois raisonner juste, sentir vivement, et peindre avec éclat ce que l'on sent? Ou la poésie n'est qu'un vain jeu, ou elle est, comme l'a pensé Platon lui-même, une divination de la vérité. En quoi donc la divination de la vérité contredit-elle la démonstration de la vérité? Elle peut être un piége, je l'accorde, mais elle peut être aussi une force et un appui. Si la poésie est une

---

(1) *Polit.*, 286..... Διὸ δεῖ μελετᾶν λόγον ἑκάστου δυνατὸν εἶναι δοῦναι καὶ δέξασθαι· τὰ γὰρ ἀσώματα λόγῳ μόνῳ ἄλλῳ δὲ οὐδὲν σαφῶς δείκνυται.

sorte de pressentiment des choses divines, elle peut initier l'âme à un monde où la raison toute nue ne serait peut-être jamais allée d'elle-même. Que la raison ensuite se défende et se prémunisse, qu'elle ne consulte que la lumière même, et fasse taire les voix confuses de l'imagination et de la poésie ; je le veux bien, il le faut ; on n'est philosophe qu'à ce prix. Mais qu'il soit impossible d'unir l'impartialité de la raison froide, et l'émotion de la raison inspirée, c'est ce que je ne puis accorder ; car, si nous avons deux ailes pour monter au ciel, pourquoi faut-il absolument nous dépouiller de l'une des deux, et pour employer une image triviale et familière, se crever un œil pour voir plus clair de l'autre ?

Il y a d'ailleurs une différence profonde entre le génie des anciens et celui des modernes. Les modernes, élevés par la scholastique, méthode rigoureuse, mais peu élégante, veulent, avant tout, la suite précise et rigoureuse des idées. Ils l'exigent comme la première condition de l'art de penser et d'écrire ; ils s'y soumettent les premiers, et ils veulent la retrouver partout. De là vient que lorsque les modernes étudient les anciens, ils leur imposent toujours plus ou moins leur propre manière de composer et de penser; ils les enchaînent dans les cadres un peu étroits, où ils ont eux-mêmes l'habitude de se mouvoir. En cela, ils méconnaissent le génie de l'antiquité, génie essentiellement libre et négligé. Ce n'est pas que les anciens manquent de méthode ; mais leur méthode a quelque chose de plus humain et de plus aisé ; ils y mêlent un certain abandon ; semblables aux hommes bien nés, qui ne font pas consister l'usage et les grandes manières dans un cérémonial ponctuel et minutieux, mais dans un certain tour aisé, qui observe toutes les règles, sans avoir l'air de les apercevoir. Le génie des anciens, même dans ses œuvres les plus sévères et les plus savantes, semble avoir toujours quelque chose de pindarique. Cela est vrai surtout des Grecs, et en Grèce surtout de Platon. Mais en voilà assez sur la forme de la dialectique platonicienne. Il est temps d'en expliquer l'esprit et les nombreuses applications.

De même que la méthode de Socrate avait deux formes, l'*ironie* par laquelle il réfutait ses adversaires et les réduisait au silence, la *maieutique* qui lui servait à les conduire progressivement à la vérité, la méthode de Platon a deux parties, la partie critique et la partie positive ; la première mène à la seconde, et celle-ci à la science véritable, c'est-à-dire à la connaissance de l'être.

Le premier degré de l'éducation d'un esprit est la purification (κάθαρσις) (1). Cette purification consiste à

---

(1) *Soph.*

chasser de l'esprit les mauvaises opinions, comme on chasse du corps, avant de lui donner des aliments nouveaux, tout ce qui embarrasse ses fonctions. « Il faut
» traiter le malade par la réfutation, lui faire honte de
» lui-même, lui apprendre à connaître qu'il ne sait que
» ce qu'il sait et rien de plus..... » « Ils interrogent
» notre homme sur des choses qu'il croit savoir, tan-
» dis qu'il les ignore; ils n'ont pas de peine à re-
» connaître les opinions dans lesquelles il s'égare, et
» en les rapprochant les unes des autres, ils les lui
» montrent se contredisant entre elles sur le même
» sujet, dans les mêmes rapports et sous les mêmes
» points de vue (1). » Telle est la méthode qu'emploie Platon dans un certain nombre de dialogues. On peut la voir en action dans l'Hippias, l'Eutyphron, le Lysis, le Ménon, et même le Théétète. Tous ces dialogues sont purement réfutatifs. Le caractère ironique y domine souvent; mais il se modifie suivant les différents interlocuteurs. Socrate se montre doux et modéré, quand l'adversaire est un jeune homme, dont il veut seulement inquiéter et secouer l'esprit : il devient mordant et impitoyable sous une apparence de bonhomie, lorsqu'il est aux prises avec des sophistes déterminés. Quand la critique n'a pas seulement pour objet d'éveiller l'esprit d'un jeune

---

(1) *Soph.*, 230 B.

homme ou de confondre et d'embarrasser un sophiste, mais qu'elle s'attaque à une des grandes doctrines du temps, à celle d'Héraclite, par exemple, ou de Parménide, la forme ironique disparaît presque entièrement, pour faire place à une discussion serrée, savante, puissante, celle du Théétète, du Sophiste ou du Philèbe ; il ne reste plus de l'ironie socratique que ce qui en fait la force véritable, à savoir l'art de mettre en contradiction avec lui-même l'adversaire que l'on combat.

Voici comment Platon procède dans ses dialogues purement critiques. Il pose une question, par exemple, la définition de la science, du beau, du saint, du courage ou de l'amitié. Son adversaire, qui est, ou un sophiste, ou un jeune novice dans l'art de la dialectique, a toujours une réponse prête qu'il donne tout d'abord. Socrate, dont nous connaissons la feinte ignorance, et qui se prétend stérile en fait de sagesse (ἄγονος εἰμὶ σοφίας) (1), sait pourtant une toute petite chose, examiner passablement les opinions d'autrui. Il exerce, dit-il, une profession analogue à celle de sage-femme que pratiquait sa mère : seulement elle accouchait les corps et lui les esprits. Son art est de discerner si l'âme d'un jeune homme va produire un être chimérique, ou porter un fruit véritable. C'est à

---

(1) *Théét.*, 150 *sqq.*

ce discernement qu'il s'applique ; aussi lorsque quelque opinion lui est présentée, il la soumet sans pitié à son art redoutable, et ne craint pas souvent de l'arracher violemment de l'esprit où elle est née, quelque courroucés que soient la plupart des hommes lorsqu'on les soumet à cette opération salutaire. C'est ce qu'il fait dans les dialogues dont nous parlons. La première définition qui se présente succombe tout d'abord, parce qu'elle n'est pas le fruit d'un travail convenable, mais qu'elle n'est qu'une production hâtive, légère et sans germes. D'autres surviennent successivement, Socrate même souvent en suscite quelqu'une, qu'il détruit lui-même bientôt, et après avoir fait passer plusieurs fois son interlocuteur de l'affirmation à la négation; après l'avoir fait tournoyer, comme dit Eutyphron, dans un cercle d'opinions mobiles et fuyantes, il l'abandonne au doute et au découragement.

En effet, le dessein de Platon est de produire le doute dans les esprits; mais pour y réussir il ne suffit pas de faire subir l'épreuve de la réfutation une seule fois et sur une seule idée, car cette idée une fois abandonnée une autre prendra la place et l'épreuve ne sera pas suffisante. Pour préparer sérieusement l'esprit à la vraie philosophie, pour le rendre mesuré et circonspect, pour en chasser toute stérile semence, il faut le soumettre plusieurs fois à l'épreuve de la critique, il faut le conduire d'opinion en opinion à l'aveu modeste qu'il ne sait rien; il faut de ruine en ruine descendre jusqu'au sol lui-même, nu d'abord il est vrai, mais prêt à recevoir la semence féconde, et ouvert de toute part à la généreuse chaleur du soleil.

Mais Platon ne veut pas rester dans le doute. Il appelle le doute comme un remède aux égarements d'une sagesse présomptueuse; il ne s'y arrête pas. Par là son doute se distingue de celui des sectes académiques qui suivirent. Le doute de Platon est un doute excitant et provocateur; il éveille l'esprit et lui inspire le désir de savoir. « Penses-tu qu'il eût entrepris de chercher » et d'apprendre ce qu'il croyait savoir, encore qu'il » ne le sût point, avant d'être parvenu à douter, et » jusqu'à ce que convaincu de son ignorance, il ait » désiré savoir (1). »

Ainsi la purification s'opère par la réfutation et l'ironie. La réfutation produit le doute, et le doute est le commencement de la science.

Tels sont les premiers degrés de la méthode dialectique, bien fidèle, comme on le voit, à l'esprit et aux procédés de Socrate.

L'esprit une fois délivré des fausses opinions qui lui fermaient l'entrée de la vraie science, quel chemin doit-il suivre pour atteindre l'objet de la science,

---

(1). *Mén.*, 84 C.

le vrai? Devons-nous, comme les Pythagoriciens, nous renfermer dans l'étude des nombres et des rapports mathématiques? Devons-nous, comme les Physiciens d'Ionie, nous attacher à l'étude des phénomènes de la nature, ou enfin, comme certains disciples d'Héraclite, réduire toute la science des choses à la science des mots (1)? C'est ce qu'il s'agit maintenant de déterminer

La science des mots joue un assez grand rôle dans la philosophie de Platon. Un dialogue entier est consacré au langage, le Cratyle. Proclus, dans son commentaire sur ce dialogue, nous dit que le Cratyle est un dialogue dialectique (p. 1, c. II). « Il nous enseigne la valeur propre des mots, et c'est par cette étude que doit commencer quiconque veut devenir dialecticien (p. 3, c. VII). « De même que dans le Parménide Platon fait connaître la dialectique, non la vaine, mais celle qui entre dans le fond des choses ; de même ici il traite de la grammaire dans son rapport avec la science des êtres (p. 3, c. VIII) (2). »

Suivant Socrate, le mot n'est point d'institution arbitraire (3). En effet, chaque chose ayant sa réalité propre indépendante de notre manière de sentir, il est évident que nos actions sont déterminées non par

---

(1) Procl., *Comm. in Parm.*, t. IV, p. 12.
(2) Cous., notes sur le Cratyle, t. XI, p 501.
(3) Voyez le Cratyle.

notre caprice, mais par la nature des choses auxquelles nous les appliquons. Ainsi, pour couper ou pour brûler, il faut se servir des moyens que la nature nous indique et de la manière qu'elle nous indique. De même, l'action de nommer doit avoir aussi sa nature propre. Pour chaque chose il y a un instrument particulier : pour percer, le perçoir; pour démêler le tissu, le battant; pour nommer, le nom. De même que le battant sert à démêler les tissus, le nom est un instrument d'enseignement qui sert à démêler les manières d'être des choses. Le battant est dû à un artisan particulier, le menuisier, et il ne peut être fait que par celui qui sait cet art. Le nom est dû à un artisan supérieur, et tout le monde n'est pas appelé à donner des noms aux choses. Cet artisan, c'est le législateur. Or, comme le menuisier, lorsqu'il construit le battant, se règle sur la nature de l'opération du tissage, et d'un autre côté imite un modèle dont il a l'idée et qu'on peut appeler le battant par excellence, ainsi le législateur doit se régler sur la nature des choses qui doivent être nommées, sans jamais perdre de vue l'idée du nom. Mais comme aussi l'on peut forger d'excellents instruments sans se servir du même fer, de même on peut créer d'excellents noms avec des sons et des syllabes différents, pourvu qu'ils soient convenablement appropriés à chaque chose ; de même enfin que le juge, pour la bonté d'un battant, sera celui qui s'en sert, à savoir, le tisserand ; pour celle d'une lyre, le joueur de lyre; de même celui qui jugera de la valeur du nom sera celui qui sait s'en servir, c'est-à-dire celui qui sait interroger et répondre, le dialecticien (1).

Or, ce qui fait la propriété et la convenance des mots, c'est l'imitation, et non pas l'imitation extérieure et sensible, comme celle de la forme, de la couleur, du son : c'est là plutôt l'œuvre du peintre ou du musicien ; mais l'imitation de l'essence propre de chaque chose. « Si, au moyen de lettres et de syllabes, quelqu'un parvenait à imiter de chaque chose son

(1) Suivant Démocrite, les noms étaient tous de convention et d'institution humaine. Voici quels étaient ses arguments suivant Proclus, p. 6, c. xvii : « Il tirait le premier de l'homonymie : on donne le même
» nom à des choses différentes ; les noms ne sont donc pas conformes
» à la nature. Il prenait le second de la synonymie : si des noms dif-
» férents pouvaient convenir à une seule et même chose, la récipro-
» que serait vraie, ce qui est impossible. Il alléguait pour troisième
» preuve le changement des noms. Pourquoi aurait-on changé le nom
» d'Aristoclès en celui de Platon ? le nom de Tyrtame en celui de
» Théophraste, si les noms venaient de la nature ? Enfin il arguait du
» défaut d'analogie. Pourquoi n'y a-t-il pas un verbe qui vienne de
» δικαιοσύνη, comme φρονεῖν vient de φρόνησις ? Il concluait que les
» noms viennent du hasard et non de la nature. Pythagore, au con-
» traire, sur la même question, professait, suivant Proclus, l'opinion
» de Platon. Comme on demandait à Pythagore quel est de tous les
» êtres le plus sage : C'est le nombre, répondit-il. Et après le nombre ?
» C'est, dit-il, celui qui a donné les noms aux choses. Il voulait dé-
» signer par le nombre le monde intelligible, et par celui qui a donné
» les noms, l'âme qui doit l'être à l'intelligence. Il n'attribuait donc
» pas l'institution des noms au hasard, mais au principe qui contemple
» l'intelligence et la nature des êtres Il croyait donc que les noms
» étaient suivant la nature. »

essence, cette imitation ne ferait-elle pas connaître ce qu'est la chose imitée ? »

La lettre ρ, par exemple, exprime le mouvement à cause de sa mobilité ; les lettres sifflantes rendent l'idée de souffler ; les lettres δ et τ expriment ce qui lie, ce qui arrête. La propriété des noms consiste donc à représenter la chose telle qu'elle est ; ils ont la vertu d'enseigner. Mais si cela est, il est vrai de dire, avec Cratyle, que celui qui sait les noms sait les choses. D'où il paraîtrait suivre que la vraie science dialectique doit se borner à l'étude des noms, et que la grammaire est toute la philosophie (1).

Mais toute chose n'a pas la propriété d'être exprimée dans son essence par une lettre correspondante. Qui pourrait trouver pour chaque nom de nombre une forme appropriée et naturelle ? Dans ce cas et dans mille cas semblables, la convention et l'usage seuls déterminent le sens des mots. Comment alors l'étude des mots pourrait-elle nous instruire sur la nature des choses ? En outre, se réduire à l'étude des langues, n'est-ce pas s'enchaîner par là à n'admettre que la pensée de ceux qui ont fait les langues ? Or ceux qui ont institué les premiers mots l'ont fait d'après leur manière particulière de concevoir les choses, et s'ils

---

(1) C'était en effet l'opinion de l'école d'Héraclite que c'est par l'étude des mots qu'il faut aller à la connaissance des choses.... Καὶ ἄλλο τοῦ Ἡρακλειτείου, τὴν διὰ τῶν ὀνομάτων ἐπὶ τὴν τῶν ὄντων γνῶσιν ὁδόν (Procl., *Comm. in Parm.*, t. IV, p. 12).

se sont trompés, nous ne pouvons que nous tromper après eux.

La plupart des mots semblent indiquer que toutes choses sont dans un mouvement perpétuel : la pensée d'Héraclite paraît avoir inspiré les instituteurs du langage. Cependant cette pensée même ne domine pas partout, car un assez grand nombre de mots, au contraire, expriment aussi le repos. De sorte qu'aucun système ne peut se prévaloir du langage pour se défendre ; car compter le nombre des mots comme les cailloux du scrutin, cela ne serait pas raisonnable.

Et puis comment ces premiers instituteurs du langage ont-ils pu le former, s'ils n'avaient pas déjà la connaissance des choses ? Et comment la pouvaient-ils avoir, si l'on ne connaît les choses que par les noms ? Et s'il y a deux sortes de noms, ceux qui expriment le repos et les autres le mouvement, lesquels devrons-nous considérer comme de vrais noms ? Sera-ce avec des noms que nous pourrons juger la différence ? mais il n'y en a point d'autres : nous ne pouvons donc trouver dans les noms la mesure et le signe absolu de la vérité. Dans cet embarras, n'est-ce pas aux choses mêmes qu'il faut avoir recours ? Il faut donc qu'il soit possible de connaître les choses sans les noms ; autrement, ne pouvant comparer l'image au modèle, nous nous servirions du langage sans aucune garantie de sa fidélité, et dans les discussions qui se souléveraient, chacun ne pourrait faire valoir que le nombre des mots qu'il aurait en sa faveur, et laisserait de côté le poids des raisons.

« Mais de décider par quelle méthode il faut procé-
» der pour découvrir la nature des êtres, c'est peut-
» être une entreprise au-dessus de nos forces et des
» tiennes ; qu'il nous suffise d'avoir reconnu que ce
» n'est pas dans les noms, mais dans les choses
» mêmes, qu'il faut étudier les choses (1). »

Il y a sans doute dans cette discussion du Cratyle, des arguments qui peuvent nous paraître arbitraires, et même un peu puérils. Cependant, il faut reconnaître que Platon a admirablement vu quelques-uns des points les plus essentiels de la théorie du langage. C'est ainsi par exemple qu'il établit : 1° que les mots sont des instruments d'analyse : « Le nom est un instrument d'enseignement qui sert à démêler les manières d'être des choses ; » 2° que l'institution des mots est naturelle, et ne résulte pas, comme le pensait Démocrite, de la convention; quoique dans beaucoup de cas cependant la convention et l'usage déterminent le sens des mots; 3° la pensée ne naît pas du langage, mais c'est le langage qui naît de la pensée. Pour pouvoir nommer les choses, il faut pouvoir connaître les choses sans les noms.

(1) *Crat.*, 459 B.

Il est impossible de déterminer avec plus d'exactitude les vrais rapports du langage et de la pensée. Les philosophes du xviiie siècle qui ont le mieux étudié cette question, ont sans doute poussé plus loin leurs recherches et leurs analyses; mais leurs théories ne sont pas supérieures.

La discussion du Cratyle vient de nous le montrer, l'étude des mots peut être d'un grand secours pour la connaissance des essences des choses. En rattachant la science des mots à la science des réalités, Platon fait de la grammaire une science philosophique; et dans ce sens on comprend que Proclus ait dit que le Cratyle est un dialogue dialectique. On sait, de plus, l'importance que l'école socratique attache à la définition. Or la science des définitions suppose la science du langage.

La science des mots est donc utile à la science; mais elle n'est pas la science elle-même. C'est dans les choses qu'il faut étudier les choses. Sur quelles choses faut-il donc que nous portions d'abord notre esprit? Celles qui se présentent les premières sont les choses sensibles que nous connaissons par la sensation. De là une nouvelle opinion sortie, comme la première, de l'école d'Héraclite, à savoir, que la vérité est pour chacun dans sa manière de sentir, que la sensation est toute la science.

Cette doctrine, dont Protagoras est le père, est plus

profonde que celle qui place la science dans l'étude des mots. Le mot n'est que le signe de la sensation ; la sensation est le principe même de la connaissance. Les mots n'ont qu'un rapport indirect avec les choses ; la sensation est en communication immédiate avec elles.

Suivant Théétète, dans le dialogue qui porte ce nom, la science n'est que sensation (1). Protagoras exprime la même idée par cette autre formule : « L'homme est la mesure de l'existence des choses qui existent et de la non-existence de celles qui n'existent pas. » Nous allons voir l'identité de ces deux maximes (2).

Si, en effet, savoir c'est sentir, je sais ce que je sens et je ne sais que ce que je sens. Par conséquent il n'y a de vérité et par suite de réalité pour moi que celle dont ma sensation m'avertit. Ce qu'elle ne me fait pas connaître n'est pas pour moi ; ce qu'elle me fait connaître est tel qu'elle me le fait connaître. Ma sensation est donc pour moi la mesure de toutes choses, et en général, pour tout homme, la sensation est la mesure de tout, et par conséquent l'homme qui sent est la vraie mesure des choses. Ainsi toutes choses sont ce qu'elles nous paraissent.

L'origine de cette opinion est dans la métaphysi-

---

(1) *Théét.*, 151 E.
(2) *Ibid.*, 152 A.

que d'Héraclite (1) : c'est Platon lui-même qui nous montre ce lien. Suivant Héraclite, rien n'est en repos, aucune chose n'a de qualité fixe et persistante. Toutes choses proviennent du perpétuel mouvement et du perpétuel mélange; à la rigueur, il faudrait retrancher partout le mot d'être : rien n'est, mais tout devient, c'est l'opinion de tous les sages.

De ce concours de mouvements résulte ce que nous appelons l'objet sensible et la sensation, deux choses qui ne vont jamais l'une sans l'autre. L'objet ne devient sensible que par sa rencontre avec l'organe, qui, par cette même rencontre, devient sentant. C'est ainsi que l'œil, d'une part, se mouvant vers un certain objet, et cet objet se mouvant vers l'œil, il en résulte dans l'objet la qualité de blancheur, dans l'œil la sensation de blanc : mais ni l'œil ne peut avoir cette sensation, ni l'objet cette qualité sans ce mouvement réciproque. La qualité sensible et la sensation sont deux termes corrélatifs qui n'ont de réalité que dans leur mutuel rapport; car il n'est pas possible que je devienne sentant sans qu'il y ait quelque chose de senti, ni qu'il y ait rien de senti, sans que quelqu'un soit sentant; on ne peut donc dire, ni souffrir qu'on dise que rien existe ou se fait en soi et pour soi. Ainsi il n'y a pas de qualité absolue : rien n'est en soi tel ou

---

(1) *Théét.*, 152 D *sqq.*

tel, rien n'est agent, rien n'est patient que par son union avec ce qui est patient ou agent ; rien n'est sentant, rien n'est sensible, que par son union avec ce qui est sensible ou sentant ; en un mot, « toute chose est un rapport qui varie sans cesse. »

Telle est la doctrine de Protagoras et d'Héraclite. Si elle est vraie, aucune recherche métaphysique n'est possible ; tout se réduit à constater et à décrire les impressions que l'on éprouve et à essayer de les faire partager aux autres. L'art peut bien demeurer encore, mais la science périt.

Mais est-il vrai que la science ne soit que sensation, et que l'homme soit la mesure de toutes choses? Pourquoi ne pas dire alors, et à égal titre : le pourceau, le cynocéphale ou quelque autre animal capable de sensation est la mesure de toutes choses (1)? Pourquoi Protagoras met-il ses leçons à un si haut prix, si chacun est juge de la vérité, et par conséquent n'a rien à apprendre? Quant à la dialectique, cet art d'examiner et de réfuter les opinions contraires à la vérité, il est évident que rien au monde n'est plus ridicule.

Si la sensation est la science, entendre la langue des barbares et la comprendre, regarder les lettres et savoir lire doivent être une seule et même chose (2).

(1) *Théét.*, 161, C.
(2) *Ibid.*, 163, B.

Et cependant nous savons que sans leçons et sans études, l'ouïe ou la vue ne nous suffisent pas pour comprendre une langue ou lire des caractères qui nous sont inconnus.

Si la sensation est toute la science, toute science disparaît avec la sensation, et par conséquent la mémoire est impossible (1).

L'opinion des hommes n'est-elle pas que, sur certaines choses, les uns sont plus sages, et les autres moins? En mer, ne se confie-t-on pas au pilote; à la guerre, au général; pendant la maladie, au médecin? Y-a-t-il quelqu'un qui, à certains égards, ne se croie plus sage qu'un autre? Or qu'entend-on par sagesse, sinon une opinion vraie, et par ignorance une opinion fausse (2)?

Donc tous les hommes sont contraires à l'opinion de Protagoras; mais tous ont raison, puisque chacun est juge de la vérité telle qu'il l'entendait; et par conséquent cette vérité qu'il a découverte, et qu'il soutient seul, n'eût pas existé sans lui. Aujourd'hui, où il est seul contre tous, son opinion a toutes les chances possibles d'être fausse, excepté une seule (3).

Il est vrai que, selon Protagoras, les sages sont,

---

(1) *Théét.*, 163. D.
(2) *Ibid.*, 170.
(3) *Ibid., ibid*, sqq.

non pas ceux qui voient mieux la vérité, mais ceux qui savent mieux ce qui est avantageux et salutaire (1), ceux qui savent procurer les sensations agréables, les sophistes par leurs discours, les législateurs par de bonnes lois, c'est-à-dire des lois utiles. Mais n'est-ce pas contredire manifestement la doctrine? Comment tout le monde n'est-il point apte à juger de ce qui est utile, si tout le monde est apte à juger de ce qui est vrai? A l'égard de l'avenir, au moins chaque homme n'est point juge, et il n'est pas vrai que les choses deviennent pour chacun telles qu'il se les figure. A l'égard de la fièvre future, est-ce le malade ou le médecin qui aura l'opinion la plus juste, et sur la qualité future d'un vin ou d'un banquet, à qui devons-nous nous en rapporter plutôt qu'au vigneron et au cuisinier (2)?

Mais laissons ces arguments superficiels et un peu frivoles, qui sont comme les premières escarmouches d'un combat plus sérieux. Pénétrons jusqu'au cœur même de la doctrine et jusqu'à son principe. « Exami» nons cette essence toujours en mouvement, et en la » frappant comme un vase, voyons si elle rend un » son bon ou mauvais (3). »

Tout se meut, nous disent Héraclite et ses parti-

---

(1) *Théét.*, 167, A *sqq.*
(2) *Ibid.*, 178.
(3) *Ibid.*, 179, B.

sans (1). Or il y a deux sortes de mouvements : celui de translation, par lequel un corps est porté d'un lieu à un autre; celui d'altération, par lequel il change de qualité ou de nature. Quand on dit que tout se meut, on entend que tout se meut à la fois du double mouvement de translation et d'altération. En effet, si une chose ne se mouvait que d'une seule manière, elle resterait en repos, relativement à l'autre mouvement, de sorte qu'à ce point de vue elle serait fixe et pourrait être saisie : par exemple, si un objet qui change de lieu ne changeait pas de nature, on pourrait dire que tel objet change de lieu ; et si le lieu était fixe, on pourrait au moins désigner le lieu ; mais il n'en est pas ainsi. Le même objet qui perpétuellement change de lieu, change perpétuellement de nature, de telle sorte que non-seulement un objet n'est rien en soi, mais qu'il n'est pas même ce qu'il paraît être, qu'il ne peut pas même paraître, puisque, dans cet instant où l'on voudrait en saisir l'apparence, il a changé. Puisque tout s'écoule, les qualités sensibles s'écoulent incessamment, et avec elles les sensations qui y correspondent. N'essayez pas d'arrêter, fût-ce un seul moment, le flux éternel des choses. Dans ce qui vous paraît un instant indivisible, il y a une succession à l'infini d'états infiniment mobiles. Rien n'est, dites-

---

(1) *Théét.*, 181, *sqq.*

vous; bien plus, rien ne devient, rien n'a de qualités même relatives. Aucun nom, quelque indéterminé qu'il soit, ne peut exprimer ces ombres fuyantes que nous appelons des objets; la seule expression qui convienne, c'est, *en aucune manière.* La sensation elle-même n'est pas plus sensation qu'autre chose; elle n'est pas plus science qu'autre chose, et le système succombe sous le poids de ses contradictions.

Sortons de cet abîme de mobilité qui donne le vertige : rentrons dans la réalité et dans l'expérience. N'y a-t-il que les sens qui prononcent en nous sur les vrais caractères des objets ? C'est la vue sans doute qui nous fait apercevoir les couleurs, c'est l'ouïe qui nous fait entendre les sons. Mais lequel de ces deux sens nous révèle ce qu'il y a de commun dans leurs objets? Chacun d'eux a ses fonctions propres et n'empiète pas sur l'autre. Il faut donc qu'il y ait un centre où se réunissent la vue et l'ouïe, et qui compare leurs données. En effet, est-il vraisemblable qu'il en soit de nous comme de ces chevaux de bois qui ont bien les apparences des sens, mais non pas une âme qui sente véritablement (1)?

Or, combien de qualités communes n'attribuons-nous pas aux divers objets de nos différents sens? L'être et le non-être, la ressemblance et la dissem-

---

(1) *Théét.*, 184, D.

blance, l'identité et la différence, et encore l'unité, le pair, l'impair et tout ce qui en dépend (1).

Nous n'avons point d'organes particuliers pour ces sortes de choses ; mais notre âme examine immédiatement par elle-même tout ce que les objets ont de commun (2).

Mais c'est précisément dans ces caractères communs et universels des objets que réside leur essence. « Est-il possible que ce qui ne saurait atteindre l'es- » sence atteigne la vérité ! — Aura-t-on jamais la » science tant qu'on ignore la vérité ?

» La science ne réside donc point dans la sensa- » tion (3). »

Ici encore, comme dans la discussion précédente, dans le *Théétète* comme dans le *Cratyle*, il faut reconnaître qu'il y a beaucoup d'arguments d'une moindre valeur, et qui semblent plutôt faits pour embarrasser l'inexpérience d'un jeune écolier que pour réfuter sérieusement un sophiste exercé et habile, comme l'était Protagoras. Mais, en même temps, quelles vues admirables et profondes ! Avec quelle pénétration Platon rattache le système de Protagoras à celui d'Héraclite, la doctrine de la sensation infaillible au principe du mouvement universel ! Avec

---

(1) *Théét.*, 185, D.
(2) *Ibid.*, *ibid.*, E.
(3) *Ibid.*, 186, D.

quelle finesse et quelle vigueur à la fois il fait voir les impossibilités incompréhensibles de cette thèse extraordinaire, et la force au silence par son principe même, puisque toute parole, étant un signe précis et déterminé, serait elle-même un point d'arrêt dans le flot universel. Nous pouvons dire que si plus tard on a réfuté la théorie de la sensation par des arguments plus savants et plus préparés, on ne l'a jamais atteinte d'une manière aussi profonde et aussi radicale.

Socrate, cependant, s'était d'abord égaré sur la foi des sens. Il avait cru avec les Physiciens de son temps que c'est dans la nature physique qu'il faut chercher la raison des choses. Inquiet de savoir pourquoi et par quelles causes se produisent les différents phénomènes de la nature, par exemple quelle cause fait que les corps s'accroissent, si c'est le sang qui nous fait penser, ou l'air, ou le feu, etc., il s'était arrêté à des raisons physiques, expliquant le fait par le fait, et qui n'offraient rien de satisfaisant pour l'esprit. C'était confondre les causes véritables des phénomènes avec leurs conditions nécessaires (1). Le livre d'Anaxagore, qui semblait annoncer quelque chose de supérieur aux théories insuffisantes des Physiciens, restait lui-même, tout en invoquant le principe

---

(1) *Phéd.*, 99, B... Ἄλλο μεν τί ἐστι τὸ αἴτιον τῷ ὄντι, ἄλλο δ' ἐκεῖνο ἄνευ οὗ τὸ αἴτιον οὐκ ἄν ποτ' εἴη αἴτιον.

cipe nouveau de l'intelligence, dans la région des faits physiques (1). Après s'être lassé à poursuivre ainsi la raison des choses, Socrate craignit d'avoir pris une route mauvaise en cherchant la vérité par les yeux du corps et dans les corps eux-mêmes. Il résolut donc d'avoir recours à la raison, et « de regarder » en elle la vérité des choses (2). »

Un autre passage du Phédon nous explique mieux encore sa pensée : « Tant que nous aurons notre » corps et que notre âme sera enchaînée dans cette » corruption, jamais nous ne posséderons l'objet de » nos désirs, c'est-à-dire la vérité (3). » Le corps, par ses mille nécessités, ses désirs, ses impatiences, nous enlève une partie de notre temps ; par les passions qu'il allume en nous il nous rend incapables de la vraie philosophie, et si par bonheur nous avons surpris pour elle quelque loisir, il intervient tout à coup pour nous troubler et nous étourdir.

Si nous voulons savoir véritablement quelque chose, il faut donc que nous nous séparions du corps, que « l'âme elle-même examine les choses » en elles-mêmes. »

Et encore : « Qu'y a-t-il de plus rigoureux que de » penser avec la pensée toute seule, dégagée de tout

---

(1) Cf. Arist., *Mét.*, l. I.
(2) *Phéd.*, 99, E... Ἔδοξε δή μοι χρῆσαι εἰς τοὺς λόγους καταφυγόντα ἐν ἐκείνοις σκοπεῖν τῶν ὄντων τὴν ἀλήθειαν.
(5) *Phéd.*, 66, C.

» élément étranger et sensible, d'appliquer immédia-
» tement la pure essence de la pensée en elle-même
» à la pure essence de chaque chose en soi, sans le
» ministère des yeux et des oreilles, sans aucune in-
» tervention du corps qui ne fait que troubler l'âme et
» l'empêcher de trouver la sagesse et la vérité, pour
» peu qu'elle ait avec lui le moindre commerce (1)? »

Cet affranchissement du corps, cette retraite de l'âme en elle-même est la condition essentielle de la dialectique. Platon même exprime cette condition dans des termes qui pourraient paraître excessifs au spiritualiste le plus déclaré. Pour lui, l'œuvre constante du philosophe, c'est la séparation de son âme et de son corps. Le vrai philosophe s'exerce continuellement à mourir, il aspire à se délivrer de la folie du corps (2). Il craint de perdre les yeux de l'âme en regardant les objets avec les yeux du corps. « La vue et l'ouïe, dit-il, ont-elles quelque certitude, ou les poètes ont-ils raison de nous chanter sans cesse que nous ne voyons ni n'entendons véritablement (3)? » Que l'âme regarde les choses par les yeux du corps, et aussitôt elle s'égare, elle chancelle comme un homme ivre, elle a des vertiges; mais qu'elle examine les choses par elle-même, que, se

---

(1) *Phéd.*, 66.
(2) *Voyez* sur le mysticisme de Platon notre *Histoire de la philosophie morale et politique*, t. I, p. 29.
(3) *Phéd.*, 65, *sqq*.

dégageant de tout commerce avec le corps, elle se porte d'elle-même à ce qui est immuable et éternel, ses égarements cessent; et l'accord, l'unité, l'immobilité qui se trouvent dans les objets qu'elle contemple se communiquent à elle : alors elle devient sage. Hors de là, elle ne peut rien savoir, car à celui qui n'est point pur il n'est pas permis de contempler la pureté.

Mais il n'est pas facile de consulter la raison en elle-même, et d'y distinguer tout ce qu'elle contient. L'homme est uni à un corps dont il lui est impossible de se défaire tout d'un coup. Il vit au milieu des choses sensibles, et il ne peut s'empêcher d'en ressentir souvent les atteintes. Quel que soit son amour du vrai, il ne peut faire que ses premières impressions ne lui soient venues du dehors. D'ailleurs, les choses sensibles qui égarent l'esprit, s'il s'y arrête, peuvent lui être d'un puissant secours s'il n'y voit que des images dont les types sont ailleurs. Il ne faut pas tourner de force l'esprit à la vraie lumière qui l'éblouirait; il faut le détourner avec art des ténèbres et l'éprouver sur des ombres.

Cependant ne croyons pas que la méthode de Platon n'est que la méthode mystique, quoique ses expressions hyperboliques et poétiques puissent le faire quelquefois supposer : elle ne sépare pas violemment l'âme du corps, elle ne prétend pas arracher l'âme à la terre, elle prend au contraire la terre comme un point d'appui. C'est de là que la raison s'élève à la source de tout être, toujours de plus en plus libre, de plus en plus pure, à mesure qu'elle approche du principe de toute pureté.

Ce mouvement de l'âme et de la raison vers son éternel objet, lorsqu'il est naturel et spontané, tel qu'il est chez tous les hommes, est la *réminiscence;* savant et réfléchi, il devient la méthode dialectique. Ainsi, la théorie de la méthode se tire, dans Platon, de la théorie de la connaissance.

Les hommes sont semblables à des captifs enchaînés dans un caveau souterrain. En haut et derrière eux est une ouverture par laquelle pénètre le jour. Ce jour est produit par un feu qu'ils ne peuvent apercevoir : car ils sont tournés vers les parois de la caverne, et leurs fers les empêchent de tourner la tête et le corps. Au-devant de l'ouverture de la caverne est un chemin, et le long de ce chemin un petit mur au-dessus duquel apparaissent certains objets que portent des hommes qui passent par derrière. Ces objets réfléchissent leur ombre sur les parois de la caverne que regardent les malheureuses victimes. Qu'imagine-t-on que ces captifs doivent penser de ces ombres qu'ils aperçoivent? Évidemment, que ces ombres sont des réalités et les seules réalités. Et si par hasard les hommes véritables qui passent en haut conversent ensemble, et que leurs voix soient répercutées par les échos de la caverne, les prisonniers croient naturellement que ce sont les ombres qui parlent.

Or, si l'on arrache l'un d'eux à cette captivité souterraine, si on le traîne violemment par le sentier rude et escarpé jusqu'à la clarté du soleil, ne se plaindra-t-il pas, ne sera-t-il pas blessé de cette splendeur éclatante, ne croira-t-il pas que les ombres qu'il quitte sont plus réelles que les trop lumineuses beautés qu'il aperçoit; ne faut-il pas le préparer à cette lumière pour laquelle sa vue est faite, mais qu'elle ne soutient pas d'abord, émoussée par l'habitude? Ce qu'il discernera plus facilement, ce seront d'abord les ombres, puis les images des hommes et des autres objets qui se peignent sur la surface des eaux, ensuite les objets eux-mêmes. « De là il portera ses regards vers le ciel,
» dont il soutiendra plus facilement la vue, quand il
» contemplera, la nuit, la lune et les étoiles, qu'il ne
» pourrait le faire pendant que le soleil éclaire l'hori-
» zon. A la fin il pourra, non-seulement voir le soleil
» dans les eaux et partout où son image se réflé-
» chit, mais le contempler lui-même à sa véritable
» place (1). »

Cette fable est l'histoire de l'âme. L'âme aussi est captive ici-bas, et elle doit s'arracher aux chaînes

(1) *Rép*, l. vii.

du corps pour s'élever jusqu'à son véritable objet, l'invisible soleil des esprits : mais elle n'est pas capable de contempler tout d'abord cette pure et parfaite lumière ; il lui faut une préparation, une initiative, il faut que ce soit du sein même des choses qui l'environnent qu'elle prenne son vol vers l'infini. Ainsi, la science n'est pas la sensation, mais c'est dans la sensation qu'est le commencement de la science.

Il faut le remarquer ici, parce qu'on est trop souvent porté à ne voir dans Platon qu'un rêveur et un poëte, c'est la sensation, c'est l'expérience qui est le point de départ de la connaissance. Sans doute, j'avoue que Platon ne reste pas longtemps sur la terre ; s'il y prend pied, c'est pour s'élancer plus haut. Mais enfin il est certain que ce sont les sens qui, suivant lui, nous suggèrent la pensée des choses intelligibles, comme le prouve d'une manière frappante le texte suivant : « Il faut donc que *ce soit des sens même* que nous tirions cette pensée, que toutes les choses égales qui tombent sous nos sens tendent à cette égalité intelligible, et qu'elles demeurent pourtant au-dessous (1). »

Or, il y a deux espèces de perceptions : celles dont les sens sont juges compétents, et qui par conséquent

---

(1). *Phéd.*, 75, 'A:... Ἀλλὰ μὲν δὴ ἔκ γε τῶν αἰσθήσεων δεῖ ἐννοῆσαι ὅτι πάντα τὰ ἐν ταῖς αἰσθήσεσιν ἐκείνου τε ὀρέγεται τοῦ ὅ ἐστιν ἴσον, καὶ αὐτοῦ ἐνδεέστερά ἐστιν.

ne provoquent pas l'entendement à la réflexion, et celles qui ne permettent pas aux sens de porter un jugement sans provoquer l'action de la pensée (1). Par exemple, quand nos sens nous font apercevoir nos doigts, il n'y a rien là qui éveille la curiosité de l'intelligence, car la vue juge parfaitement sur ce point et elle ne se contredit jamais; ainsi elle ne nous fait jamais penser qu'un doigt soit autre chose qu'un doigt. Mais si nous interrogeons la vue ou les autres sens sur la grandeur ou la petitesse, la mollesse ou la dureté, ils nous montrent la même chose à la fois grande et petite, pesante et légère, et par exemple Socrate, qui est grand relativement à Simmias, est petit relativement à Cébès. Il en est de même des sensations qui nous montrent des objets beaux sous un point de vue et laids sous un autre, des unités multiples, des égalités inégales. Toutes ces contradictions qui existent dans les objets des sens sont de nature à exciter l'étonnement. Or l'étonnement est le commencement de la philosophie, Iris est fille de Thaumas (2).

Ainsi les contradictions des choses sensibles étonnent et arrêtent l'esprit; il revient sur lui-même et il est forcé de faire attention à ses propres idées; alors lui apparaissent l'unité, la fixité et l'être qui man-

---
(1) *Rép.*, l. vii, 523, *sqq*.
(2) *Théét.*, 155. — *Voy.* Arist., *Mét.*, l. i, 2.

quent aux objets mobiles de la sensation. Alors naissent ou renaissent dans l'esprit certaines idées supérieures aux idées du monde sensible : les sensations font place aux idées véritables. C'est ce mouvement de retour à des conceptions que nous possédions sans doute déjà, mais qu'il semble que nous ayons oubliées, que Platon appelle la *réminiscence* (ἀνάμνησις).

Éclaircissons ce point capital de la doctrine platonicienne ; c'est là, en effet, qu'est le principe et le secret de la méthode dialectique.

On se souvient que la méthode de Socrate, méthode d'interrogation ou d'accouchement, comme il l'appelait, était fondée sur ce principe, qu'aucun homme n'apprend rien d'un autre homme, mais qu'il trouve tout de lui-même, pourvu qu'il soit aidé dans cette recherche par un questionneur habile (1). Ainsi lorsqu'on présente à mon intelligence un certain principe, je l'approuve ou je le nie tout d'abord ; je n'apprends pas d'un autre s'il est vrai ou faux ; je le vois, je l'affirme par moi-même, aussi bien que ses conséquences. Et il n'est pas nécessaire pour cela que j'aie entendu énoncer ni ces conséquences ni ce principe. Dès la première fois, je les juge, je les admets ou je les rejette. De là, suivant Socrate, la nécessité d'une méthode qui n'impose aucun prin-

---

(1) *Phéd.*, 75, A. Ἐάν τις καλῶς ἐρωτᾷ.

cipe, mais qui amène les hommes, soit à découvrir le vrai, soit à reconnaître le faux par eux-mêmes, par la force propre de leur raison, par l'évidence invincible de la vérité.

Or, cette adhésion immédiate à des principes présentés pour la première fois à l'esprit ressemble à une sorte de souvenir : cette idée poétique devait plaire à l'imagination de Platon. De là, la théorie de la réminiscence, à laquelle se mêlèrent d'ailleurs d'autres éléments. Dans le Ménon nous voyons cette théorie vérifiée par un exemple particulier ; mais les passages les plus importants où elle soit exposée sont ceux du Phèdre et du Phédon.

Qu'appelle-t-on se ressouvenir ? n'est-ce pas l'état suivant de l'esprit ? « Lorsqu'en voyant ou en en-
» tendant quelque chose, ou en l'apercevant par
» quelque autre sens, nous n'avons pas seulement
» l'idée de la chose aperçue, mais que nous pensons
» en même temps à une chose dont la connaissance
» est pour nous d'un tout autre genre que la première,
» ne disons-nous pas avec raison que nous nous
» ressouvenons de la chose à laquelle nous pensons
» occasionnellement ? »

Par exemple, à la vue d'une lyre, penser au musicien ; à la vue de Simmias, penser à Cébès, c'est là ce qu'on nomme se ressouvenir (1).

(1) *Phéd.*, 75.

La réminiscence a lieu tantôt par la ressemblance et tantôt par la dissemblance. Par exemple, Simmias fait penser à Cébès, et le portrait de Simmias fera penser à Simmias. De plus, lorsqu'un objet réveille en nous la pensée d'un objet semblable, nous savons, nous jugeons si l'image représente fidèlement l'original, ou s'il y manque quelque chose (1).

Eh bien, quand nous apercevons dans la nature, des arbres, des pierres, des objets de mille sortes, qui nous paraissent égaux entre eux, n'est-il pas vrai que nous pensons à une autre égalité, toute différente de celle qui tombe sous nos sens (2)? Car peut-on appeler égal ce qui est tantôt égal, tantôt inégal, comme une pierre et un corps quel qu'il soit, égal à tel objet, inégal à tel autre, et même n'étant jamais d'une égalité rigoureuse ? Quand nous disons que deux choses sont égales, ne supposons-nous pas plus que nous ne voyons, et ne serait-il pas plus juste de dire en parlant de tous les objets sensibles, qu'ils ne sont qu'à peu près égaux? Nous concevons donc une égalité supérieure à celle des choses, égalité absolue, unique, invariable, à laquelle nous comparons celle des choses elles-mêmes. Mais cette conception d'une égalité vraie et positive, quoiqu'elle

---

(1) *Phéd.*, 74, A... Ἐννοεῖν εἴτε τι ἐλλείπει τοῦτο κατὰ τὴν ὁμοιότητα εἴτε μὴ ἐκείνου οὗ ἀνεμνήσθη.

(2) *Phéd.*, ibid., ibid... Ἀλλὰ παρὰ ταῦτα πάντα ἕτερόν τι αὐτὸ τὸ ἴσον, φῶμεν τι εἶναι ἢ μηδέν.

soit réveillée en nous par l'action des sens, n'est cependant pas produite par cette action ; car quelle apparence que nos sens qui ne nous font connaître qu'une égalité imparfaite, une égalité inégale, puissent nous donner par eux-mêmes l'idée de l'égalité vraiment égale ! Quelle apparence que cette idée, qui est le type auquel nous comparons les différentes égalités sensibles, nous soit acquise par la considération seule de ces égalités ! En général, pour comparer une chose à une autre, pour dire qu'elle s'en rapproche, mais qu'il lui manque encore beaucoup, ne faut-il pas avoir l'idée de cette autre chose ; il faut posséder la mesure avant de l'appliquer. « Ainsi,
» avant que nous ayons commencé à voir et à entendre, et à faire usage de nos autres sens, il faut
» que nous ayons eu connaissance de l'égalité intelligible pour lui rapporter, comme nous faisons, les
» choses égales et sensibles, et voir qu'elles aspirent
» toutes à cette égalité sans pouvoir l'atteindre (1). »
Et comme nos sens s'exercent dès le premier moment de la naissance, nous possédons cette idée avant la naissance même. Par conséquent, si nous ne perdions pas cette idée, nous naîtrions avec la science, et nous la conserverions toute notre vie. Or, c'est ce qui n'est pas : car celui qui sait peut rendre raison de ce qu'il sait ; et la plupart des hommes en sont

(1) *Phéd.*, 75, B.

incapables. Ils ne savent donc pas. Il faut donc croire qu'ils ont perdu ces connaissances antérieures à la naissance. Mais quand leurs sens aperçoivent quelque chose qui ressemble à ce qu'ils ont connu, ces connaissances leur reviennent, ils ressaisissent leur bien d'autrefois (1); c'est là ce qu'on appelle apprendre, et ce n'est en réalité que se ressouvenir.

Or ce que nous disons de l'égalité, peut se dire de beaucoup d'autres choses, telles que le beau, le bien, le juste, le saint, en un mot de toutes les choses que dans le discours nous marquons du caractère de l'existence (2). Ainsi les sens ne nous donnent pas davantage une beauté vraie, une vraie sainteté, une vraie justice, qu'une égalité véritable.

Tous ces objets qui ont pour caractère l'existence, non pas l'existence fugitive des êtres sensibles, mais l'existence identique et permanente, toutes ces choses nous sont connues d'autrefois : nous les avons oubliées en naissant; mais quand quelque image imparfaite en éveille en nous l'idée, nous nous en souvenons avec délices.

D'où nous viennent ces connaissances perdues en naissant, et qu'un jour la sensation réveille dans l'esprit? Comment les avons-nous eues, puis négli-

---

(1) *Phéd.*, 75, E. Οἰκείαν ἂν ἐπιστήμην ἀναλαμβάνειν.
(2) *Phéd.*, 75, C. Περὶ ἁπάντων οἷς ἐπισφραγιζόμεθα τοῦτο ὅ ἐστι.

gées, puis retrouvées? Écoutons la belle fable du Phèdre.

L'âme autrefois vivait dans le ciel avec les dieux; elle portait alors des ailes dont la vertu est d'élever ce qui est pesant vers les régions divines. Là habite éternellement, au sein de la vraie sagesse, de la vraie justice et de la vraie science, l'essence véritable, sans forme, sans couleur, impalpable, l'être par excellence. C'est de la contemplation de cette essence que se nourrit la pensée des dieux. Aussi les dieux, Jupiter en tête, accomplissent-ils dans le ciel de merveilleuses évolutions autour de cette essence divine. Les âmes essayent de les suivre, car c'est aussi de la contemplation de ce qui est divin, c'est-à-dire de ce qui est beau, bien et vrai, qu'elles nourrissent et fortifient leurs ailes. Mais toutes n'ont pas le même bonheur; les unes avec beaucoup d'efforts réussissent à ne point perdre de vue l'objet de leurs désirs, d'autres s'élèvent et s'abaissent, voient certaines essences, et n'aperçoivent pas certaines autres (1).

« Or c'est une loi d'Adrastée que toute âme qui,
» compagne fidèle des âmes divines, a pu voir quel-
» qu'une des essences, soit exempte de souffrance
» jusqu'à un nouveau voyage, et que si elle parvient
» toujours à suivre les dieux, elle n'éprouve jamais

(1) *Phœdr.*, 246.

» aucun mal. Mais si les essences leur échappent,
» elles perdent leurs ailes et tombent dans un corps
» terrestre. » Alors, suivant qu'elles ont plus ou
moins vu dans leur voyage à la suite des dieux, elles
se partagent les différentes destinées humaines. Au
premier rang, et comme on voit, le plus près des dieux
et du ciel, est le philosophe dévoué à la sagesse, à la
beauté, aux muses et à l'amour pur; au dernier rang,
et le plus près de la brute, le tyran; entre eux, et à
des degrés différents, le roi juste ou guerrier, le politique, l'athlète, le poëte, l'artisan, le sophiste. Mais
tous ne sont des hommes qu'à la condition d'avoir
contemplé déjà la vérité ; car « le propre de l'homme
» est de comprendre le général, c'est-à-dire ce qui,
» dans la diversité des sensations, peut être compris
» sous une unité rationnelle. Or, c'est là se ressou-
» venir de ce que notre âme a vu dans son voyage à
» la suite des dieux, lorsque, dédaignant ce que nous
» appelons improprement des êtres, elle élevait ses
» regards vers le seul être véritable (1). »

Ainsi nous avons connu autrefois l'être véritable;
nous l'avons contemplé, au moins nous l'avons entrevu, puis nous avons cessé de le voir, et nous sommes
tombés alors dans nos enveloppes grossières; mais
ici-bas encore nous retrouvons quelques traces de ce
que nous avons admiré là-haut, quelque image où

(1) *Phædr.*, 249, B.

nous avons peine à reconnaître le modèle. Alors se réveille dans l'âme le souvenir de ce modèle regretté. Mais toutes n'ont pas les souvenirs également distincts. Quelques-unes, entraînées par le poids du corps et livrées à l'injustice, oublient les choses sacrées qu'elles ont vues. Le philosophe seul, tout plein encore des sacrés mystères qu'il a laissés avec douleur, croit retrouver des ailes, et vit autant que possible par la mémoire avec ces objets merveilleux pleins de béatitude et de calme. « En apercevant la beauté sur la » terre, il lève comme l'oiseau ses yeux vers le ciel, » et négligeant les affaires d'ici-bas il passe pour un » insensé (1). »

Laissons maintenant de côté toutes les formes poétiques et symboliques dont Platon a accompagné et enveloppé sa théorie de la réminiscence. Cherchons-en le fond. Il est clair que la réminiscence est le procédé à l'aide duquel, dans le système de Platon, nous atteignons les idées, c'est-à-dire les réalités intelligibles.

Or, qu'y a-t-il dans le fait de la réminiscence? Analysons-le, en restant aussi fidèles que possible à la pensée de Platon. Il y a deux choses dans ce fait : 1.° une perception quelconque des sens qui nous révèle quelque réalité dans le monde sensible; 2° une opération de l'esprit qui, à la suite de cette perception, ou en même temps, nous découvre ou nous rappelle,

(1) *Phædr.*, 249.

dans un autre monde que celui des sens, une réalité correspondante à celle que nous avons aperçue, mais infiniment supérieure.

Il est clair que ces deux faits sont distincts ; que l'idée n'est point une perception des sens, puisque les sens ne nous font rien connaître qui ne soit à la fois égal et inégal, juste et injuste, beau et laid, tandis que l'idée est l'égalité même, la justice, la beauté. Il est clair, en outre, que la réminiscence n'est pas une opération logique de l'esprit, s'appliquant aux données des sens pour les transformer, puisque, d'après Platon même, il a fallu que nous connaissions les idées avant de voir, d'entendre, d'exercer aucun de nos sens. Le mot même de réminiscence indique que l'opération dont il s'agit a pour objet des idées tout à fait indépendantes des sens ; car, tirer de nos perceptions sensibles, soit par abstraction, soit autrement, les idées qui y sont contenues, rien ne ressemble moins à un ressouvenir.

La réminiscence, quoique aidée par les sens, est donc tout à fait indépendante des sens. Qu'est-elle en elle-même ? Ecartons d'abord tout ce qui n'est pas le fait lui-même, tout ce qui est hypothèse, comme la préexistence des âmes, la communication antérieure de l'âme et de la vérité. Écartons même l'expression de réminiscence qui n'est qu'une hypothèse encore ; et peu nous importe dans ce moment que l'opération intellectuelle dont nous cherchons la nature soit ou ne soit pas un souvenir.

Tous les antécédents ou accidents du fait étant écartés, il reste seul, et voici à quoi il se réduit : l'esprit humain, en présence des objets imparfaits qui l'entourent, conçoit quelque chose de parfait qu'il considère comme véritable, tandis que ce qu'il aperçoit ne possède qu'un être emprunté. Quand l'égalité incomplète des choses, la justice boiteuse, la beauté mêlée de laideur, tombent sous nos sens, l'égalité, la justice, la beauté absolue sont conçues nécessairement; car comment les choses égales peuvent-elles devenir égales, sinon par la présence de l'égalité? comment les choses belles, sinon par la présence de la beauté? Les choses belles nous font donc penser à la beauté, et les choses égales à l'égalité. Mais comme les choses belles et égales ne sont jamais vraiment belles ni vraiment égales, la beauté et l'égalité que nous concevons n'est pas celle que nous apercevons, et n'en est pas tirée. Elle est conçue immédiatement. L'intelligence que nous en avons est tellement directe, elle se manifeste en nous d'une manière si nécessaire et si rapide, qu'elle ressemble à un souvenir.

La réminiscence, ou de quelque nom qu'on veuille l'appeler, est, à n'en pas douter, ce fait de l'intelligence, que les idéalistes de tous les temps ont dé-

9

fendu contre les écoles empiriques, c'est ce fait que tous les spiritualistes des temps modernes rapportent à la raison pure, à l'entendement pur, et que Malebranche, par une autre hypothèse, appellera la vision en Dieu. En un mot, la réminiscence, réduite à ses éléments essentiels, est l'opération fondamentale et naturelle de la raison.

A la vérité, on pourrait soutenir avec raison que les exemples proposés par Platon ne sont pas des plus persuasifs. Car les idées de ressemblance et d'égalité sont incontestablement des idées empiriques, et non des idées absolues. Le semblable et le dissemblable n'ont rien qui ne puisse s'expliquer par l'expérience. L'objection que le semblable est partout mêlé de dissemblable est plus spécieuse que solide. Car une ressemblance, qui ne serait mêlée d'aucune dissemblance, ne serait plus alors ressemblance, mais identité. On appelle précisément semblables les choses où les qualités essentielles sont les mêmes sans doute, mais qui diffèrent par les accessoires. Or, c'est l'expérience, aidée de l'abstraction et de la généralisation, qui nous donne cette notion. Quant à l'égalité, on peut dire, il est vrai, que, sous le rapport de l'étendue, les choses ne sont jamais dans l'expérience rigoureusement égales; mais il n'en est pas de même sous le rapport du nombre. Or l'égalité numérique est appréciable par l'expérience. Par exemple, c'est bien l'expérience qui m'apprend que j'ai le même nombre de doigts à la main gauche qu'à la main droite; et c'est là une égalité tout à fait rigoureuse, lors même que sous le rapport de la grandeur les doigts correspondants fussent inégaux. L'expérience et l'abstraction me donnent donc l'idée d'égalité, et d'égalité précise et entière. Mais une fois en possession de cette idée, ne puis-je pas la transporter du nombre dans l'étendue, et supposer l'égalité de grandeur là où elle n'est pas réellement? et cette opération est d'autant plus facile à comprendre, que sensiblement les choses extérieures nous paraissent souvent égales, par exemple, deux pièces de monnaie neuve, et que ce n'est que spéculativement qu'on en suppose l'inégalité. Il faut donc reconnaître que Platon, comme la plupart des idéalistes, est trop tenté de restreindre la part de l'expérience. Mais ce qui est vrai de toute vérité, c'est qu'il y a dans l'esprit humain une idée d'absolu et de parfait, qui n'est pas fournie par l'expérience, quoiqu'elle puisse être suggérée par elle. C'est cette conception de l'absolu et du parfait qui est le véritable objet de la réminiscence; c'est la seule peut-être qui puisse être rigoureusement appelée innée.

La théorie de la réminiscence nous conduit à la théorie de la connaissance. La réminiscence, en effet, n'est pas la faculté de connaître; elle est l'éveil, l'élan, le mouvement de cette faculté ; elle est l'action par laquelle l'âme s'élève de la connaissance sensible à la connaissance intelligible. Il faut examiner maintenant comment se décompose, selon Platon, la faculté de connaître. Cette analyse confirmera les résultats précédemment établis.

Il y a deux mondes pour l'âme, le monde de la sensation et celui de la science, l'univers visible et l'univers intelligible (1). Que l'on se représente une ligne géométrique, coupée en deux parties inégales ; chacune de ces parties représente les deux mondes dont je viens de parler, et elles se subdivisent chacune en deux autres parties. Dans le monde visible, une des sections représente les ombres, les images, les reflets ; l'autre, les objets réels, arbres, rochers, animaux. Il y aura donc deux sortes de connaissances, appliquées aux choses visibles : l'une incertaine, confuse, mobile comme ses objets ; l'autre plus fixe et plus sûre, quoique chancelante encore : la première est une sorte de foi aveugle, la seconde une sorte de jugement. La première de ces connaissances prendra le nom de croyance (πίστις); la seconde de conjecture (εἰκασία). Le monde intelligible aura aussi ses deux divisions. Dans l'une on se sert des données du monde visible, comme d'autant d'images qui nous aident à nous représenter les idées. Par exemple, dans

(1) *Rép.*, l. vi, 509 *sqq.*

la géométrie, on se sert de figures sensibles, non qu'on raisonne véritablement sur ces figures, mais on applique à des figures visibles ce qui n'est vrai que des figures idéales. En outre, ces idées, auxquelles nous pensons à l'occasion d'images sensibles, ne sont en réalité pour nous que des hypothèses; nous les considérons comme des principes, et nous descendons jusqu'aux dernières conclusions qu'elles renferment. Par exemple, en géométrie, nous partons de l'idée du polygone, et nous cherchons ce qui arrivera si le polygone est placé dans telle ou telle condition. La seconde section du monde intelligible comprend les principes véritables, ceux qui sont au-dessus de toute hypothèse, les principes que l'on aperçoit immédiatement en eux-mêmes, sans avoir recours à aucune image. A ces deux divisions dans les objets correspondent deux facultés dans la connaissance : l'une est la faculté de raisonner (ou διανοία); l'autre, l'intelligence pure ou la raison (ἡ νόησις).

Platon admet donc quatre degrés dans la connaissance; la foi (πίστις), la conjecture (εἰκασία), la connaissance raisonnée (διανοία), l'intelligence pure (νόησις). Mais ces quatre degrés se peuvent réduire à deux; la foi et la conjecture étant réunies sous le nom général d'opinion, la διανοία et la νόησις sous celui d'intelligence.

L'opinion est cet état d'esprit où l'on ne se rend

pas compte de ce que l'on affirme ; à proprement parler, c'est un jugement sans raison (ἄλογος) (1); celui qui obéit à l'opinion croit, mais ne pense pas véritablement (οἰόμενος, φρονῶν δὲ μή). Il est comme les devins et les inspirés, qui annoncent beaucoup de choses vraies, mais ne savent aucune des choses dont ils parlent (ἴσασι μηδὲν ὧν λέγουσι). L'opinion ne provient pas en nous d'un enseignement démonstratif (οὐ διὰ διδαχῆς), mais d'une sorte de persuasion (ὑπὸ πειθοῦς) (2). L'opinion peut être utile dans la pratique. Celui qui aura une opinion vraie sur les mêmes objets dont l'autre aura pleine connaissance, ne sera pas moins bon conducteur. Les juges auxquels les orateurs persuadent ce qu'ils veulent (δοξάζειν ποιοῦντες ἃ ἂν βούλωνται) (3), ne jugent pas plus mal, pour n'avoir pas une conviction fondée sur la démonstration. Mais l'opinion est chancelante (μεταπειστός) (4); elle est semblable aux statues de Dédale (5) que la tradition populaire nous représente comme fuyantes et mobiles. « Ce n'est pas quelque
» chose de bien précieux d'avoir une de ces statues
» qui ne sont point arrêtées, comme d'avoir un es-
» clave fuyard, car elles ne restent pas en place ;

---

(1) *Tim.*, 51, E.
(2) *Ibid.*, *ibid.*
(3) *Théét.*, 201, A.
(4) *Tim.*, 51, E.
(5) *Mén.*, 97, 98.

» mais pour celles qui sont arrêtées, elles sont d'un
» grand prix. De même les opinions vraies, tant
» qu'elles demeurent, sont une belle chose et pro-
» duisent toutes sortes d'avantages; mais elles ne
» veulent guère demeurer longtemps, et elles s'é-
» chappent de l'âme humaine, en sorte qu'elles ne
» sont point d'un grand prix. »

L'objet de l'opinion n'est pas l'être véritable, mais quelque chose d'intermédiaire entre l'être et le non-être, entre ce qui est absolument et ce qui n'est d'aucune façon. Par exemple ces choses que le vulgaire admire et que l'on appelle belles, justes, saintes, si on les considère sous quelque autre point de vue, ne paraîtront-elles pas n'être ni belles, ni justes, ni saintes? N'en est-il pas de même des choses grandes ou petites, pesantes ou légères? Il en est de ces choses comme de ces propos à double sens que l'on tient dans les banquets : ne sont-elles pas plus lumineuses que le néant et plus obscures que l'être? C'est là l'objet de l'opinion, à savoir les belles voix, les belles couleurs, les beaux spectacles. En un mot, l'opinion a pour objet ce qui naît et périt, ce qui *devient* toujours (γιγνόμενον ἀεί), mais n'est jamais véritablement (ὂν δὲ οὐδέποτε) (1).

Toutes les choses qui tombent sous les sens sont du

---

(1) *Rép.*, l. v. *Voy.* encore, sur le rapport de la croyance et de la science, *Gorgias*, 454-55 ; *Banquet*, 202.

domaine de l'opinion. Il n'y a point de science des choses sensibles ; elles sont l'objet de la sensation (αἴσθησις) qui n'est, comme on sait, que le résultat d'un choc. Une opinion vraie en peut sortir, mais non pas la science ; aussi Platon très-souvent nie-t-il que les choses sensibles puissent être connues. « Platon, dit Cicéron, a retiré aux sens et à l'opi-
» nion la vérité, tout jugement sur la vérité. Il a
» voulu que ce fût le privilége de la pensée elle-
» même et de l'âme (1). »

La science rend raison de ce qu'elle avance (2); elle donne à l'âme la conscience de la vérité qu'elle possède ; elle enchaîne les opinions les unes aux autres par le lien de la cause à l'effet (3) ; surtout, elle atteint ce qui est, ce qui demeure, ce sans quoi il n'y a point de connaissance (4). Par là, elle est inébranlable, toujours conforme à la droite raison, et n'appartient qu'à un très-petit nombre parmi les hommes (5).

Mais dans l'intelligence elle-même il faut distinguer deux degrés que Platon sépare avec soin, quoiqu'il les réunisse sous un seul nom : la διανοία et la νόησις.

---

(1) Cic., *Quæst. Acad.*, iv, 48. Plato omne judicium veritatis veritatemque ipsam abductam ab opinionibus et à sensibus cogitationis ipsius et mentis esse voluit.
(2) *Phæd.*, 76, B.
(3) *Mén.*, 96, A. Ἕως ἄν τις αὐτὰς δήσῃ αἰτίας λογισμῷ.
(4) *Thil.*, 59.
(5) *Tim.*, 51, E.

La νόησις et la διανοία ont cela de commun qu'elles s'élèvent l'une et l'autre au-dessus du monde visible, qu'elles portent non sur des objets qui naissent et meurent, mais sur des objets immobiles et éternels. Elles ont assez de rapport pour que Platon emploie quelquefois l'une pour l'autre, qu'il dise par exemple : αὐτῇ καθ' αὑτὴν εἰλικρινεῖ τῇ διανοίᾳ χρώμενος αὐτὸ καθ' αὑτὸ εἰλικρινὲς ἕκαστον ἐπιχειροῖ θηρεύειν τῶν ὄντων (1), quoiqu'il soit évident que c'est à la νόησις qu'il appartient de connaître chaque chose en elle-même. Mais ici la distinction est différente, et διανοία est pris dans le sens de pensée en général.

La διανοία est cette faculté qui, partant de principes dont elle ne rend pas raison, en poursuit les conséquences jusqu'à leurs dernières limites. Son action propre est de marcher d'une idée à une autre idée qu'elle fait sortir de la première sans s'enquérir de la valeur propre de cette première idée. La composition même du mot (διά, νόεω) indique que c'est une opération discursive, comme on dit en logique.

La νόησις atteint ces principes eux-mêmes. Elle se sert des hypothèses de la διανοία, mais comme hypothèses, comme points d'appui pour s'élever aux principes. Son objet propre, c'est ce qui n'a besoin d'aucune hypothèse; ce qui se suffit à soi-même (τὸ

---

(1) *Phæd.*, 66, A.

ἀνυπόθετον, τὸ ἱκανόν). La νόησις n'est pas, à proprement parler, une opération ; c'est un acte simple, direct, immédiat (1).

La différence de la νόησις et de la διανοία me paraît être à peu près la même que nous établissons entre la raison et le raisonnement, à cela près que la διανοία est peut-être plus étendue que le raisonnement et qu'elle pourrait bien embrasser toutes les opérations discursives, c'est-à-dire toutes les opérations logiques de l'esprit.

N'attribuons pas à Platon une précision trop grande. Dans le passage du sixième livre de la République, la διανοία se distingue très-bien de l'opinion d'une part, de la νόησις de l'autre. Mais cette précision ne se retrouve pas partout : nulle part ailleurs la διανοία n'est donnée comme une opération distincte, elle est souvent le mot dont se sert Platon pour exprimer la pensée en général. Souvent aussi, d'un autre côté, Platon paraît l'indiquer sans la nommer. Dans le Théétète, Platon décrit une opération de l'esprit qu'il appelle l'opinion vraie avec explication (2), et qui consiste à ramener une chose à ses éléments. Cette opération ne ressemble en rien à ce que Platon appelle l'opinion dans la République.

---

(1) Sur la différence de la νόησις et de la διανοία, Voy. la République, l. vi, vii, *pass.*

(2) *Théét*, 241, D. Τὴν μετὰ λόγου ἀληθῆ δόξαν.

Ici l'opinion ne paraît porter que sur les choses sensibles et qui passent ; dans le Théétète, l'opinion est une opération logique, qui porte sur les idées. Ensuite, il semble que l'opinion exclue l'idée d'explication ; en effet, ni la conjecture ni la foi n'admettent l'explication. L'opinion vraie avec explication appartiendrait donc plutôt à l'intelligence qu'à l'opinion. Mais à quel degré de l'intelligence ? Ce ne peut être évidemment à la νόησις ; car Platon dit que cette sorte d'opération intellectuelle est très-différente de la science, et il distingue l'opinion vraie avec explication (δόξα ἀληθὴς μετὰ λόγου) qui ne fait que ramener une chose à ses éléments, de la science qui atteint l'essence même des choses, ce qui est le propre de la νόησις. Dans le Ménon, Socrate paraît définir la science, un système d'opinions enchaînées par le lien de la cause à l'effet. Or si nous nous sommes fait une idée juste de la διανοία, c'est elle qui, par le moyen d'un raisonnement, rattache ainsi nos idées les unes aux autres. Dans le Phédon encore (1), il démontre qu'il n'y a pas de science, tant que l'on se contente de raisonner sur des principes qui ne sont encore que des hypothèses, et il recommande une double opération : d'une part développer les conséquences du principe pour voir si elles ne se contredisent pas ; de l'autre, remonter d'hypothèse en hypothèse jusqu'à

(1) *Phéd.*, 100, A.

un principe qui n'admette plus d'hypothèse ; et cela, sans distinguer par des noms différents ces deux opérations, bien semblables évidemment à celles qui sont décrites dans la République. Partout, enfin, il indique, outre l'opinion proprement dite et l'intelligence pure, une faculté intermédiaire dont il ne dit pas le nom, et dont il ne détermine pas d'une manière précise les attributions et la nature.

Mais quel que soit le sens du mot διανοία, quelle que soit l'étendue qu'il faille lui attribuer, il est hors de doute que Platon reconnaît dans l'âme humaine une faculté d'atteindre immédiatement et directement le vrai, sans le ministère des sens ; une faculté qui a pour objet l'être, non pas l'être mobile, contingent, limité, mais l'être absolu, l'être en soi, le bien ; une faculté qui ne se contente pas de ces principes auxquels s'arrêtent les sciences particulières, la géométrie, l'astronomie, la musique, mais qui donne l'explication de ces principes, en les ramenant à d'autres principes encore, jusqu'à ce qu'elle ait atteint le principe qui n'a rien au-dessus de lui. Cette faculté est celle que Fénelon et tous les hommes appellent la raison, que Malebranche appelle l'entendement pur, Kant, la raison pure ; qui n'est ni l'extase des mystiques, ni l'expérience des sensualistes, ni l'abstraction des logiciens, vue spirituelle et infaillible, dont la lumière est la vérité et dont l'objet est l'être.

Mais l'être n'est pas seulement pour l'homme l'objet d'une contemplation spéculative; il est son bien, sa vie; l'homme privé de ce bien, soit qu'il en ait joui déjà, et qu'il le regrette, soit qu'il soit appelé à en jouir et qu'il le pressente, l'homme désire, il aime. L'amour (ἔρως) est une des forces qui élèvent l'homme de la terre vers le ciel, qui le font passer de la vue de ce qui naît et périt à la contemplation de ce qui est. L'amour avait déjà joué un rôle dans la physique d'Empédocle; mais Empédocle exprimait surtout par là ce principe général d'amitié et de concorde qui produit et protége l'unité des choses, et non cette force particulière de l'homme, par laquelle l'âme émue s'élance à la poursuite du bien et du beau. C'est là encore une des traditions de Socrate (1); il ne savait, disait-il, qu'une petite science, l'amour. Cette science, il la transmit à Platon.

Il y a deux amours, comme il y a deux Vénus, la Vénus populaire et la Vénus céleste (2). L'amour de la Vénus populaire est grossier et n'inspire que des actions basses; il n'aspire qu'à la jouissance. L'amour qui suit la Vénus céleste n'a que de nobles objets. S'il s'adresse à des jeunes gens, ce n'est point pour la beauté de leur corps, mais pour celle de leur intelligence. Son but est de perfectionner ou l'amant

---

(1) Xén., *Mém. Socr.*, l. IV, c. 1.
(2) *Banquet*, 180 sqq.

ou l'objet aimé dans la science ou dans la vertu. Un tel amour est regardé par certaines personnes comme un délire. Mais que l'on nous prouve que les dieux n'ont pas en vue notre vraie félicité, en nous envoyant ce délire (1).

Le délire n'est pas toujours un mal ; souvent c'est une inspiration des dieux. N'est-ce pas dans leur délire que les prêtresses de Dodone et de Delphes ont éclairé les hommes sur l'avenir, et leur ont accordé mille bienfaits éclatants? Qui pourrait nier la sainteté du délire prophétique? C'est aussi le délire, c'est la fureur poétique qui fait la beauté des odes et des ouvrages inspirés ; c'est ce délire qui enflamme les cœurs par le récit des exploits des héros, et qui, en se communiquant, répand dans les âmes une ardeur divine ; mais le plus beau, le plus fécond des délires, est celui que l'amour suscite en nous, quand il retrouve dans quelque objet privilégié l'image de la céleste beauté (2).

L'amour n'est ni beau, ni bon ; car il est le désir du beau et du bon, et l'on ne désire pas ce que l'on possède. Il n'est cependant ni laid, ni méchant ; car autrement il ne pourrait pas rechercher ce qui est beau et ce qui est bon. De même il n'est pas sage ; car il posséderait la sagesse, il posséderait le bien et

---

(1) *Phèdr.*, 245, B.
(2) *Phèdr.*, 245 *sqq.*

une partie du beau; mais il aspire à devenir sage, il aime la sagesse, il est philosophe (1). L'amour est donc un des signes du vrai philosophe. Voilà pourquoi il est dit dans le Phèdre, que le philosophe consacre sa vie à la sagesse, aux muses et à l'amour. Le philosophe dirige toujours les ailes de son âme vers la beauté céleste, et dans l'élan qui l'entraîne, il oublie les choses d'ici-bas. La multitude l'invite à être plus sage, et le traite d'insensé; elle ne voit pas qu'il est inspiré (2).

Voici comment s'éveille l'amour dans l'âme de l'homme. L'objet de l'amour, c'est la beauté; non pas telle ou telle beauté, mais la beauté même, cette beauté dont participent toutes les choses belles, et dont elles tirent leur beauté. Or il a été donné à l'homme d'apercevoir cette beauté parfaite dans le temps que nos âmes étaient mêlées aux chœurs des bienheureux, et qu'elles les suivaient dans leurs évolutions à travers le ciel. « Initiés aux plus saints des mystères, jouis-
» sant encore de toutes nos perfections, et ignorant
» les maux de l'avenir, nous admirions ces beaux
» objets, parfaits, simples, pleins de béatitude et de
» calme, qui se déroulaient à nos yeux, au sein de la
» plus pure lumière, et libres encore de ce tombeau
» qu'on appelle corps, et que nous traînons avec nous,

---

(1) *Banquet, Discours de Socrate*, 200 *sqq*.
(2) *Phèdr.*, 249, D. Ἐνθουσιάζων δὲ λέληθε τοὺς πολλούς.

» comme l'huître traîne la prison qui l'enveloppe(1). »

Or de toutes les essences, il n'en est point qui soit plus aisément saisie par la vue que la beauté. Il n'en est pas de plus manifeste et à la fois de plus aimable. « L'homme qui n'a pas la mémoire fraîche de ces saints
» mystères, ou qui l'a perdue entièrement, ne se re-
» porte pas facilement vers l'essence de la beauté par
» la contemplation de son image terrestre. Au lieu de
» la regarder avec respect, entraîné par d'impurs dé-
» sirs, il cherche à l'assaillir comme une bête sau-
» vage ; et dans ses infâmes approches, il ne craint
» pas, il ne rougit pas de poursuivre un plaisir con-
» tre nature. Mais le nouvel initié, celui qui est tout
» plein des nombreuses merveilles qu'il a vues en
» présence d'un visage presque céleste ou d'un corps
» dont les formes lui rappellent l'essence de la beauté,
» frémit d'abord : quelque chose de ses anciennes
» émotions lui revient, puis il contemple cet objet
» aimable et le révère à l'égal d'un dieu ; et s'il ne
» craignait de voir traiter son enthousiasme de folie,
» il sacrifierait à son bien-aimé comme à l'image
» d'un dieu, comme à un dieu même (2). »

Mais ce ne sont là que les premiers mystères de l'amour. Une fois que le souvenir de la beauté est revenu à l'esprit de l'initié, il la poursuit partout où

---

(1) *Phèdr.*, 250, C.
(2) *Phèdr.*, 250, E.

il en trouve quelque trace, et s'élevant de la beauté du corps à la beauté des idées et des sentiments, et de cette nouvelle beauté jusqu'à la beauté dernière, beauté sans voiles et sans ombres, beauté parfaite, terme de ses espérances et de ses laborieuses recherches à travers les beautés d'ici-bas, il y repose ses ailes, et se confond, devant cet éternel éclat, dans une admiration à la fois passionnée et respectueuse (1).

On le voit, la théorie de l'amour, dans Platon, correspond parfaitement à sa théorie de la connaissance. De même qu'il y a deux formes principales de la connaissance, l'opinion et la science, il y a deux amours, l'amour populaire, l'amour céleste; l'un qui se borne aux plaisirs des sens, l'autre qui aspire à la possession de la beauté absolue. Comment l'homme passe-t-il du premier de ces amours au second, de l'amour impur à l'amour pur? De la même manière qu'il passe de l'opinion à la science, par le ressouvenir. C'est le souvenir des essences aperçues autrefois et retrouvées ici dans quelques images, qui éveille la νόησις; c'est le même souvenir qui éveille l'amour. L'ἔρως et la νόησις ne se séparent pas. L'amour est une contemplation émue et délicieuse. Enfin, de même que l'intelligence ne s'élève d'abord qu'à des hypothèses, pour s'élever ensuite de ces hypothèses au principe qui n'admet plus d'hypothèse, l'ἔρως monte

(1) *Banquet*, 213 *sqq.*

aussi d'objets en objets jusqu'à la beauté absolue qui surpasse tous les objets. Ainsi le mouvement de l'âme suit le mouvement de l'esprit, et le caractère commun de ces deux mouvements est d'arracher l'homme à la sensation et aux plaisirs des sens, pour le tourner vers l'être et vers le bien ; pour le conduire, à travers les degrés divers de la vérité et de la beauté, jusqu'au vrai en soi, au beau en soi, et jusqu'à leur principe, le bien en soi.

Signalons cette partie originale et immortelle du système de Platon. Sans doute elle doit bien du charme à l'admirable poésie qui la recouvre, et dont, malgré nos efforts, nous n'avons pu conserver dans cette exposition que des lambeaux ; mais elle mérite aussi d'être profondément méditée par le métaphysicien, par le philosophe. Cet hommage rendu à la partie inspirée de notre être n'est pas une abdication du penseur ; c'est la vue d'une observation profonde qui a su découvrir dans les émotions de l'âme en présence du beau les signes les plus éclatants de notre origine et de notre destinée infinie. Le lien de l'amour et du beau est plus étroit, plus intime encore que celui de la raison et du vrai. Par la raison, par la νόησις, nous connaissons l'être absolu, nous participons à sa lumière ; mais nous ne vivons pas de sa substance : c'est l'amour qui consomme l'union. Bien différent du désir aveugle qui, selon Aristote, enchaîne toutes les parties de la nature à un principe incompréhensible et incommunicable, à un aimant mystérieux, l'amour, chez Platon, est l'élan éclairé et libre d'une âme philosophique. La force de l'amour a ses racines en nous-mêmes; il est à la fois un mérite et une récompense : un mérite, car des deux coursiers qui conduisent le char de l'âme, il en est un rétif, brutal et sensuel, qui veut nous entraîner vers des plaisirs honteux ; et ce n'est qu'après avoir lutté par le fouet et l'aiguillon, après l'avoir meurtri et ensanglanté, que le second coursier, victorieux et paisible, peut poursuivre son chaste voyage vers la sagesse et la beauté ; une récompense, car après une lutte douloureuse et une difficile victoire, l'âme a droit au bonheur que donne l'union avec la beauté. Platon, en mettant en lumière le rôle de l'amour dans la vie spéculative, devait conduire à en faire comprendre la puissance dans la vie pratique et morale. Platon, artiste et poëte, a surtout considéré l'amour au point de vue esthétique; l'amour n'est pour lui que l'amour du beau. Ne refusons pas de reconnaître que les habitudes et les dispositions de l'artiste ont laissé leur trace dans la philosophie de Platon. Les images sensibles ont toujours une grande part dans son exposition. Ainsi le bien est toujours représenté par lui sous la figure de la lumière : c'est le soleil intelligible. Par la même raison, c'est surtout par l'attribut de la beauté que le bien paraît à Platon devoir être l'objet de l'amour. Mais allez plus avant; enfoncez, et dans les abîmes de l'âme, au-dessous de cet amour tout esthétique, qui n'est encore qu'une forme de l'amour, la plus saisissable peut-être, vous trouverez une force immense, une force d'amour, non pour ce qui est beau, mais pour ce qui est bon, non pour certains hommes, mais pour tous les hommes; une force de sympathie et de compassion, qui se trahit par les larmes, par la bonté, par le dévouement; un amour dont la joie suprême est dans la souffrance, et dont l'idéal est un Dieu souffrant; un amour qui, de Dieu, ou le père, se répand en bienfaits sur les hommes, nos frères; un amour tellement ardent, qu'il aspire à se nourrir de la substance de Dieu, pour faire une même chair avec lui et avec les autres hommes, la charité. Tels sont les liens qui unissent l'amour chrétien à l'amour platonique.

Nous savons maintenant quelles sont, selon Platon, les facultés qui nous mettent en rapport avec le vrai, et par quelle loi nous nous élevons de la connaissance sensible à la connaissance intelligible. Mais ce mouvement naturel de l'esprit doit être soutenu et fortifié par des moyens réguliers et réfléchis, c'est-à-dire par la méthode.

En quoi consiste précisément la méthode de Platon. Écoutons-le s'expliquer lui-même sur ce point.

Dans le dixième livre de la République il parle de sa méthode habituelle et la caractérise ainsi : « Nous » avons coutume de poser une idée distincte pour » chacune des multitudes auxquelles nous donnons » le même nom. » (εἶδος γάρ πού τι ἓν ἕκαστον εἰώθαμεν τίθεσθαι περὶ ἕκαστα τὰ πολλὰ, οἷς ταὐτὸν ὄνομα ἐπιφέρομεν) (1). Ainsi, étant donnés un certain nombre d'individus semblables, réunis sous un même nom, nous établissons (τίθεσθαι) pour chacune de ces multitudes (περὶ ἕκαστα τὰ πολλὰ) une idée séparée (εἶδός τι ἓν ἕκαστον); chaque multitude a donc son idée, pourvu qu'elle ait un nom commun. C'est ainsi qu'une multitude de lits et une multitude de tables donnent naissance à deux idées, l'idée du lit et l'idée de la table (μία μὲν κλίνης, μία δὲ τραπέζης). Le caractère essentiel de cette idée est d'être *une* (ἕν) dans une multitude (περὶ τὰ πολλὰ); ainsi ce que Platon recherche par sa méthode habituelle (ἐξ εἰωθυίας μεθόδου), c'est une certaine unité dans une certaine pluralité. C'est ce besoin d'unité qui le force à demander à la multitude autre chose que la multitude même; mais ce qui le distingue des partisans de l'unité absolue, tels que Parménide et Zénon, c'est qu'il reconnaîtra autant d'unités diverses qu'il y a de multitudes diverses (εἶδός τι ἓν ἕκαστον περὶ ἕκαστα τὰ πολλὰ); et là nous retrouvons la trace de la défini-

(1) *Rép.*, x, 596, A.

tion socratique. Socrate en effet recherchait le caractère essentiel de chaque genre : il établissait ainsi, pour chaque classe de multitudes, une unité déterminée.

Comment Platon arrive-t-il à ces unités ? Il les pose (τίθεσθαι). « Il faut, dit-il dans le Philèbe, ne pas abor-
» der une recherche sans avoir *posé* une idée pour
» toutes choses. » Δεῖν ἀεὶ μίαν ἰδέαν περὶ παντὸς ἑκάστοτε
» θεμένους ζητεῖν) (1). Nous lisons encore dans la République : « Il y a plusieurs choses que nous appe-
» lons belles, et plusieurs bonnes. C'est ainsi que
» nous désignons chacune d'elles, et le principe de
» chacune nous l'appelons le beau, le bien, et nous
» faisons de même de toutes les choses que nous
» avons considérées (posées) tout à l'heure dans
» leur variété en les considérant (posant) sous un
» autre point de vue, dans l'unité de l'idée générale
» à laquelle chacune d'elles se rapporte. » (Καὶ αὐτὸ δὴ καλὸν, καὶ αὐτὸ ἀγαθὸν, καὶ οὕτω περὶ πάντων ἅ ποτε ὡς πολλὰ ἐτίθεμεν, πάλιν αὖ κατ' ἰδέαν μίαν ἕκαστον, ὡς μιᾶς οὔσης, τιθέντες, ἅ ἐστιν ἕκαστον προσαγορεύομεν) (2). Le sens de ce texte assez embrouillé est, qu'après avoir considéré une certaine multitude d'objets beaux, nous ne considérons plus la multitude, mais seulement la qualité même de beau qui convient

---

(1) *Phil.*, 16, D.
(2) *Rép.*, vi, 507, C.

à tous les objets de cette multitude. C'est là l'idée à laquelle se rapportent tous les objets beaux, une au sein de la multitude (μία διά πολλῶν). « Le dialecti-
» cien, dit Platon dans le Sophiste, sait démêler comme
» il faut l'idée une, répandue tout entière dans une
» multitude d'individus dont chacun existe séparé-
» ment » (μίαν ἰδέαν διὰ πολλῶν ἑνὸς ἑκάστου κειμένου χωρὶς, πάντῃ διατεταμένην διαισθάνεται) (1). Et dans le Politique : « Pour les différences qu'on peut apercevoir
» dans une foule d'objets, il faudrait qu'on fût in-
» capable de se lasser de cette vue avant d'avoir
» réuni tous les objets de la même famille sous une
» ressemblance commune, et de les avoir renfermés
» dans l'unité essentielle d'un genre » (πρὶν ἂν σύμπαντα τὰ οἰκεῖα ἐντὸς μιᾶς ὁμοιότητος ἕρξας γένους τινὸς οὐσίᾳ περιβάληται (2). Et enfin dans le Phèdre : « D'abord
» réunir sous une seule unité générale toutes les
» idées particulières éparses de côté et d'autre, afin
» de bien faire comprendre par une définition précise
» le sujet que l'on veut traiter » (εἰς μίαν ἰδέαν συνορῶντα ἄγειν τὰ πολλὰ διεσπαρμένα, ἵν' ἕκαστον ὁριζόμενος δῆλον ποιῇ περὶ οὗ ἂν ἀεὶ διδάσκειν ἐθέλῃ) (3). Et cette recommandation si souvent répétée de ne pas laisser échapper l'idée générale qui rallie les individus d'une

(1) *Soph.*, 253, D.
(2) *Polit.*, 285, B.
(3) *Phèdre*, 265, D.

même famille (οἰκεία) s'explique par cette parole de Phèdre : « Le propre de l'homme est de comprendre » le général, c'est-à-dire, ce qui, dans la diversité » des sensations, est compris sous une unité ration- » nelle (1). »

Ce qui résulte de tous ces textes auxquels nous pourrions ajouter encore, c'est qu'il faut reconnaître une unité dans toute multitude, une unité dont la fonction est d'embrasser sous un caractère commun (κοινωνία, ὁμοιότης) tous les individus séparés dont la multitude se compose.

Il est difficile de nier qu'une telle méthode, la méthode habituelle de Platon, de son propre aveu, n'ait de grands rapports avec la méthode connue en logique sous le nom de méthode d'abstraction ou de généralisation. Pour arriver à l'idée une qui enveloppe la multitude des individus, que faut-il faire, sinon retrancher les caractères déterminés de chaque individu en particulier, ce qui est abstraire, et rassembler tous les caractères communs dans une idée commune, ce qui est généraliser ?

Et en effet, suivant tous les adversaires de Platon, suivant Aristote et ses disciples modernes, la méthode dialectique de Platon, fille de la définition socratique, recherche partout l'universel, c'est-à-dire le genre.

---

(1) *Ibid.*, 249, B. Δεῖ γὰρ ἄνθρωπον ξυνιέναι τὸ κατ' εἶδος λεγόμενον, ἐκ πολλῶν ἰὸν αἰσθήσεων εἰς ἓν λογισμῷ ξυναιρούμενον.

Seulement Socrate ne voyait dans les genres que des notions qui servaient au raisonnement. Platon les sépara des choses, et en fit des principes réels, effectifs, auxquels il donna le nom d'idées. C'est ainsi qu'appliquant la dialectique de Socrate au delà de ses limites légitimes, Platon a mérité le reproche reproduit par Aristote sous mille formes, d'avoir réalisé des abstractions (διαλεκτικῶς καὶ κενῶς).

L'examen précis des textes cités paraît confirmer cette interprétation. Je ne parle pas seulement du texte du Politique (γένους τινὸς οὐσία περιβάληται), mais de celui du Phèdre, où il est dit : Δεῖ ἄνθρωπον συνιέναι τὸ κατ' εἶδος λεγόμενον ἐκ πολλῶν ἰὸν αἰσθήσεων εἰς ἓν λογισμῷ ξυναιρούμενον, mais du Sophiste : « diviser par » genres, ne pas prendre pour identiques ceux qui » sont différents, ni pour différents ceux qui sont » identiques, ne disons-nous pas que c'est là l'œuvre » de la science dialectique ? » (Κατὰ γένη διαιρεῖσθαι, οὐ τοῦτο διαλεκτικῆς φήσομεν ἐπιστήμης εἶναι) (1) ; et la phrase qui suit dans le Sophiste indique d'une manière précise le progrès de la généralisation, s'élevant d'idées en idées, de la moins générale à celle qui l'est davantage ?

« Ainsi celui qui est capable de faire ce travail » (diviser par genres), démêle comme il faut l'idée » unique, répandue dans une multitude d'individus

(1) *Soph.*, 253, D.

» qui existent séparément les uns des autres, puis une
» multitude d'idées différentes renfermées dans une
» idée générale, et encore une multitude d'idées gé-
» nérales contenues dans une idée supérieure (1)? »
N'est-ce pas là l'échelle des idées générales que l'on
monte en logique, dont chacune enveloppe toute
une multitude d'idées inférieures, et est elle-même
enveloppée par une idée supérieure?

Et pourtant qu'on y regarde de plus près encore,
on ne trouvera dans aucun des textes cités, rien qui
caractérise spécialement la généralisation. Car il ne
servirait de rien ici d'établir que Platon décrit en mille
endroits, et en termes précis, certains procédés logiques, comme appartenant à la dialectique. La dialectique, en effet, se sert de procédés logiques : elle
le peut, elle le doit même, et il n'y a point de science
qui s'en puisse passer. Nous-mêmes ferons voir le rôle
important des opérations logiques dans la dialectique
platonicienne. Mais il n'y a rien à conclure de là sur
la dialectique en elle-même.

Dans toute méthode, il y a un fait fondamental qui
donne à la méthode son caractère et sa force : c'est
sur ce fait qu'il faut s'entendre.

Ce fait capital, dans lequel se résume toute la dialectique, est-il ou n'est-il pas la généralisation? Là
est tout le problème.

(1) *Soph.*, 255, D.

Toute généralisation suppose nécessairement deux choses : la comparaison des individus divers, que résout la généralisation, l'abstraction des caractères individuels de chacun d'eux. La généralisation est une opération successive et discursive. Or quelle est la méthode constante de Platon ? Rappelons-le : εἶδός τι ἓν ἕκαστον τίθεσθαι περὶ ἕκαστα τὰ πολλά). Qui pourrait reconnaître dans ce mot τίθεσθαι aucune des opérations que nous venons de décrire? Platon dit bien qu'il pose une idée, mais non pas comment il atteint cette idée. L'idée est une sorte d'hypothèse : lui-même se sert souvent de ce mot. Souvent il parle de sa méthode, dans le Phédon, par exemple, et dans le Parménide, comme d'une méthode de supposition. Or la généralisation n'est pas une méthode hypothétique, mais expérimentale. Elle ne pose pas l'idée, elle la découvre, et la fait sortir de l'examen et du triage des caractères individuels et communs. Dira-t-on que dans le texte de la République, εἶδος ἓν περὶ τὰ πολλά indique clairement une idée générale. Je réponds qu'elle sera une idée générale, si elle résulte de la généralisation, qu'autrement elle ne sera pas une idée générale, et que la question reste tout entière. D'où provient cette idée? et quelle opération nous la donne ? Deux textes, l'un de la République, VIe livre, l'autre du Philèbe, fortifient nos observations (μίαν ἰδέαν περὶ παντὸς θεμένους, αὖ κατὰ μίαν ἰδέαν τιθέντες); la répétition du mot τίθεσθαι nous prouve que Platon ne songe nullement à s'expliquer dans chacun de ces cas, sur l'opération, logique ou non, qui conduit à l'idée. Il nous laisse le soin de rechercher en dehors de ces textes mêmes, en vertu de quel principe, de quelle loi de l'esprit, il peut *supposer* ainsi pour chaque multitude une unité particulière.

Les autres textes sont plus spécieux. Je parle de celui du Sophiste : κατὰ γένη διαιρεῖσθαι... et de cet autre du même dialogue : μίαν ἰδέαν διαισθάνεται διὰ πόλλων διατεταμένην; des deux textes du Phèdre : Δεῖ ἄνθρωπον συνιέναι..., et : εἰς μίαν ἰδέαν συνορῶντα ἄγειν τὰ πολλαχῇ διεσπαρμένα; enfin du texte du Politique : ἐντὸς μίας ὁμοιότητος ἔρξας γένους τινὸς οὐσίᾳ περιβάληται.

Pour parler d'abord de ce dernier texte, quoique les deux mots ἔρξας et περιβάληται paraissent indiquer assez clairement le résultat de la généralisation, cependant je demande si ces termes ne pourraient pas être employés encore, quelle que soit l'origine que l'on assigne à nos idées de genre et d'espèce? De quelque manière que l'esprit arrive aux universaux, il est certain qu'il enferme dans une certaine ressemblance une multitude de différences, qu'il les enveloppe dans l'unité essentielle du genre. Nous n'avons donc pas encore de véritable lumière sur l'opération qu'accomplit l'esprit, dans la découverte des idées générales ou de ce qu'on appelle ainsi. Le premier texte du Phèdre ne nous éclaire pas davantage; car, d'une part, il ne nous dit qu'une chose, à savoir, qu'il faut que l'homme *comprenne* (συνιέναι) le général; ce qui ne nous dit pas de quelle manière il l'atteint; en second lieu, la définition de l'idée, ἐκ πολλῶν ἰὸν αἰσθήσεων..., est et restera la même, quelle que soit la faculté qui nous la donne. Quant au second texte du même dialogue, εἰς μίαν ἰδέαν..., il indique la manière dont il faut s'y prendre pour traiter un sujet et rendre la discussion plus claire et plus méthodique. Pour les textes du Sophiste, l'un : κατὰ γένη διαιρεῖσθαι..., explique bien une opération logique, qui fait partie de la dialectique, comme nous le verrons plus tard, à savoir, la division des genres; mais la division est-elle la fonction unique, même la fonction principale de la dialectique? Je ne le pense pas. D'ailleurs la séparation des genres suppose déjà la formation de ces genres. Or, de cette formation, pas un mot dans le passage cité : c'est cependant ici la seule question. Quant au dernier passage, μίαν ἰδέαν..., est-il une expression moins caractérisée que celle de διαισθάνεται? Le dialecticien, dit-on, *surprend*, il *discerne* l'idée; mais est-ce par une vue intuitive, immédiate, directe? Est-ce par un travail logique? Rien n'est expliqué. Quant à la hiérarchie des idées, elle subsiste dans toute hypothèse, et ne prouve rien en faveur d'aucun système.

A notre avis, d'ailleurs, c'est mal procéder que d'établir telle ou telle interprétation de la méthode ou du système de Platon sur la discussion de quelques textes particuliers, diversement explicables. C'est l'esprit même de la méthode qu'il faut consulter. Or, cet esprit, nous le trouvons en traits éclatants dans la théorie de la réminiscence, dans la théorie de la connaissance, dans la théorie de l'amour. Pour peu qu'on ouvre Platon, on reconnaîtra à toutes les pages, à toutes les lignes, le besoin d'échapper au monde des sens et de trouver le repos dans l'être véritable. Partout il établit la distinction radicale de l'opinion et de la science, celle-ci qui a pour objet ce qui est, et celle-là ce qui passe; l'une en possession de la vérité, l'autre qui se repaît d'apparences et de fausses lueurs. Entre la science et l'opinion, il y a la différence de ce qui est à ce qui n'est pas. Or, cet abîme, comment veut-on que Platon l'ait comblé par la seule généralisation? Si la science n'est que le résultat de la généralisation, il n'y a de la science à l'opinion que la différence du plus au moins, et alors il est vrai de dire avec Aristote, que la dialectique ne conduit qu'au vraisemblable. Mais il est déraisonnable, quand Platon nomme et décrit la faculté qui découvre l'être, lorsqu'il sépare d'une manière radicale et l'être du phénomène, et la νόησις de l'opinion, lorsqu'il décrit avec tant de soin le passage direct, immédiat, de l'un à l'autre, l'ἀνάμνησις, de supposer, contrairement à la lettre et à l'esprit de Platon, que la généralisation soit le seul procédé scientifique dont il se soit servi.

Mais pour vider, s'il est possible, le débat, revenons encore sur la différence de la généralisation et de la réminiscence.

Je suppose que la généralisation soit la méthode de Platon. Appliquons cette méthode à l'exemple particulier du Phédon. Mes sens aperçoivent certaines égalités particulières, par exemple, l'égalité d'une pierre et d'une pierre, d'un arbre et d'un arbre. Mais puisque aucune de ces égalités n'est vraie dans le sens rigoureux du mot, il est clair qu'il ne peut pas y avoir deux égalités parfaitement semblables, mais qu'il y en a un nombre infini, toutes différentes en réalité, quoique rangées sous le même nom. Si maintenant je supprime par abstraction toutes les déterminations particulières de chacune de ces égalités, croit-on que j'arrive ainsi à l'idée vraie d'égalité, qu'aucune de ces égalités particulières n'égale ? Cela est de toute impossibilité. Car d'où me viendrait ce surplus, qui est dans l'idée de l'égalité réelle et qui manque à toutes les égalités sensibles ? L'idée qui l'atteindra devra être appliquée à toutes choses égales ; elle ne devra avoir en elle-même aucun caractère propre ; elle ne sera pas l'égalité même, mais une égalité vague, capable de devenir toutes les égalités possibles, capable même de devenir inégale.

Est-ce là l'égalité à laquelle nous conduit la réminiscence? Écoutez Platon : « N'est-ce pas en voyant » des arbres égaux, des pierres égales, et plusieurs » autres choses de cette nature, que nous nous » sommes formé l'idée de cette égalité qui n'est ni » ces arbres, ni ces pierres, mais qui en est *toute* » *différente*. » Il y a donc une différence essentielle entre l'égalité que nous percevons par nos sens, et l'égalité conçue par notre esprit. « L'égalité ne peut » jamais devenir inégalité. » Par conséquent, et c'est la conséquence de Platon, l'égalité et ce qui est égal ne sont pas la même chose. Par conséquent on ne peut pas faire sortir l'égalité de la considération de ce qui est égal. L'égalité n'est pas seulement le nom général donné à des qualités semblables, c'est un type dont les objets se rapprochent plus ou moins, et dont ils méritent plus ou moins de porter le nom, selon qu'ils en participent. Aussi l'égalité de Platon est-elle l'égalité pure, l'égalité idéale, toujours la même, restant toujours égalité. Ici la différence de ce qui est égal à l'égalité, c'est la différence du relatif à l'absolu.

Appliquons les mêmes considérations à un autre exemple. Soient deux ou plusieurs objets blancs;

ma vue me donne une certaine sensation, d'où résulte dans mon esprit une certaine idée de blancheur ; mais c'est l'idée d'une certaine blancheur déterminée. Je fais abstraction des différents objets blancs et de chacun des degrés de blancheur que mes sens ont pu connaître : il me reste l'idée du blanc en général, qui peut passer par toutes les nuances, par tous les degrés, qui est dans tous les objets blancs, quelle que soit leur blancheur. Un tel blanc n'est pas le blanc pur, supérieur à toutes les blancheurs sensibles, qui ne se dégrade pas, qui ne change pas de nuances et qui reste inaltérable, tandis que les objets sensibles essayent d'en imiter le parfait éclat (1).

(1) Je néglige ce point, développé plus tard par Malebranche, que la généralité elle-même dans nos idées ne peut s'expliquer que par la présence de l'idée de l'infini ou de l'être sans restriction, idée qui est au-dessus de toute la puissance de l'expérience et de la généralisation. Sans les idées, vous ne pouvez avoir qu'un assemblage confus, et non pas une vraie idée générale qui a toujours quelque chose d'infini :
« Vous ne sauriez ôter de l'esprit que les idées générales ne sont
» qu'un assemblage confus de quelques idées particulières, ou du moins
» que vous avez le pouvoir de les former de cet assemblage. Vous
» pensez, Ariste, à un cercle d'un pied de diamètre, ensuite à un de
» deux pieds, à un de trois, à un de quatre, et enfin vous ne détermi-
» nez point la grandeur du diamètre, et vous pensez à un cercle en gé-
» néral. L'idée de ce cercle en général, direz-vous, n'est donc que
» l'assemblage confus des cercles auxquels j'ai pensé. Certainement
» cette conséquence est fausse : car l'idée du cercle en général repré-
» sente des cercles infinis, et leur convient à tous, et vous n'avez
» pensé qu'à un nombre fini de cercles.
» ..... Mais je vous soutiens que vous ne sauriez vous former des
» idées générales que parce que vous trouvez dans l'idée de l'infini
» assez de réalité pour donner de la généralité à vos idées. Vous ne
» pouvez penser à un diamètre indéterminé que parce que vous voyez
» l'infini dans l'étendue, et que vous pouvez l'augmenter ou le dimi-
» nuer à l'infini. Je vous soutiens que vous ne pourriez jamais penser

Remarquons-le bien, la différence que Platon établit entre l'égalité idéale et l'égalité réelle, entre la blancheur idéale et la blancheur réelle, n'est pas la différence du général au particulier, de l'unité à la diversité ; c'est la différence de l'égalité absolue à l'égalité relative, de la blancheur parfaite à la blancheur imparfaite. L'égalité, comme terme général, comprenant toutes les égalités possibles, est encore une égalité relative, de même que la blancheur en général est une blancheur relative, puisque cette égalité et cette blancheur sont susceptibles de prendre toutes les formes, de s'accommoder à tous les degrés. Le mouvement par lequel Platon s'élève du monde sensible à ce qu'il appelle l'être, n'est donc pas un mouvement logique qui supprime les différences individuelles pour aboutir à l'unité abstraite, relative en-

» à ces formes abstraites de genres et d'espèces, si l'idée de l'infini,
» qui est inséparable de votre esprit, ne se joignait tout naturellement
» aux idées particulières que vous apercevez. Vous pourriez penser à
» tel cercle, mais jamais au cercle... La raison en est que toute idée
» finie et déterminée ne peut jamais représenter rien d'infini et d'in-
» déterminé. Mais l'esprit joint sans réflexion à ses idées finies l'idée
» de la généralité qu'il trouve dans l'infini... Encore un coup, vous ne
» sauriez tenir de votre fonds cette idée, elle a trop de réalité, il faut
» que l'infini vous la fournisse de son abondance. »

Ce passage de Malebranche nous prouve que, même les universaux purement abstraits, tels que ceux de genres et d'espèces, ne peuvent pas naître d'une simple abstraction ou d'une généralisation de l'esprit, qu'il entre dans ces idées quelque chose de plus réel que tout ce que les facultés logiques de l'intelligence appliquées aux données de l'expérience peuvent fournir. Cet infini d'être, qui se trouve dans toute notion générale, doit donc être donnée par une faculté spéciale. C'est l'esprit pur de Malebranche, c'est la νόησις de Platon.

core ; c'est un mouvement ontologique qui supprime le relatif, l'inégal, pour aller à l'absolu, à l'égalité réelle. Si vous suivez le premier de ces mouvements, vous irez d'abstractions en abstractions jusqu'au terme de l'abstraction, lequel ne participe à l'être que par le nom. Si vous suivez l'autre mouvement, vous irez d'être en être jusqu'à l'être vraiment être, supérieur à tous les autres, non par une vaine et vide généralité, mais par la possession effective et sans limites de toute la réalité concevable.

Je rappelle ici ce que j'ai déjà dit plus haut, c'est qu'il faut prendre les exemples de Platon pour ce qu'ils sont, c'est-à-dire pour des exemples plus ou moins exacts, mais dont l'inexactitude même n'ôterait rien à la vérité du fait. Il est certain, sans doute, que Platon n'a jamais distingué avec précision les idées générales des idées vraiment absolues. L'idée d'égalité, l'idée de blancheur ne sont, à vrai dire, que des notions empiriques obtenues par l'abstraction et la généralisation. Ce qu'il appelle la blancheur parfaite, l'idéal de la blancheur, est une pure conception de l'esprit : car il ne peut pas y avoir un absolu du relatif. Mais la question n'est pas pour nous la théorie des idées, mais la théorie de la méthode. Quelles que soient les idées prises pour exemples, nous nous demandons par quel procédé Platon croit les obtenir : ce procédé n'est pas la généralisation, laquelle en effet ne peut donner que des idées vides : c'est la pensée pure, qui partout saisit et découvre l'absolu, sous les apparences du relatif. Maintenant, qu'est-ce qui mérite vraiment d'être appelé absolu ? C'est une tout autre question.

Si la généralisation était le procédé véritable de Platon, comment expliquer que partout il conseille au philosophe de se séparer du corps, de ne pas chercher la vérité dans les choses, mais dans la raison, de rentrer en soi-même, de contempler la pure essence des choses avec la pure essence de la pensée ? Car je veux bien qu'une fois les idées obtenues par la généralisation on ne s'occupe plus que des idées considérées en elles-mêmes ; mais pour les obtenir ainsi, ne faut-il pas considérer les choses mêmes, et n'est-ce pas par la fidèle observation des choses que l'on en peut recueillir les caractères vrais, fondements de généralisations exactes ? n'est-ce pas en suivant scrupuleusement la hiérarchie des choses qu'on la peut reproduire dans la hiérarchie des idées ? Comment justifier ce mépris et du monde et des sens, chez un philosophe qui trouverait tous les éléments de son système dans le monde ? Si l'on nous oppose que Platon reconnaît l'utilité de certaines perceptions, pour provoquer en nous l'existence des idées, je réponds : c'est par leurs contradictions seules que ces perceptions servent à l'entendement ; c'est précisément par l'impuissance où elles sont de satisfaire l'esprit, qu'elles le forcent à se rejeter en lui-même et à trouver par sa propre force, d'autant plus énergique qu'elle est plus libre, l'être et la vérité.

Au contraire, rien ne prouve mieux que Platon reconnaît dans l'homme un mouvement spécial et direct par lequel il atteint le monde intelligible, que cette distinction qu'il établit entre nos perceptions, celles qui portent à réfléchir et celles qui n'y portent pas. En effet, si l'opération de l'esprit qui nous conduit aux idées était la généralisation, pourquoi cette distinction entre nos perceptions? Est-ce que toutes ne nous offrent pas des caractères communs ? est-ce que toutes ne peuvent pas donner lieu à des idées générales? « La vue, dit Platon, ne nous apprendra jamais qu'un doigt soit autre chose qu'un doigt (1). » Est-ce que la vue ne nous montre pas plusieurs doigts, et entre ces doigts des ressemblances qui font que nous les appelons tous d'un même nom? D'où vient cependant que cette perception ne nous porte pas à réfléchir? C'est qu'elle ne contient pas de contradictions. Or, qui a jamais soutenu que ce sont les contradictions des choses qui provoquent en nous la généralisation? Ce sont au contraire les analogies, les res-

(1) *Rép.*, 525, D.

semblances. Par conséquent, s'il y a en nous une opération de l'esprit qui ne se développe qu'à la vue des contradictions, et qui reste inactive à la vue des ressemblances, tout doit nous faire conclure que cette opération est radicalement distincte de la généralisation. De plus, comme cette opération a pour objet d'expliquer les contradictions des choses sensibles, de faire cesser l'étonnement qu'elles provoquent, de donner à l'intelligence une satisfaction que ne donne pas la perception elle-même, je dis que cette opération doit être *sui generis,* qu'elle a son principe dans l'âme au-dessus des sens, et au-dessus de toutes les opérations qui ne travaillent que sur les données des sens. C'est pour cela qu'il faut que l'âme du philosophe méprise le corps, se renferme en elle-même, et s'attache directement à ce qui est pour le connaître. Ni le bien, ni le beau, ni la justice, ni la santé, ni la force, en un mot, l'essence de toutes choses n'ont apparu à la vue et aux sens corporels. Pour connaître ces essences il faut penser avec la pensée toute seule, sans aucune intervention du corps, qui ne fait que troubler l'âme, l'empêcher de trouver la sagesse et la vérité. Ce n'est qu'après la mort que nous connaîtrons véritablement la vérité, parce qu'alors l'âme sera rendue à elle-même, elle sera libre. Dès cette vie même, l'âme, quand elle est livrée à elle-même, se porte vers ce qui est pur, immortel, immuable, car elle est de même nature ; c'est là ce qu'on appelle la sagesse (1).

Ou bien il faut dire que toutes ces admirables pensées de Phédon n'ont aucun sens dans Platon, ou que sa doctrine constante exprimée partout dans le Phèdre, dans le Phédon, dans la République, dans le Banquet, est que l'homme communique immédiatement avec la vérité, qui est l'essence des choses. Nous ne tirons pas du monde, nous possédons, nous portons en nous les vestiges, les souvenirs d'un autre monde, et sitôt que nous apercevons dans celui-ci quelques images infidèles, l'original, tel qu'il existe en soi, se réveille pour notre raison.

C'est par la réminiscence et par nul autre moyen que nous connaissons l'idée. Platon lui-même le dit en termes précis dans le Phèdre. Après ces paroles souvent citées (δεῖ ἄνθρωπον συνιέναι τὸ κατ' εἶδος), il ajoute : « c'est là se ressouvenir de ce que notre âme a vu à la suite des dieux. » Or, le général (τὸ κατ' εἶδος λεγόμενον) est bien l'idée une (μία ἰδέα), dont il est parlé dans la République, dans le Politique, dans le Philèbe.

Sachons d'ailleurs distinguer deux choses dans la dialectique : la dialectique, méthode métaphysique, la dialectique, méthode de discussion. Celle-là n'est

(1) *Phæd.*, *passim.*

autre chose que la dialectique même de Socrate, maintenue dans ses limites, réduite à sa portée naturelle. Comme Socrate, Platon n'entame pas une discussion, sans chercher « à bien faire comprendre par une définition précise le sujet que l'on veut traiter. » Souvent même l'objet de toute une discussion est la recherche d'une définition. Que cherche-t-il dans le Gorgias? la définition de la rhétorique. Dans la République? de la justice. Dans le Théétète? de la science. Or, cette méthode de discussion, qui consiste à bien définir les termes, ou à rechercher la nature de tel ou tel objet, n'est propre à aucune science en particulier, mais à toutes, et ne caractérise pas plus tel système que tel autre. Car, quelque opinion que l'on professe sur la méthode qui doit conduire à la vérité en métaphysique, on peut s'entendre parfaitement sur ce point, que, dans toute question soulevée sur un objet, il faut connaître la nature de l'objet, avant de rien affirmer sur son compte. C'est là de la logique vulgaire et éternelle, c'est la logique même du bon sens.

Il serait donc déraisonnable d'appliquer à la dialectique elle-même beaucoup de choses qui, dans Platon, ne sont dites que de la dialectique considérée comme méthode d'exposition et de discussion. Lorsque Aristote prétend que Platon n'a fait que se servir de la méthode de définition inventée ou plutôt employée pour la première fois d'une manière éclatante par Socrate, Aristote exagère une idée vraie. Sans doute cette habitude de Socrate, de rechercher partout l'idée générale, a pu faire penser à Platon que c'était dans cette idée que résidaient l'essence et le principe des choses ; mais il n'a pas dit que ce fût par la définition que nous l'atteignons. Il a analysé avec profondeur cet acte de l'esprit qui nous donne l'idée. Ce que Socrate n'avait pas fait, il a montré dans les profondeurs de la raison humaine ce miracle de l'intuition pure, souvenir ou pressentiment d'une vie plus parfaite. Quant à la définition, elle n'est autre chose que le résultat même de cette vue des intelligibles. La définition, qui par elle-même n'est qu'une analyse de notions, ne peut pas nous donner l'essence : Aristote l'a démontré, et Platon n'a jamais prétendu qu'il en fût autrement. C'est en ayant les yeux fixés sur les idées, sur le beau, sur le juste, sur le saint, qu'il réfute les opinions des faux sages sur ces admirables objets : c'est en analysant l'idée que cette vue produit en nous, qu'il parvient à la définir conformément à la vérité. La définition n'est pas le principe de la science, elle en est le premier résultat. La science réside uniquement dans la contemplation des idées.

Ajoutons une dernière considération qui confirmera toutes les précédentes. Pour Platon, l'homme n'est pas seulement en rapport avec le vrai, le bien et le beau par la raison : il s'y unit encore par l'amour. La raison et l'amour sont les deux ailes qui nous élèvent au ciel. Nous avons fait remarquer l'analogie parfaite que Platon établit entre ces deux facultés. La partie de l'intelligence qui correspond aux choses sensibles a son pendant dans la partie de l'amour qui recherche les plaisirs sensuels. Mais de même qu'il y a une partie de l'intelligence qui dédaigne les ombres d'ici-bas, pour contempler l'être vrai, il y a un amour céleste qui méprise les beautés terrestres, et n'a de bonheur que dans le commerce de l'éternelle beauté, et de part et d'autre ce passage du monde sensible au monde intelligible, de la beauté terrestre à la beauté divine, de la terre au ciel, se fait par le souvenir, éveil de l'intelligence et du cœur. Que l'on explique ce rôle de l'amour, si la dialectique n'est qu'une méthode abstraite de généralisation. Au moins faudra-t-il reconnaître qu'il y a dans l'âme un mouvement indépendant du travail logique, un mouvement qui nous place tout d'abord dans la vie, dans l'être, dans le bien, tandis que l'esprit s'épuise à une poursuite d'autant plus vaine qu'elle avance davantage, d'autant plus éloignée de l'être réel qu'elle cherche, qu'elle se rapproche plus du terme idéal où elle tend. Mais tout nous porte à penser que l'amour, dans la doctrine de Platon, ne suit pas ainsi sa voie à part. Il est le fidèle compagnon de la raison. C'est un délire, mais c'est un délire raisonnable, parce qu'il est excité par la vue de ce qui est souverainement aimable. Platon dirait avec Pascal : « La raison et l'amour n'est qu'une même chose. » L'amour, c'est le noble courrier qui suit toujours le guide. Le chemin de l'amour est donc le chemin même de l'intelligence. L'amour n'est élevé si haut par Platon, que parce que dans les profondeurs de l'âme il se confond avec la contemplation même du vrai. C'est la chaleur inséparable de la lumière.

Ainsi la dialectique n'est pas une méthode logique ; il ne faut pas croire cependant qu'elle soit un simple élan, qui d'un seul bond s'unit à son objet : elle ne s'élève que progressivement, et en traversant tous les degrés de l'idéal et de l'être : elle est une marche (πορεία) (1), qui s'accomplit suivant une double loi.

D'une part elle s'élève, toujours par la force de la réminiscence, d'idées en idées, jusqu'au dernier idéal, c'est-à-dire jusqu'au bien absolu. D'autre part, elle redescend, par le raisonnement et par l'analyse, ce monde intelligible qu'elle a gravi par la raison ; elle enchaîne ses idées, les éclaircit, les divise, les développe, les défend. C'est là qu'elle se rapproche le plus de la dialectique de Socrate et de Zénon, de cette dia-

---

(1) *Rép.*, l. vii, 532, B.

lectique toute logique que Proclus, si l'on s'en souvient (1), regardait comme inférieure (δευτέρα) en la comparant à la dialectique pure ou rationnelle (νοερά), la dialectique de Parménide, qui s'attache au vrai en lui-même (τὸ αὐτὸ) et le contemple dans son être même. Ces deux mouvements si difficiles à distinguer, car qui déterminera rigoùreusement la limite de la métaphysique et de la logique? se rencontrent à la fois chez Platon. Il les réunit presque toujours et les confond quelquefois. C'est là surtout qu'il faut chercher la source des accusations portées contre lui. Plus d'une fois, il faut le dire, il a réalisé des abstractions. Mais quel philosophe a pu échapper à ce reproche, surtout dans l'antiquité? Platon n'en a pas moins la gloire d'avoir le premier décrit et appliqué avec profondeur le seul procédé qui puisse nous élever au-dessus du monde sensible, et nous mettre en communication avec le monde supérieur de l'intelligence.

C'est donc ce double mouvement de la science montant et descendant les degrés du vrai, avec des forces diverses, les montant par l'énergie vive de la raison pure, de l'intuition immédiate (νόησις), les descendant et les parcourant en tout sens par les lentes opérations de la raison discursive (διανοῖα); c'est ce dou-

---

(1) *Voy.* ch. 1, p. 52.

ble mouvement, dis-je, qui compose à mes yeux la dialectique de Platon.

Suivons-la dans sa double marche.

Dans quel ordre ces deux formes de la dialectique, l'une que nous pourrions appeler dialectique ascendante, l'autre dialectique descendante, se présentent-elles dans Platon ? La vérité est qu'elles sont constamment mêlées. Aussitôt que la νόησις a atteint une idée, la διάνοια s'y applique, pour l'éclaircir, en développer les conséquences, en découvrir les rapports ; et elles s'accompagnent ainsi mutuellement l'une l'autre jusqu'au terme.

Cependant la dialectique logique, considérée comme exercice de la pensée, lui apprend à se rendre compte des notions qu'elle possède, à rejeter les opinions contradictoires, les hypothèses impossibles, et la prépare ainsi à s'élever jusqu'à l'être même. En ce sens elle précède nécessairement la dialectique ascendante. Sans doute elle s'applique toujours à des notions que la νόησις a fournies ; mais elle ne cherche pas d'où viennent ces notions ; ce sont des hypothèses, qu'elle considère comme principes, et dont elle développe les conséquences. C'est ce que Platon exprime dans le Phédon, quand il dit qu'avant de rendre raison d'un principe, il faut l'examiner dans toutes ses conséquences pour voir si elles s'accordent ou ne s'accordent pas, et ensuite rendre raison de ce principe par un principe plus général et plus élevé, jusqu'à ce qu'on arrive à un principe dernier qui satisfasse (ἱκανόν τι) (1).

Ce n'est donc qu'après avoir contrôlé le principe par ses conséquences que la dialectique recherche la raison du principe et remonte la série des essences et des causes. Nous croyons être fidèles à l'ordre même de Platon en expliquant d'abord la dialectique logique tout entière, que nous ne voulons pas scinder. Nous passerons comme lui de la science des notions à la science des choses; car les idées de Platon ont le double caractère de notions (νοήματα) et d'essences (οὐσίαι).

La méthode logique, sous quelque forme qu'elle se présente, a pour caractère de n'opérer que sur des notions, soit qu'elle les ait créées elle-même, ou qu'elle les ait reçues d'autres facultés. Elle les analyse, elle en développe les conséquences, elle en explique les rapports suivant certaines règles déterminées. Mais quelle que soit la régularité de ses opérations, comme elle ne porte jamais que sur des notions, il est impossible, par la vertu seule de cette méthode, de passer de la notion à l'être, de l'hypothèse à la réalité. C'est ainsi que la méthode déductive, qui s'emploie d'une manière si admirable en mathématiques, servira bien à prouver les conséquences les plus profondes et les plus lointaines d'un

(1) *Phæd.*, 100, A.

principe, mais est dépourvue de toute puissance pour démontrer l'existence réelle de la figure la plus simple. Cependant, de ce que la méthode logique n'a pas pour objet la réalité, mais seulement nos conceptions, il ne faudrait pas conclure que l'application de cette méthode soit arbitraire. Elle n'opère que sur des conceptions, il est vrai ; mais elle opère d'une façon nécessaire, par la raison que l'idée a ses lois nécessaires. La recherche des lois nécessaires de nos idées, tel est le rôle de la méthode logique. Cela étant, on conçoit la nécessité de la méthode logique en métaphysique ; car s'il est vrai que toutes les idées n'ont pas un objet réel, il est vrai aussi que toutes choses sont susceptibles d'être connues par les idées, et elles doivent évidemment obéir aux lois de l'idée qui les représente. Ainsi il se peut faire que ce que nous appelons le triangle en géométrie n'ait de réalité que dans notre conception. Mais à coup sûr si cette figure existe autre part, si elle existe à la fois dans notre esprit et dans la réalité, il est impossible qu'elle contienne rien qui contredise la notion du triangle, et tout ce qui sera vrai de la notion sera vrai du triangle même. De telle sorte que si nous possédons une faculté ou une méthode qui nous découvre les principes, les essences des choses, non les essences possibles, mais les essences réelles, en appliquant l'analyse à la notion que nous avons de ces essences, il est impossible que nous ne découvrions pas leurs lois; de même qu'en astronomie l'application seule du calcul nous apprend ce qui ne peut pas manquer d'arriver, non dans le monde idéal de la géométrie et de la mécanique, mais dans le monde réel des sphères et des mouvements célestes.

De plus, la méthode logique en nous développant tout le contenu d'une conception, nous en découvre la fausseté, si les conséquences qu'elle met au jour se contredisent entre elles; elle sert donc à repousser les doctrines fausses : c'est ainsi que l'employait Zénon.

Enfin, par la comparaison des idées, les rapprochant et les séparant tour à tour, elle nous montre celles qui s'allient et celles qui se repoussent, et nous mettant ainsi dans le secret de ces participations et de ces exclusions idéales, elle nous apprend les lois de l'union et de la séparation des genres dans la réalité. La méthode logique ainsi entendue se trouve tout entière dans Platon.

La première chose qu'il recommande au dialecticien, lorsqu'il est en possession d'un principe, est de le vérifier par l'analyse, c'est-à-dire d'en faire sortir toutes les conséquences, afin de voir si elles se contredisent entre elles, et si elles contredisent le principe. « Que si on venait à l'attaquer (ce principe), ne laisse-
» rais-tu pas cette attaque sans réponse, jusqu'à ce

» que tu eusses examiné toutes les conséquences qui
» dérivent de ce principe, et reconnu toi-même si
» elles s'accordent ou ne s'accordent pas entre
» elles (1)? » En effet, si le principe de la raison
est, comme nous l'avons dit déjà, le principe d'identité, s'il est vrai qu'aucune chose ne peut être autre
qu'elle-même, au moins considérée sous le même
point de vue et dans les mêmes rapports, il est évident que c'est une mesure infaillible de la vérité
d'un principe, que la contradiction ou la non-contradiction de ses conséquences. C'est à l'aide du
même critérium que Platon jugeait les doctrines opposées à la sienne; c'est par là qu'il détruisait les
opinions erronées et les fausses philosophies. Il les
soumettait à l'épreuve qu'il s'impose ici à lui-même.
La réfutation (ἔλεγχος) qui est, selon lui, le commencement de la dialectique, n'est que l'application de ce principe. Au surplus, ce n'était là
encore que la dialectique de Zénon. Platon s'en empara, et avec une conscience plus précise il s'en servit
à son tour.

Une fois en possession assurée du principe, Platon
le soumettait à toutes les épreuves de la déduction,
comme nous le verrons en étudiant la méthode du
Parménide; ou si ce principe était une idée à la fois
une et complexe, il en exprimait l'unité par une

(1) *Phæd.*, 100, A.

définition exacte, et par la division il en déterminait les parties.

Soit par la déduction, soit par la division, Platon descendait de l'unité à la pluralité, de l'unité du principe à la pluralité des conséquences, de l'unité du genre à la pluralité des espèces, et par ce procédé parfaitement conforme à la raison il unissait ces deux termes extrêmes que les écoles antérieures avaient toujours sacrifiés l'un à l'autre, un et plusieurs; il les faisait au contraire sortir l'un de l'autre, et en montrait le lien nécessaire dans les lois mêmes de la raison et de l'être (1). Et il ne passait pas violemment de l'unité à la pluralité absolue. Le caractère de la dialectique dans toutes ces opérations est la progression régulière; bien différente de la sophistique et de l'éristique mégarique, qui se plaisaient aux contradictions des idées et négligeaient d'en rechercher le

(1) *Voy.* sur le lien nécessaire de l'*un* et de *plusieurs*, Phæd., 265, D; *Soph.*, 253, D; *Phileb.*, 16, D. Οἱ μὲν παλαιοί, κρείττονες ἡμῶν καὶ ἐγγυτέρω θεῶν οἰκοῦντες, ταύτην φήμην παρέδοσαν, ὡς ἐξ ἑνὸς μὲν καὶ ἐκ πολλῶν ὄντων τῶν ἀεὶ λεγομένων εἶναι, πέρας δὲ καὶ ἀπειρίαν ἐν αὑτοῖς ξύμφυτον ἐχόντων. Δεῖν οὖν ἡμᾶς τούτων οὕτω διακοσμημένων ἀεὶ μίαν ἰδέαν περὶ παντὸς ἑκάστοτε θεμένους ζητεῖν· εὑρήσειν γὰρ ἐνοῦσαν· ἐὰν οὖν καταλάβωμεν, μετὰ μίαν δύο, εἴ πως εἰσί, σκοπεῖν, εἰ δὲ μή, τρεῖς ἤ τινα ἄλλον ἀριθμόν..., μέχρι περ' ἂν τὸ κατ' ἀρχὰς ἓν μὴ ὅτι ἓν καὶ πολλὰ καὶ ἄπειρά ἐστι μόνον ἴδῃ τις, ἀλλὰ καὶ ὁπόσα· τὴν δὲ τοῦ ἀπείρου ἰδέαν πρὸς τὸ πλῆθος μὴ προσφέρειν, πρὶν ἄν τις τὸν ἀριθμὸν αὐτοῦ πάντα κατίδῃ τὸν μεταξὺ τοῦ ἀπείρου τε καὶ τοῦ ἑνός· τότε δ' ἤδη τὸ ἓν ἕκαστον τῶν πάντων εἰς τὸ ἄπειρον μεθέντα χαίρειν ἐᾶν... Οἱ δὲ νῦν τῶν ἀνθρώπων σοφοὶ ἓν μέν, ὅπως ἂν τύχωσι, καὶ πολλὰ θᾶττον καὶ βραδύτερον ποιοῦσι τοῦ δέοντος, μετὰ δὲ τὸ ἓν ἄπειρα εὐθύς· τὰ δὲ μέσα αὐτοὺς ἐκφεύγει οἷς διακεχώρισται τό τε διαλεκτικῶς πάλιν καὶ τὸ ἐριστικῶς ἡμᾶς ποιεῖσθαι πρὸς ἀλλήλους τοὺς λόγους.

lien par une lente et laborieuse analyse, la dialectique platonicienne ne s'avance qu'à travers des intermédiaires dont l'ordre est déterminé par l'enchaînement même des choses. Ce caractère de mesure, de patience, de lente progression, qui se marque partout dans Platon, dans le choix même de la forme interrogative, dans l'emploi des images et des exemples, et nous le verrons, dans les initiations auxquelles il soumet l'intelligence et l'amour, aspirant au vrai et au beau, ce même caractère se retrouve dans les déductions de la dialectique logique.

Ainsi, la dialectique réfute, divise, définit, déduit. Mais son plus grand effort est d'expliquer la communication des idées : chose mystérieuse que cette participation réciproque des essences absolues, sans laquelle il n'y a ni être, ni pensée, ni discours ! Jusqu'où ira-t-elle ? Entre l'abîme de l'identité absolue et celui de la séparation absolue des idées, où se fixer ? où est la limite juste, infranchissable ? Question formidable où les dernières difficultés de la métaphysique sont engagées !

On peut soutenir trois hypothèses relativement à la communication des idées (1) : ou bien chaque chose est absolument indépendante de toute autre, ne peut s'y allier, ni en participer d'aucune façon ; ou bien toutes choses pouvant s'unir, toutes les idées sont

(1) *Soph.*, 251 *sqq*.

susceptibles de communiquer entre elles ; ou enfin quelques-unes peuvent s'unir et les autres non.

Suivant quelques-uns, aucun genre ne peut s'unir avec aucun autre. Ceux-là soutiennent qu'il est impossible que plusieurs soient un, et que un soit plusieurs, qu'il n'est pas permis de dire homme bon, car d'une part l'homme est homme, et de l'autre le bon est bon.

D'autres, au contraire, confondent toutes choses ; ils prétendent que le même est autre, l'autre identique, le grand petit, le semblable dissemblable.

Or, ces deux suppositions sont également absurdes ; car si aucune chose ne peut s'unir à aucune autre, il n'y a ni pensée ni discours possible, puisqu'il n'y a de pensée et de discours que par la réunion des genres. Si les genres ne se peuvent pas réunir, le mot être, qui se joint à toute affirmation, demeurant séparé, aucune affirmation n'aura lieu, et ceux-là même qui disent que les genres ne peuvent pas s'unir, les unissent nécessairement et par le fait, et portent en eux-mêmes leur propre réfutation ; ils logent, comme on dit, l'ennemi avec eux.

Quant à ceux qui affirment que toutes choses peuvent s'allier, il est aisé de réfuter leur opinion ; car si elle était vraie, le mouvement serait en repos, et le repos en mouvement, et l'on arriverait à identifier les contraires.

Il n'appartient à un philosophe ni de séparer, ni de confondre toutes choses. « Cette manie de tout séparer annonce un esprit étranger aux muses, » amies de l'harmonie. Et quant à la manie de tout confondre, c'est celle d'un novice qui a fait à peine connaissance avec les êtres. Pour l'homme sage la vérité est que certaines choses peuvent s'unir, que d'autres ne le peuvent pas. Or, l'art pour chaque espèce de choses consiste à savoir celles qui s'allient, et celles qui ne s'allient pas : pour les lettres, c'est la grammaire ; pour les sons, la musique. Ainsi la division de la voix en ses éléments, du son en ses espèces, ne compose pas toute la grammaire et toute la musique. Il faut que le grammairien nous apprenne quelles sont les alliances légitimes des lettres, et la musique quelles sont les combinaisons légitimes des sons.

« Eh bien ! puisque nous reconnaissons que les
» genres sont de même susceptibles de mélange,
» n'est-il pas nécessaire de posséder une science pour
» conduire son raisonnement, quand on veut démon-
» trer quels sont ceux de ces genres qui s'accordent
» entre eux, ou ceux qui ne s'accordent pas, ou re-
» chercher si les genres se tiennent en toutes choses
» de manière à pouvoir se mêler indistinctement les
» uns avec les autres ; et réciproquement, en prenant
» les choses par la division, s'il y a quelque raison

» opposée de diviser et de séparer les uns des autres
» tous les genres. »

« Diviser par genres, ne pas prendre pour diffé-
» rences ceux qui sont identiques, ni pour identiques
» ceux qui sont différents, ne dirons-nous pas que
» c'est là l'œuvre de la science dialectique ? »

Le principe partout mis en lumière par Platon est celui-ci : « L'idée ne peut pas devenir à elle-même son propre contraire. » « Aucun contraire, dit-il, pen-
» dant qu'il est ce qu'il est, ne peut vouloir devenir
» ou être son contraire (1). » Et quelques lignes plus bas : « Un contraire ne devient lui-même jamais son
» contraire. » Et dans Parménide : « Prouver que
» l'unité en soi est pluralité, et la pluralité en soi
» l'unité, voilà ce qui me surprendrait, et de même
» pour tout le reste, il ne faudrait pas moins s'éton-
» ner si on venait à démontrer que ces genres et ces
» espèces sont en eux-mêmes susceptibles de leurs
» contraires (2). »

Non-seulement ce principe est proclamé partout dans Platon, mais il est le principe nécessaire de sa dialectique, le principe sans lequel tout croule et tombe à néant. N'est-ce pas, en effet, pour avoir vu

---

(1) *Phœd.*, 102, E. Οὐδὲ ἀλλὰ οὐδὲν τῶν ἐναντίων ἔτι ὂν ὅπερ ἦν ἅμα τοὐναντίον γίγνεσθαί τε καὶ εἶναι... *Ibid.*, 103, B. Αὐτὸ τὸ ἐναντίον ἑαυτῷ ἐναντίον οὐκ ἄν ποτε γένοιτο.

(2) *Parm.*, 129.

dans la nature le mélange de l'égalité et de l'inégalité, du beau et du laid, la même chose à la fois belle et laide, égale et inégale, qu'il s'est élevé à la beauté et à l'égalité qui n'admettent pas en eux leurs contraires? Si l'on ne reconnaît pas cette identité absolue de l'idée avec elle-même, on rencontrera dans le monde idéal les mêmes contradictions que dans le monde sensible, et l'esprit n'y trouvera pas ce qu'il cherche, l'identité et la fixité. C'est au nom du principe de contradiction que Platon rejette le mouvement universel d'Héraclite. Le mouvement absolu détruit l'essence propre de chaque chose, puisque cette essence ne peut pas demeurer un instant la même : l'être ne reste pas être, la connaissance ne demeure pas connaissance. Supprimez ce principe, et Platon n'a plus d'armes contre Héraclite, contre les sophistes, contre tous ceux qu'il attaque dans le *Sophiste* et qui voudraient faire communiquer toutes choses avec toutes choses.

Mais si le principe de contradiction s'oppose à ce qu'un contraire devienne son propre contraire, il ne s'oppose pas à ce que deux attributs, deux genres différents ou même contraires se réunissent dans un même sujet, de telle sorte que la même chose soit à la fois semblable et dissemblable, une et multiple. Par exemple moi, qui suis un en tant qu'on me considère comme individu, je suis multiple, si l'on considère les différentes parties qui me composent, mes bras, mes jambes, etc. (1). Et c'est ce mélange des genres qui produit les contradictions apparentes des choses sensibles.

Cette rencontre des genres dans un même sujet n'est pas le seul rapport qu'ils puissent avoir : ce n'est là qu'un rapport tout extrinsèque pour ainsi dire ; mais la dialectique nous montre que les genres peuvent participer les uns des autres et se pénétrer par une communication tout intime. Ainsi, par exemple, il est bien vrai de dire qu'en soi l'homme est homme et que le bon est bon. Cela est vrai en vertu du principe de contradiction ; mais se borner à de pareilles affirmations, c'est vouloir rendre tout discours impossible, c'est outrer la valeur du principe que l'on invoque. Car que veut le principe d'identité? qu'une essence soit ce qu'elle est au moment où elle l'est. Mais rien n'empêche qu'en même temps cette essence ne reçoive de sa communication avec d'autres essences mille déterminations nouvelles, pourvu qu'elles ne détruisent pas son essence propre. Si l'homme est homme, qui empêche qu'en même temps il ne soit bon? Cela détruit-il sa qualité d'homme? Bien plus, un pareil système porte sa condamnation en lui-même; car pour dire même que l'homme est homme, il faut attribuer à l'homme autre chose que

(1) *Parm.*, 129.

l'*homméité ;* il lui faut attribuer l'être, sans quoi vous êtes condamnés à répéter éternellement l'homme homme sans aucun signe qui marque l'identité de ces deux termes; et n'y eût-il que cette identité de l'homme avec lui-même, identité qu'il faut bien reconnaître, puisqu'elle est toute la force du principe, il y aurait au moins dans l'homme deux choses, l'homme et l'identité.

Bien plus, non-seulement les genres qui ne se contrarient pas peuvent communiquer entre eux, mais il peut y avoir entre les contraires mêmes une certaine participation. Ainsi l'unité peut devenir multiple; l'être, sous une infinité de rapports, est non-être; remarquons seulement que cela n'est pas contraire au principe de contradiction. Ce qui y serait contraire, c'est que l'unité devînt le multiple, l'être devînt le non-être, changeant ainsi de nature et prenant la nature contraire. Mais que l'unité participe à la multiplicité, l'être au non-être, c'est ce qui n'a rien d'étonnant. D'ailleurs, à la rigueur, le multiple n'est pas le contraire de l'un, ni le non-être de l'être; c'est seulement quelque chose de différent. Le contraire de l'être, c'est la négation absolue de l'être; le contraire de l'un, la négation absolue de l'un; or ni l'un, ni l'être ne peuvent porter en eux-mêmes leur absolue négation. Là s'arrête l'empire du principe de contradiction. Quant à déterminer celles de nos idées qui s'allient entre elles, et dans quelle mesure, quelles sont les alliances nécessaires, ou seulement possibles; quant à fixer les lois d'attraction ou de répulsion de nos idées, c'est là la fonction de la dialectique.

C'est en s'appuyant sur cette théorie de l'union des contraires que l'on a pu soutenir en Allemagne avec quelque apparence de raison que la dialectique de Hégel se rattache à la dialectique de Platon, et n'en est que le développement et le perfectionnement. Mais on peut voir aussi par les passages que nous avons cités comment elles se distinguent. Platon admet à la vérité que deux contraires peuvent se trouver dans le même sujet, ce qui n'a pu jamais être contesté, et ce qui n'est pas contraire au principe de contradiction; il admet même que le contraire peut être l'attribut de son contraire, mais à la condition que l'un ne soit qu'accident par rapport à l'autre. Mais ce qu'il nie expressément, c'est que l'un devienne l'autre, que l'unité en soi devînt pluralité, et la pluralité en soi l'unité, en un mot, qu'un contraire puisse devenir son propre contraire. Si c'est cette transformation même qui est le propre de la dialectique hégélienne, Hégel a franchi le passage devant lequel Platon s'est toujours arrêté, à savoir, le principe de contradiction. Il admet expressément l'identité des contraires, ce qui est une doctrine toute différente de celle qui pose la réunion des contraires dans un sujet commun, ou l'attribution de l'un à l'autre. Hégel en effet ne dit pas seulement comme Platon : l'être peut être considéré comme non-être à certains points de vue; mais il dit : l'être est la même chose que le non-être (1). Cette distinction est de la plus haute importance, si l'on veut comprendre, sans la dénaturer, la doctrine remarquable de Platon sur l'existence du non-être (2).

Posons l'existence de trois genres : l'être le plus grand de tous, reconnu par toutes les écoles; le repos emprunté à l'école d'Élée et de Mégare; le mouvement à l'école d'Héraclite. De ces trois idées, Platon a obtenu les deux dernières par la discussion des deux écoles qui les rejetaient. L'analyse de l'opinion d'Héraclite l'a fait conclure à l'existence du repos; l'analyse de l'opinion des Mégariques à celle du mouvement. C'est donc la dialectique logique qui donne l'une et l'autre de ces idées. Quant à l'idée de l'être, elle ne peut être trouvée que par la vue immédiate de l'être; elle est l'objet de la dialectique supérieure, de l'intelligence pure.

Il existe donc trois genres : l'être, le repos, le mouvement. De plus, chacun de ces genres est autre que les autres, et le même que soi. Or, c'est quelque chose que d'être autre, ou d'être le même. Il faut donc ajouter deux nouvelles idées, celle du même et celle de

---

(1) *Voy.* plus loin notre étude sur la Dialectique de Hégel.
(2) *Soph.*, p. 254 *sqq.*

l'autre, puisqu'elles s'attribuent à la fois au repos et au mouvement.

Le même et l'autre ne peuvent se confondre ni avec le repos, ni avec le mouvement, sans quoi le repos et le mouvement s'attribueraient l'un à l'autre et se changeraient l'un dans l'autre. Autrement, toutes les fois qu'on dirait : le mouvement et le repos sont, ce serait dire : ils sont les mêmes. L'être est aussi différent de l'autre ; car parmi les choses qui sont, il en est qui sont absolument, et d'autres qui ne sont que relativement à quelque autre ; au contraire, rien n'est autre que relativement à quelque chose d'autre. L'être, qui est être sans rapport à quoi que ce soit, diffère donc de l'autre qui n'est autre que par rapport à quelque autre chose que lui-même.

Le repos et le mouvement ne pourront participer l'un à l'autre : sans quoi le mouvement serait en repos, et le repos en mouvement. Le même, l'autre et l'être sont répandus dans tous les genres ; car tous sont, et chacun est le même que soi-même et autre que les autres.

Chacun de ces genres participe à l'être ; mais puisqu'il en participe, il en diffère : par conséquent, chaque genre, considéré en soi-même dans son essence propre, *n'est pas*. De plus, chaque genre, étant autre que tous les autres, est autre que l'être : en ce sens encore, il n'est pas. « Il y a donc nécessairement du

» non-être dans le mouvement et dans tous les genres;
» car la nature de l'autre répandue en tout, rendant
» chaque chose autre que l'être, en fait du non-être;
» et, en ce sens, on est en droit de dire que tout est
» non-être, tandis que, dans un autre sens, en tant
» que tout participe de l'être, on peut dire que tout
» est. »

Bien plus, l'être lui-même est autre que tout le reste; et autant il y a de choses différentes de l'être, autant de fois l'être n'est pas. Et il ne faut pas être effrayé de notre conséquence, à savoir, que l'être n'est pas; car nous avons admis que les différents genres se pouvaient associer entre eux. Et puis, nous l'avons dit, le non-être ne doit pas être considéré comme le contraire de l'être, mais seulement comme quelque chose de différent.

Ainsi le non-être existe : la dialectique le démontre. Mais la dialectique va plus loin encore; car, prenant l'idée de l'autre et la divisant en autant de parties qu'il y a de parties de l'être, il se trouve que c'est chacune de ces parties qui, dans son opposition avec l'être, constitue le non-être.

« Il faut qu'on dise ce que nous avons dit, que les
» genres se mêlent les uns dans les autres; que l'être
» et l'autre pénètrent dans tous, et aussi l'un dans
» l'autre; que l'autre, participant à l'être, est par
» cette participation, et n'est pourtant pas ce à quoi

» il participe, mais quelque chose d'autre; qu'étant
» autre que l'être, il ne peut évidemment être que le
» non-être; que l'être, à son tour, participant à l'au-
» tre, est autre que tous les autres genres; qu'étant
» autre qu'eux tous, il n'est pas chacun d'eux ni eux
» tous à la fois, et n'est que lui-même; en sorte qu'in-
» contestablement il y a mille choses que l'être n'est
» pas, par rapport à mille choses, et on peut dire de
» même de chacun des autres et de tous à la fois,
» qu'ils sont de plusieurs manières, et que de plu-
» sieurs manières ils ne sont pas. »

C'est ainsi qu'une analyse rigoureuse de l'idée de l'être arrive à démontrer, contre Parménide, que l'être n'existe pas seul, mais que le non-être existe aussi : or, le non-être étant un principe tout négatif, n'aurait pas été découvert par la seule intuition (νόησις), dont l'objet est l'être. Parménide, pour avoir ignoré l'art de la dialectique, s'est enfermé dans la contemplation pure de l'être absolu. S'il eût mieux connu la vraie dialectique, il aurait été conduit à reconnaître des différences, des déterminations diverses dans l'unité absolue; il l'aurait fait sortir de l'indétermination et de la mort. La diversité, la détermination et la vie auraient eu leur place dans son système comme dans la réalité.

Platon arrive aux mêmes conséquences par l'application d'une méthode bien plus compliquée encore que celle du *Sophiste*, et qui n'est qu'une autre forme de la dialectique logique. Je veux parler de la méthode de Parménide.

Aucun ouvrage de Platon n'a donné lieu à des interprétations plus diverses que ce dialogue énigmatique. Les Alexandrins y voient toute leur philosophie (1). Au XVIe siècle, Ficin, leur disciple, traducteur et commentateur de Platon, parle du Parménide avec une exaltation religieuse : il y voit tous les mystères d'une science inspirée (2). Du temps de Proclus, certains critiques moins enthousiastes considéraient le Parménide comme un jeu de logique, comme un simple exercice (γυμνασία) (3). Schleiermacher paraît incliner à cette opinion (4). Syrianus, le maître de Proclus, combattait vivement cette interprétation. En Allemagne, la critique s'est partagée également. Les uns croient voir, dans la dialectique du Parménide, un essai anticipé de la dialectique hégélienne (5). Il n'a manqué à Platon qu'un peu de précision, et il était le fondateur du système de

---

(1) Proclus, *Comm. in Parm.*, passim.

(2) Plat., éd. Ficin, p. 1108. « Hoc tandem dialogo se ipsum superasse videtur Plato, et ex divinæ mentis adytis intimoque philosophiæ sacrario cœleste hoc opus divinitus deprompsisse. Ad cujus sacram lectionem quisquis accedit, prius sobrietate animi mentisque libertate se præparet, quam attrectare mysteria cœlestis operis audeat. »

(3) Proclus, *Comm.* Voyez plus bas.

(4) Schleiermacher, *Argum. ad Parmen.*

(5) Werder, *De Platonis Parmenide*. Berlin, 1833.

l'identité (1). D'autres, au contraire, ne font du Parménide qu'un dialogue tout négatif, sans conclusion, au moins directement affirmée, analogue au Théétète, au Lysis, à l'Hippias.

Quant à nous, ce n'est pas la métaphysique du Parménide que nous cherchons ici : c'est la méthode qui y est exposée et appliquée. Cette méthode rentre-t-elle dans la méthode dialectique en général ? forme-t-elle un procédé à part, et, dans ce cas, quelle est la nature et la valeur du procédé ?

Qu'est-ce que la méthode du Parménide ? Voici le passage où elle est exposée. « Pour te mieux exercer
» encore, il ne faut pas te contenter de supposer l'exis-
» tence de quelqu'une de ces idées dont tu parles, et
» examiner les conséquences de cette hypothèse; il
» faut supposer aussi la non-existence de cette même
» idée.... Par exemple, si tu veux reprendre l'hy-
» pothèse d'où partait Zénon, celle de l'existence de
» la pluralité, et examiner ce qui doit arriver tant à
» la pluralité elle-même, relativement à elle-même
» et à l'unité, qu'à l'unité relativement à elle-même
» et à la pluralité; de même aussi il te faudra consi-
» dérer ce qui arriverait, s'il n'y avait point de plu-
» ralité, à l'unité et à la pluralité, chacune relative-
» ment à elle-même et à son contraire. Tu pourras
» pareillement supposer tour à tour l'existence et la

(1) Elster. *De Platonis Parmenide.* Clausthaliæ, 1833.

» non-existence de la ressemblance, et examiner ce
» qui doit arriver dans l'une et l'autre de ces hypo-
» thèses, tant aux idées que tu auras supposées être
» ou ne pas être, qu'aux autres idées, les unes et les
» autres par rapport à elles-mêmes et par rapport les
» unes aux autres. Et de même pour le dissemblable,
» le mouvement et le repos, la naissance et la mort,
» l'être et le non-être eux-mêmes. En un mot, pour
» toute chose que tu pourras supposer être ou ne pas
» être, ou considérer comme affectée de tout autre at-
» tribut, il faut examiner ce qui lui arrivera, soit par
» rapport à elle-même, soit par rapport à toute autre
» chose qu'il te plaira de lui comparer, ou par rap-
» port à plusieurs choses ou par rapport à tout ; puis
» examiner à leur tour les autres choses, et par rap-
» port à elles-mêmes et par rapport à toute autre
» dont tu voudras de préférence supposer l'existence
» ou la non-existence. Voilà ce qu'il te faut faire si tu
» veux t'exercer complétement, afin de te rendre
» capable de discerner clairement la vérité (1). »

Et comme Socrate observe, non sans quelque raison, qu'il ne comprend pas encore très-bien, et qu'il aurait besoin d'un exemple pour mieux entrer dans l'esprit de la méthode, Parménide lui développe, suivant cette méthode elle-même, sa thèse de l'unité. C'est alors que commence cette remarquable discus-

(1) *Parm.*, 136 *sqq.*

sion, si riche de pensées, d'une analyse si forte, et d'un sens si mystérieux.

Qu'il nous soit permis de traduire quelques passages du commentaire de Proclus : nous apprendrons ce qu'on pensait de la méthode de Parménide du temps de Proclus, et ce qu'il en pensait lui-même. Ce sera sans doute le moyen d'arriver à quelques idées précises sur ce difficile sujet.

« Quelques-uns, dit Proclus (1), ne tiennent aucun
» compte du titre du dialogue (le Parménide est in-
» titulé περὶ ἰδεῶν, sur les idées, ce qui paraît indiquer
» un sujet purement métaphysique); ils considèrent
» le Parménide comme un exercice logique (λογικὴ
» γυμνασία). Ils divisent le dialogue en trois parties:
» la première renferme l'exposition des difficultés (τὰς
» ἀπορίας) de la théorie des idées; la seconde contient
» en résumé la méthode à laquelle doivent s'appliquer
» les amis de la vérité; la troisième donne un exemple
» de cette méthode, à savoir, la thèse de Parménide
» sur l'unité. La première partie a pour objet de dé-
» montrer combien est nécessaire la méthode expliquée
» dans le Parménide, puisque Socrate, à cause de son
» peu d'expérience de cette méthode, né peut pas
» soutenir la théorie des idées, toute vraie qu'elle soit,
» et toute vive que soit son ardeur (αὐτὸς θείαν ὁρμὴν
» ὁρμῶν, τῆς δὲ ὑποθέσεως ἀληθεστάτης οὔσης). Quant à la

(1) *Comm. in Parm.*, t. IV, l. i, p. 25.

» troisième partie, elle n'est autre chose qu'un mo-
» dèle qui nous montre comment il faut s'exercer par
» cette méthode. C'est ici, comme dans le Sophiste,
» pour la méthode de division. Là il s'essayait sur le
» pêcheur à l'hameçon, ici sur l'unité de Parménide.
» Ils disent aussi que la méthode de Parménide diffère
» de la topique d'Aristote. Aristote établit quatre
» classes de problèmes (ὁρὸς, γένος, συμβεβηκὸς, πρὸς
» ἰδιόν), que Théophraste réduit à deux (ὁρὸς,
» συμβεβηκὸς). Mais une pareille science ne convient
» qu'à ceux qui ne recherchent que le vraisemblable
» (τὸ ἔνδοξον θήρωσιν); au contraire, la méthode de
» Platon soulève sur chacun de ces problèmes une
» foule d'hypothèses qui, traitées tour à tour, font
» paraître la vérité. Car, dans ces déductions né-
» cessaires, le possible sort du possible, et l'impossi-
» ble de l'impossible (τῶν μὲν δυνάτων τοῖς δυνάτοις ἐν
» ταῖς ἀναγκαίαις ἀκολουθίαις ἑπομένων, τῶν δὲ ἀδυνάτων,
» τοῖς ἀδυνάτοις).

» Telle est l'opinion de ceux qui pensent que le
» but du dialogue est purement logique. Quant à
» ceux qui pensent que l'objet du dialogue est pour
» ainsi dire *ontologique* (πραγματευτικός), et que la mé-
» thode n'est ici que pour servir aux choses elles-
» mêmes, bien loin que ces dogmes mystérieux ne
» soient mis en avant que pour l'intelligence de la
» méthode, ils disent que jamais Platon n'établit de

» thèses pour conduire à l'exposition d'une méthode,
» mais qu'il se sert de telle ou telle méthode, suivant
» le besoin du moment. Partout il introduit certaines
» méthodes, en vue des choses qu'il veut rechercher;
» par exemple, la méthode de division dans le So-
» phiste, non pour apprendre à son auditeur à di-
» viser, mais pour arriver à enlacer le sophiste aux
» mille têtes, et en cela il imite fidèlement la nature
» même qui emploie les moyens pour la fin et non la
» fin pour les moyens. Toute méthode est nécessaire
» pour ceux qui veulent s'exercer à la science des
» choses, mais n'est pas par elle-même digne de re-
» cherche. En outre, si le *Parménide* n'était qu'un
» simple exercice de méthode, il faudrait appliquer
» la méthode dans sa rigueur, et c'est ce qui n'a
» pas lieu : de toutes les hypothèses qui sont indi-
» quées par la méthode on choisit celle-ci, on né-
» glige celle-là, on modifie les autres. Or, si, en effet,
» la thèse de l'unité n'était ici qu'un exemple, ne
» serait-il pas ridicule de ne pas observer la méthode,
» et de ne pas traiter l'exemple suivant les règles
» qu'elle détermine (1) ? »

(1) Voici le détail des opérations régulières de la méthode du Parménide suivant Proclus :

Deux hypothèses principales : La chose est ou elle n'est pas. Εἰ ἔστι, εἰ μὴ ἔστι.

Première hypothèse : Si elle est, rechercher ce qui arrivera (τί συμϐήσεται) à elle-même ou à son contraire.

1° A elle-même, relativement à elle-même, relativement à son contraire ;

Voilà ce que disait Syrianus et, avec lui, Proclus contre ceux qui réduisaient le Parménide à un sim-

2° A son contraire relativement à elle, et relativement à lui-même. En tout quatre suppositions.

Diviser le τί συμβήσεται en trois parties : 1o ce qui résulte, τί ἕπεται, conséquences positives ; 2° ce qui ne résulte pas, τί μὴ ἕπεται, conséquences négatives ; 3° ce qui à la fois résulte et ne résulte pas, τί ἕπεται καὶ οὐκ ἕπεται, ce qu'on pourrait appeler conséquences mixtes. Par exemple, l'âme est à la fois mobile et immobile ; l'être est à la fois un et non un. En appliquant ces trois subdivisions aux quatre hypothèses, nous avons douze questions pour la première supposition εἰ ἔστι. Mais les mêmes questions peuvent se poser pour la seconde, en tout, vingt-quatre suppositions.

Voici le tableau de ces vingt-quatre suppositions :

I. Εἰ ἔστι.

Τί ἕπεται αὐτῷ πρὸς αὐτὸ
Τί οὐχ ἕπεται αὐτῷ πρὸς αὐτὸ
Τί ἕπεται καὶ οὐκ ἕπεται αὐτῷ πρὸς αὐτὸ

Τί ἕπεται αὐτῷ πρὸς τὰ ἄλλα
Τί οὐχ ἕπεται αὐτῷ πρὸς τὰ ἄλλα
Τί ἕπεται καὶ οὐκ ἕπεται αὐτῷ πρὸς τὰ ἄλλα
} πρώτη ἑξάς.

Τί ἕπεται τοῖς ἄλλοις πρὸς ἑαυτὰ
Τί οὐχ ἕπεται τοῖς ἄλλοις πρὸς ἑαυτὰ
Τί ἕπεται καὶ οὐκ ἕπεται τοῖς ἄλλοις πρὸς ἑαυτὰ

Τί ἕπεται τοῖς ἄλλοις πρὸς αὐτὸ
Τί οὐχ ἕπεται τοῖς ἄλλοις πρὸς αὐτὸ
Τί ἕπεται καὶ οὐχ ἕπεται τοῖς ἄλλοις πρὸς αὐτὸ
} δευτέρα ἑξάς.

II. Εἰ μὴ ἔστι.

Τί ἕπεται αὐτῷ πρὸς αὐτὸ
Τί οὐχ ἕπεται αὐτῷ πρὸς αὐτὸ
Τί ἕπεται καὶ οὐχ ἕπεται αὐτῷ πρὸς αὐτὸ

Τί ἕπεται αὐτῷ πρὸς τὰ ἄλλα
Τί οὐχ ἕπεται αὐτῷ πρὸς τὰ ἄλλα
Τί ἕπεται καὶ οὐχ ἕπεται αὐτῷ πρὸς τὰ ἄλλα
} τρίτη ἑξάς.

Τί ἕπεται τοῖς ἄλλοις πρὸς ἑαυτὰ
Τί οὐχ ἕπεται τοῖς ἄλλοις πρὸς ἑαυτὰ
Τί ἕπεται καὶ οὐχ ἕπεται τοῖς ἄλλοις πρὸς ἑαυτὰ

Τί ἕπεται τοῖς ἄλλοις πρὸς αὐτὸ
Τί οὐχ ἕπεται τοῖς ἄλλοις πρὸς αὐτὸ
Τί ἕπεται καὶ οὐχ ἕπεται αὐτῷ πρὸς αὐτὸ
} τετάρτη ἑξάς.

ple exercice logique. Citons encore quelques pages où Proclus réfute l'opinion de ceux qui voulaient séparer absolument la méthode du Parménide de la méthode ordinaire de Platon, c'est-à-dire de la dialectique (1).

« Ayant entendu beaucoup d'interprètes de Pla-
» ton qui essayaient de séparer la méthode qu'il
» expose ici de la dialectique, sa méthode favorite,
» nous croyons à propos de dire à ce sujet ce qui
» nous paraît vraisemblable. Il en est qui disent
» qu'elle diffère manifestement de la dialectique
» par les trois caractères que voici, et que Parmé-
» nide signale lui-même : 1° D'une part, comme
» Socrate le dit dans la République, la dialectique
» ne convient nullement aux jeunes gens, car il est
» à craindre qu'ils ne tombent dans l'excès, en fai-
» sant servir la puissance de la parole à la destruc-
» tion des saines idées. Au contraire, Parménide
» appelle à la méthode qu'il conseille ici, Socrate
» tout jeune, et il l'y engage surtout parce qu'il est
» jeune ; de telle sorte que la culture de cette mé-
» thode convient aux jeunes gens, auxquels cepen-
» dant il interdit la dialectique comme législateur.
» 2° Cette méthode est appelée ici exercice (γυμνασία)
» par Parménide, en tant qu'elle traite les contra-
» dictoires, semblable à la dialectique d'Aristote,

(1) Procl., *Comm. in Parm.*, t. IV, p. 40.

» de laquelle Aristote lui-même dit aussi, quand il
» en veut faire sentir la nécessité, qu'elle est utile
» comme exercice. Au contraire la méthode ordi-
» naire de Platon est appelée par lui-même ce qu'il
» y a de plus élevé (τὸ ἀκρότατον), ce qu'il y a de
» plus pur dans la pensée et dans l'esprit, établis-
» sant son domaine dans le sein même des idées in-
» telligibles, et s'élevant par elle jusqu'au principe
» de tout le monde intelligible, méprisant l'opinion
» des hommes et disposant d'une science universelle
» et inébranlable. 3° Enfin la méthode dont il est ques-
» tion ici est appelée très-nettement par Parménide
» un bavardage (ἀδολεσχία); au contraire, pour So-
» crate, la dialectique est le comble des sciences (θρίγκος
» τῶν μαθημάτων); et l'étranger Eléate dit encore
» qu'elle ne convient qu'à ceux qui philosophent vé-
» ritablement, et nous n'oserons pas sans doute
» mettre au rang des bavards ceux qui luttent contre
» l'être (πρὸς τὸ ὂν).

» Telles sont les raisons que l'on pourrait faire
» valoir pour distinguer de la dialectique la méthode
» dont il s'agit ici, et que Socrate, quoiqu'il s'y soit
» exercé tout jeune, sur la recommandation de Par-
» ménide, ne paraît pas avoir introduite dans sa
» propre philosophie, quoique partout il se serve tou-
» jours de la dialectique, quoiqu'il dise qu'il la pré-
» fère à tout, et que lorsqu'il rencontre un homme

» qui sait faire d'un plusieurs et ramener plusieurs à
» l'unité, il marche sur ses traces comme sur les
» traces d'un dieu. Or c'est là l'œuvre de la dialec-
» tique comme il le dit dans le Phèdre, et non pas
» de rechercher ce qui arrivera si l'on suppose que
» l'objet de la recherche existe ou n'existe pas alter-
» nativement, ni de découvrir les hypothèses infé-
» rieures subordonnées aux hypothèses générales,
» comme le commande la méthode actuelle. Que dire
» des choses que Socrate représente comme l'œuvre
» du dialecticien; sinon que toutes différentes sont
» les fonctions de la méthode que Parménide re-
» commande dans le présent dialogue? Mais voyons
» aussi ce que dit dans le Sophiste le sage Eléate,
» l'un des auditeurs de Parménide et de Zénon, lors-
» qu'il explique ce qu'il entend par la dialectique :
« Celui qui veut faire ce travail, etc. (V. plus haut.) »
» Et il ne dit pas du tout qu'il convient au dialecti-
» cien de marcher par des hypothèses semblables à
» celles qu'indique la méthode du Parménide, et de
» rechercher ce qui suit d'une chose, ou ce qui ne
» suit pas par rapport à elle-même, ou par rapport
» aux autres choses, et toutes les conséquences con-
» traires qui suivent des autres hypothèses. Ces
» quatre opérations décrites dans le Sophiste se rap-
» portent aux deux opérations indiquées dans le
» Phèdre. L'une des deux consiste à faire de un plu-

» sieurs. Or c'est le propre de la *diérétique* (διαιρετίκη)
» de diviser le genre dans les espèces dont il est le
» genre, idée unique répandue dans une multitude
» dont chaque individu existe à part, et résidant
» dans chacun ; car le genre n'est pas une collection
» d'espèces, comme le tout est une collection de par-
» ties ; mais il est présent dans chacune de ses es-
» pèces, étant lui-même supérieur à toutes les es-
» pèces. Il est par participation dans chacune des
» espèces qui existent à part des autres espèces et du
» genre lui-même. Les espèces, c'est la multitude
» des idées (πόλλαι ἰδέαι) différentes les unes des
» autres, enveloppées comme du dehors (ἔξωθεν) par
» une idée unique, le genre, qui, tout en restant en
» dehors comme séparé des espèces, contient pour-
» tant la cause de toutes les espèces ; car les genres
» véritables paraissent à tous ceux qui admettent
» l'existence des idées, plus respectables, plus subs-
» tantiels (οὐσιωδέστερα) que toutes les espèces qui
» leur sont subordonnées, et autres sont les genres
» qui sont au-dessus des espèces, autres ceux qui y
» résident par participation. Ces deux parties ap-
» partiennent à la division dialectique ; les deux au-
» tres à la définition.

» La définition découvre dans une multitude une
» idée *une* (ἐν ἑνὶ συνημμένην), en ramenant à une
» idée déterminée cette multitude d'idées diverses,

» chacune tout entière, les entrelaçant l'une l'autre
» (συμπλέκουσαν), composant de toutes une seule idée,
» rattachant à l'unité la pluralité. Elle étudie ensuite
» ces multitudes qu'elle a réunies, et les considère à
» part. Le tout se composant de toutes ces idées et
» de chacune d'elles, il est nécessaire d'agir ainsi :
» car comment former le tout, si l'on n'étudiait d'a-
» bord les idées diverses chacune à part?

» Si telle est l'œuvre de la dialectique, Parmé-
» nide n'en fait nulle mention, quand il nous re-
» commande sa méthode des hypothèses. Or comme,
» d'un côté, Socrate s'attache presque partout aux
» procédés que nous venons d'indiquer, et comme
» Parménide n'en parle pas, comment pourrait-on
» soutenir que ces deux méthodes sont la même l'une
» que l'autre?

» Répondons d'abord que la première raison que
» l'on fait valoir contre leur identité ne la sépare pas
» réellement. On objecte que Parménide propose sa
» méthode aux jeunes gens et que Socrate les en
» écarte; mais ce n'est pas la même chose de porter
» des lois en général, et de donner un conseil parti-
» culier; car l'une de ces deux choses ne regarde
» que la plupart des natures et des natures inégales :
» or ce sont celles-là surtout que l'on a en vue. Il
» est nécessaire de faire passer les considérations
» communes avant les particulières; car ce n'est pas

» un seul, c'est le plus grand nombre que le légis-
» lateur considère, et il ne regarde pas ce qui con-
» vient aux meilleures natures, mais à la fois aux
» premières, aux médiocres, aux dernières. C'est
» pourquoi, comme il jette les yeux sur les premières
» venues, il craint de leur imposer ce dont l'ensei-
» gnement pourrait nuire à quelques-unes d'entre
» elles ; et quand même il choisirait le plus possible
» les meilleures natures, cependant il considérerait
» aussi la grande inégalité qui se trouve vraisem-
» blablement dans les natures humaines. Mais pour
» celui qui donne un conseil sur quelque science que
» ce soit, s'il remarque dans celui qu'il conseille une
» nature distinguée, s'il est surtout en état d'appré-
» cier sa capacité particulière, il peut lui conseiller
» de choisir ou d'abandonner telle ou telle partie
» des sciences. C'est pourquoi la première manière
» d'agir convient à Socrate, dans les lois qu'il porte
» sur la dialectique. Mais pour Parménide, à la vue
» de cette ardeur divine, comme il l'appelle lui-
» même, de Socrate pour la philosophie, il peut
» adopter ce second genre de conduite, comme s'il
» n'y avait rien à craindre pour celui qui voudrait
» suivre sa méthode, s'il possède une nature égale à
» celle de Socrate. De sorte que s'il voyait que tous
» ceux pour lesquels les lois sont faites sont d'une
» nature très-distinguée, il ne craindrait pas de livrer

» la dialectique aux jeunes gens, sachant qu'elle ne
» pourrait leur nuire.... Quant à prouver que Par-
» ménide, en appelant cette méthode exercice, ne se
» sert pas d'autre dénomination que Socrate, cela
» est évident pour celui qui a parcouru les lois de
» Socrate sur la dialectique; car Socrate dit qu'il
» faut *exercer* par la dialectique ceux qui ont passé
» par les sciences, se servant ainsi du mot même de
» Parménide; et que pour ceux qui s'exercent ainsi,
» tel intervalle de temps suffit. Ainsi, de deux choses
» l'une : ou il faut ramener cette méthode à la mé-
» thode qui s'exerce par les vraisemblances (διὰ τῶν
» ἐνδόξων), ou bien, malgré le nom commun d'exer-
» cice, il faut s'obstiner à les séparer, et cela quand
» Parménide nous crie que, sans cet exercice, il est
» bien difficile d'apercevoir le vrai. Or, le vrai, voilà
» bien l'objet réel de tous les exercices topiques.

» Je dirai maintenant pourquoi l'un et l'autre don-
» nent le nom d'exercice (γυμνασία) aux premiers es-
» sais de cette méthode (la dialectique). On peut
» distinguer trois degrés dans cette méthode vraiment
» scientifique : le premier, qui convient aux jeunes
» gens, est utile, surtout pour éveiller leur esprit en-
» dormi et le provoquer à l'étude de lui-même; car
» il y a réellement un exercice pour préparer l'œil
» de l'âme à la contemplation des choses, pour pré-
» parer l'âme elle-même à des discours sur l'essence,

» une méthode qui conduit l'esprit par des hypo-
» thèses contradictoires, et ne considère pas seule-
» ment la droite route qui conduit au vrai en lui-même,
» mais aussi les sentiers détournés qu'elle éprouve,
» qu'elle suit dans toutes leurs ramifications, en les
» frappant pour voir quels sons ils rendent. Une se-
» conde forme de la dialectique est celle qui repose
» l'esprit dans la vue immédiate de l'être, qui con-
» temple la vérité en elle-même, retirée dans son pur
» séjour, et enveloppant, à ce que dit Socrate, tout
» le monde intelligible. Celle-là ne procède que par
» les idées, jusqu'à ce qu'elle ait rencontré le premier
» principe; se servant tantôt de l'analyse, tantôt
» de la définition, tantôt de la démonstration, tan-
» tôt de la division, montant et descendant cette
» montagne escarpée, jusqu'à ce qu'ayant parcouru
» tout l'ordre des intelligibles, elle s'élance jusqu'à
» celui qui est au-dessus de tous les êtres (ἐπ' ἔκεινα
» πάντων τῶν ὄντων). L'âme, quand elle aborde à ce
» port, ne désire plus rien ; car elle est arrivée au
» terme du désirable. Or, qui ne voit que ce sont là
» les opérations de la dialectique, telles qu'elles sont
» mentionnées dans le Phèdre et dans le Sophiste :
» d'un côté, diviser en deux, et de l'autre en quatre ;
» cette partie-là convient à celui qui philosophe pu-
» rement, qui n'a plus besoin d'exercice, mais qui
» nourrit son esprit des plus pures pensées. Il y a

» enfin une troisième sorte de dialectique : celle-là
» protége la vérité, chasse la double ignorance, lors-
» que le discours s'adresse à des hommes pleins de
» confiance en eux-mêmes. Il en est parlé dans le So-
» phiste. Le philosophe étant forcé d'approcher la ré-
» futation, sorte de purification, de ceux qui sont
» enveloppés dans la sagesse de l'opinion, le sophiste,
» qui, lui aussi, est *réfuteur* (ἐλεγκτικὸς), semble
» revêtir le manteau du philosophe, comme le loup
» du chien. Quant à celui qui réfute véritablement,
» et non en apparence, qui purifie, il est véritable-
» ment un philosophe. Et comment pourrait-on pu-
» rifier l'âme des autres, si on ne l'a pure soi-
» même.

» Telle est la triple puissance de la dialectique : ou
» bien elle traite seulement les alternatives, ou elle
» nous montre le vrai, ou elle réfute seulement le
» faux. Il n'y a que la première de ces trois formes
» que Socrate et Parménide appellent à la fois exer-
» cice. C'est par celle-là que Socrate exerce les jeunes
» gens, quand il examine alternativement si ce qui
» paraît à chacun est vrai pour lui, ou ne l'est pas;
» si la science est la sensation ou non. Il examine
» les choses douteuses à la place des dogmes vrais;
» il les repousse, et, après avoir démontré qu'ils n'ont
» nulle valeur, il force le jeune homme à trouver une
» autre solution. Par exemple, qu'est-ce que l'ami? Il

» démontre tantôt que le semblable est l'ami du
» semblable, tantôt le contraire du contraire, tantôt
» l'amant, tantôt l'objet aimé; se plaisant à mettre
» en avant toutes les difficultés cachées dans les prin-
» cipes. Une telle méthode convient aux jeunes gens
» amis de la science et pleins d'ardeur. Elle leur ap-
» prend à ne pas reculer devant les recherches, à ne
» pas se décourager dès le commencement, afin que,
» lorsqu'ils engagent la lutte contre les sophistes qui
» savent simuler les savants, les hommes habiles, ils
» aient sous la main tous les artifices de la réfutation,
» tout prêts à démontrer à leurs adversaires qu'ils se
» contredisent, jusqu'à ce qu'enfin, les ayant démon-
» tés de toutes parts, ils les forcent à l'aveu de leur
» fausse science. Quelques dialogues de Platon sont
» consacrés à guérir les sophistes de leur excessive
» présomption, et sont pleins de cette dialectique de
» Socrate, Gorgias, Protagoras, et tous les dialogues
» où il livre assaut aux retranchements des sophistes;
» par exemple, les combats soulevés dans la Répu-
» blique contre la belliqueuse Thrasymaque. Mais
» lorsque, livré à lui-même, il a affaire à des hommes
» qui n'ont besoin ni de coups ni d'exercices, il em-
» ploie la forme la plus élevée de la dialectique, celle
» qui nous montre directement le vrai lui-même. Par
» exemple, dans le Phédon, Socrate pose quelques
» hypothèses, et recherchant ce qui suit de ces hy-

» pothèses, il nous montre que l'âme ne peut pas re-
» cevoir le contraire des choses qu'elle porte avec
» elle partout où elle est. Et après l'avoir démontré, il
» recherche si les principes dont il part sont vrais, et
» trace des règles tout à fait analogues à celles de la
» méthode exposée ici : chercher, pour chaque hypo-
» thèse, les conséquences qui ne découlent que d'elle;
» ne pas essayer de rendre compte de l'hypothèse
» avant d'en avoir parcouru toutes les conséquences;
» alors seulement rendre raison de l'hypothèse, pour-
» suivre ainsi d'une manière convenable cette re-
» cherche, en s'élevant à une autre hypothèse, la
» meilleure d'entre celles qui sont au-dessus, jusqu'à
» ce qu'après avoir traversé tous ces degrés, on arrive
» à quelque chose de satisfaisant (ἱκανόν τι). Ce prin-
» cipe, il l'appelle τὸ ἀνυπόθετον, le principe sans hy-
» pothèse, celui qui est le principe de toutes les con-
» séquences démontrées, non pas comme hypothèses,
» mais dans la vérité des choses. Et l'étranger éléate,
» qui de *un* fait *plusieurs* par la division, et de *plu-*
» *sieurs* fait *un* par la définition, emploie aussi la
» forme la plus haute de la dialectique, lorsque, soit
» avec lui-même, soit avec les autres, il divise les
» êtres ou les définit. Car il ne s'adresse pas à des
» jeunes gens novices, mais, au contraire, à des
» jeunes gens préparés par les entretiens de Socrate
» et par l'étude des sciences à la contemplation des

» êtres; il ne s'adresse pas non plus à des sophistes
» enveloppés de leur double ignorance, et inca-
» pables, par leur présomption, de recevoir des dis-
» cours savants.

» Quant au terme d'ἀδολέσχια, Parménide ne l'em-
» ploie pas comme l'expression de son propre ju-
» gement, mais comme une expression courante.
» La plupart appelaient ainsi les dialecticiens; quel-
» ques comiques, riant de Socrate, le désignent sous
» le nom de πτωχὸς ἀδολέσχης, mendiant bavard. Lui-
» même s'appelle ainsi dans le Théétète. »

Ainsi, dans l'antiquité même, lorsque le sens des traditions platoniciennes était encore tout vivant, on disputait sur la méthode du Parménide, et les esprits n'étaient pas d'accord sur son caractère et sa valeur. Quelques-uns, on l'a vu, voulaient séparer la méthode du Parménide d'avec la méthode dialectique. Leurs raisons, si l'on en croit Proclus, étaient bien superficielles. D'autres ne voyaient dans le Parménide qu'une méthode logique, une gymnastique (γυμνασία), mais les commentateurs les plus considérés, et particulièrement Syrianus, maître de Proclus, s'appuyant sur le titre même de l'ouvrage, prétendaient que l'objet du Parménide n'était pas seulement un exercice, mais une thèse réelle et métaphysique (οὐ γυμνασίαν, ἀλλὰ πραγματικὴν δὴ πρόθεσιν). Ils considéraient le Parménide comme la contre-partie du Timée. C'était

le même fond, sous des formes différentes. Proclus paraît avoir voulu concilier ces diverses explications; car, si dans tout le cours de son ouvrage il considère en effet le Parménide comme l'exposition dogmatique de la théorie de Platon, cependant dans les morceaux que nous venons de traduire, il paraît ne voir dans les méthodes employées ici qu'un exercice. Mais il faut voir dans quel sens il entend le mot d'exercice. Dans un autre endroit, il dit : « Avant d'aborder
» le dernier degré d'initiation des mystères (ἐποπτικω-
» τάτη μυστηγορία), il (Platon) veut expliquer la mé-
» thode par laquelle il construira ses raisonnements,
» l'instrument dont il se servira pour démêler toutes
» les hypothèses, et enfin tous les modes d'argumen-
» tation à l'aide desquels il marche au milieu des
» choses..... » « Qu'il (Parménide) donne lui-même
» le nom d'exercice à cette dialectique, quoiqu'elle ne
» soit pas une pure méthode d'argumentation, c'est
» ce dont il ne faut pas s'étonner, car cette marche
» logique, ces tours et ces retours de propositions sur
» elles-mêmes sont une sorte d'exercice relativement
» à la vie intellectuelle. De même que nous considé-
» rons la constance comme un exercice pour le cou-
» rage, la modération comme un exercice pour la
» sagesse, de même nous avons le droit d'appeler
» toute cette spéculation logique un exercice pour la
» connaissance rationnelle. Et de même que l'opi-

» nion, parcourant les contraires, d'une manière
» vraiment vraisemblable, est un exercice pour la
» démonstration rigoureuse, de même la marche
» scientifique de la διανοία est un exercice *dianoéti-*
» *que* pour la pensée pure. »

On voit que d'après Proclus, la méthode de Parménide devrait être placée dans la série des opérations énumérées par Platon entre la δόξα et la νόησις, et être rapportée à la faculté intermédiaire de la διανοία. Cette méthode, en effet, est toute discursive. Parménide l'appelle lui-même πλάνη, διεξοδός. Pour Proclus, c'est une sorte de déroulement de théorèmes (ἀνέλιξις θεωρημάτων).

Tout cela n'est pas la pensée pure (ἁπλουστάτη νόησις), l'initiation dernière (ἐποπτικωτάτη μυσταγορία), cette dialectique qui repose l'esprit dans la contemplation directe de l'être même (ἀναπαύουσα τὸν νοῦν οἰκειοτάτῃ θεωρίᾳ τῶν ὄντων).

Quelques lignes plus loin, il signale expressément la différence essentielle qui sépare la méthode de Parménide de la méthode dialectique proprement dite. « Dans le Phédon, dit-il, Platon se sert de la
» forme la plus élevée de la dialectique (τὴν πρωτίστην
» ἐνέργειαν διαλεκτικῆς). Il montre *directement* que
» certaines hypothèses étant faites, il en résulte telles
» conséquences relativement à l'âme. Et quant à
» rendre compte de l'hypothèse, après en avoir

» poursuivi toutes les conséquences pour voir si
» elles s'accordent, il s'élève, d'hypothèse en hy-
» pothèse, jusqu'au dernier principe qui n'admet
» pas d'hypothèse. » Ainsi, selon Proclus, la
vraie méthode dialectique n'est pas celle qui part
de certaines hypothèses et recherche ce qui arrive
ou ce qui n'arrive pas, soit qu'elles soient, soit
qu'elles ne soient pas, mais celle qui s'élève au principe lui-même à travers une série d'hypothèses de
plus en plus élevées (ἀνωτέρων).

Nous croyons qu'il y a quelque chose d'arbitraire dans la division de la dialectique exposée par
Proclus : il attribue à la dialectique pure (ἁπλουστάτη)
des opérations telles que la division, la définition, la
démonstration, qui n'appartiennent évidemment
qu'à ce qu'il appelle lui-même la dialectique inférieure (δευτέρα διαλεκτική). Il sépare la réfutation
(ἔλεγχος) de la γυμνασία, quoique ces deux choses
soient presque constamment unies. A nos yeux, il
n'y a que deux formes vraiment distinctes dans la
dialectique: celle qui part des notions, les combine
ou les sépare, les généralise ou les divise, et celle
qui contemple l'être en lui-même (τὸ αὐτὸ). Quoi qu'il
en soit, la dialectiqué du Parménide, soit qu'on la
considère comme un exercice par les contradictoires
(διὰ τῶν ἀντικειμένων), ou comme une méthode d'analyse semblable à la méthode du Sophiste, ou comme

une méthode de réfutation, et je crois qu'elle est tout cela à la fois, appartient à la connaissance raisonnée (διανοία), à la seconde forme de la dialectique (διαλεκτικὴ δευτέρα). Elle conduit jusqu'aux limites de la dialectique supérieure, mais sans y pénétrer, car elle ne s'élève pas au-dessus de l'hypothèse.

Deux choses sont également vraies de la méthode du Parménide : la première, c'est qu'elle n'est pas la forme la plus élevée de la dialectique, à savoir la pensée pure, la spéculation immédiate; la seconde, c'est qu'elle n'est pas un simple procédé logique, une gymnastique d'école, un exercice sophistique.

Toutefois, quand on suit la déduction étrange du Parménide, à voir ces propositions qui se heurtent, qui se détruisent, qui sortent les unes des autres, par une logique inattendue, et qui toutes vont se confondre dans l'abîme d'une conclusion inintelligible, on est tenté d'y voir le retour de la sophistique victorieuse.

Mais quelle vraisemblance que l'auteur de la République et du Phédon, le disciple de Socrate, l'ennemi des sophistes, d'Héraclite, de Parménide, n'aboutisse à la fois qu'à emprunter à toutes ces écoles leurs contradictions pour les développer, les enchaîner, les enrichir encore, les donner comme le dernier mot du vrai. infidèle à la tradition de son maître, infidèle à lui-même?

Quant à réduire toute cette discussion à un jeu de logique, c'est rabaisser singulièrement le Parménide. Proclus nous a montré tout ce qu'il y a de vain dans cette hypothèse. Les Alexandrins, après tout, sont de tous les anciens ceux qui ont le mieux recueilli l'héritage de la pensée de Platon. Or ils voient Platon tout entier dans le Parménide. Ils y voient sans doute aussi bien des mystères qui n'y sont pas, je crois. Mais on accordera que l'ouvrage auquel Proclus, l'un des auteurs les plus pénétrants, l'un des meilleurs critiques de l'antiquité, a consacré trois volumes de Commentaires, ne peut pas être un ouvrage de pure scolastique. On ne peut nier d'ailleurs dans cette dialectique du Parménide une vigueur incomparable. Aristote n'a pas plus de force et d'enchaînement. Platon eût-il appliqué toutes les puissances de son esprit à une dialectique stérile? N'oublions pas que la moitié du dialogue est consacrée à une critique, à une réfutation de la théorie des idées. Ne serait-il pas étrange, qu'après avoir si fortement ébranlé sa théorie la plus chère, il se contentât de nous faire assister à une sorte de divertissement logique. Au contraire, cette méthode qu'il recommande et qu'il applique à l'une des plus difficiles questions agitées par la métaphysique de son temps, n'est-elle pas comme une arme nouvelle, mise aux mains de Socrate, non pour accabler la doctrine abattue, mais pour la relever et la défendre?

Reconnaissons donc que la méthode du Parménide est un emploi particulier de la méthode rationnelle, et disons avec Proclus que ce n'est pas une pure méthode d'argumentation; comme la méthode du Sophiste, c'est sur l'être même que cette argumentation s'exerce.

Toute la force du Parménide est dans la déduction. Nulle part ailleurs Platon n'a enchaîné une si longue série de principes et de conséquences. Son procédé habituel est bien plutôt l'induction socratique. S'il se sert de la déduction, c'est sans y penser, et comme d'un procédé naturel et inévitable. Ici, son objet propre, c'est la déduction : il semble vouloir éprouver cette méthode, comme il a fait dans le Sophiste de la méthode de division. Il veut faire rendre à la méthode de déduction tout ce qu'elle contient, en retournant le sujet sous toutes ses faces, en le considérant dans tous ses rapports, soit que la chose existe, soit qu'elle n'existe pas, et par rapport à elle-même, et par rapport aux autres choses, etc.

Une seconde remarque importante, c'est que la méthode du Parménide, comme celle du Sophiste, repose encore sur le principe de contradiction, principe qui joue un grand rôle dans la philosophie de Platon. En effet, voici ce que dit Parménide à Socrate : « Il ne faut pas te contenter de l'existence de quelques-unes des idées dont tu parles. Il faut supposer aussi la non-existence de cette même idée. » On le voit, les deux hypothèses ne sont autre chose que deux propositions contradictoires. Or, de deux propositions contradictoires, si l'une est fausse, l'autre est vraie. Si de l'une d'elles résultent des conséquences impossibles, l'autre est vraie nécessairement.

Mais ce n'est pas seulement en cela que cette méthode, par les contradictoires, peut être utile. Elle sert encore à démontrer les attributs nécessaires, essentiels d'une chose. Si par exemple telle chose étant posée, telle autre s'ensuit, et que la suppression de la première entraîne la suppression de la seconde, n'avons-nous pas le droit de conclure que cette seconde chose qui paraît ou disparaît avec la première y est attachée d'une façon nécessaire.

En posant une seule hypothèse vous saurez bien, il est vrai, ce qui arrivera, l'existence de telle chose étant donnée, mais vous n'apprendrez pas par là les caractères et la vertu propre de la chose, ce que vous saurez au contraire si vous la supprimez par la pensée. Par exemple, si l'âme existe, le mouvement existe; mais si l'âme n'existe pas, le mouvement cesse d'exister. L'âme est donc la cause unique du mouvement, puisque avec elle il est et il cesse d'être. Le mouvement est une propriété essentielle de l'âme, de telle sorte que l'un des deux termes étant donné, l'autre est donné aussi. Si, au contraire, dans l'hypothèse où l'âme n'est pas, le mouvement subsiste encore, l'âme n'est point la cause essentielle du mouvement.

Platon applique donc cette méthode à la thèse de l'Unité : il a en cela deux buts : le premier, d'exercer les esprits à cette méthode subtile et savante; le second, d'établir ce qu'il croit vrai sur l'unité, et en défendant l'unité multiple, de démontrer encore l'existence des idées contre lesquelles il avait soulevé dans l'introduction même du Parménide des objections menaçantes.

D'après la méthode prescrite, Platon ou Parménide examinent d'abord ce qui arrivera si l'un existe, puis si l'un n'existe pas ; telles sont les deux parties de la discussion.

Or, si nous allons tout d'abord à la conclusion, nous verrons que la conséquence de la seconde hypothèse, à savoir, que l'un n'est pas, est celle-ci : « Si l'un n'est pas, rien n'est; car l'un n'étant pas, nulle chose ne sera ni un ni plusieurs; car l'unité serait encore comprise dans la pluralité (1). » La conséquence de la suppression de l'unité est donc l'abolition de tout ce qui est. Dès lors, la première thèse, à savoir, l'existence de l'un, qui n'était donnée que

(1) Parm., 166.

comme une supposition, est démontrée, puisque la seconde hypothèse nous conduit à dire : si quelque chose existe, l'un existe.

Quant à cette première thèse de l'existence de l'un, elle a deux parties : dans la première, Platon examine l'un en lui-même, dans son essence, dans sa parfaite simplicité; ainsi entendu, l'un n'est pas telle ou telle unité déterminée, ce n'est pas même l'unité absolue, déterminée d'une certaine façon; c'est l'unité opposée à la pluralité, l'unité dans sa plus pure abstraction, l'unité en soi. Or, l'unité pure étant posée, elle exclut toute pluralité, ou elle n'est pas l'unité; elle ne peut donc donner lieu à aucune autre notion qu'elle-même; elle exclut par conséquent le nombre, le lieu, le temps, le discours, et jusqu'à l'être. Il en résulte évidemment que ce principe de l'unité, sans lequel rien n'est, si on le pose seul, et si on le considère en soi, bien loin de pouvoir expliquer ce qui est, exclut tout jusqu'à soi-même.

Dans cette première discussion, Platon, en analysant rigoureusement l'idée de l'*un un*, montre où conduit le principe de l'exclusion absolue qu'il a signalé et combattu dans le Sophiste. Il raisonne comme ceux qui s'entêtent à soutenir que l'un ne peut pas être plusieurs, que l'un est un, de même que l'homme est homme. La conclusion de cette première supposition est bien la même que celle qu'il indique dans le Sophiste : l'un n'est pas ; car si l'on exclut absolument de l'un tout ce qui n'est pas l'un, il faut en exclure jusqu'à l'être dont l'un n'est pas. Si l'un ne participe pas à l'être, il est impossible d'en avoir ni une connaissance, ni une opinion, ni une sensation ; par conséquent de le nommer par le discours. Il échappe donc à toute détermination.

La thèse de Parménide, qui ne veut admettre que l'unité pure, est donc aussi contradictoire que la thèse d'Héraclite, qui rejette absolument l'unité. De même que Platon démontre dans le Sophiste qu'il y a une absurdité égale à mettre tout en mouvement ou tout en repos, il démontre ici qu'il est impossible de tout réduire à la multitude, ou de tout réduire à l'unité.

Mais remarquons que l'hypothèse dont nous partons n'est pas l'hypothèse de l'unité de l'un, mais bien de l'existence de l'un. Pour être fidèle à l'hypothèse, il ne faut donc pas considérer l'unité pure dans son indétermination absolue, puisqu'elle va se perdre dans le néant tout aussi bien que l'absolue multitude : telle fut la faute des Éléates. Partis de l'existence de l'un, ils imposèrent à ce principe une unité absolue en contradiction avec l'hypothèse, et tombèrent dans l'idéalisme le plus abstrait et le plus stérile. Considérons donc non pas l'*un un*, mais l'*un être* sans lequel rien n'est : c'est la seconde partie de la discussion.

Rappelons-nous le principe de Phédon : « Aucun contraire ne peut devenir son propre contraire. » Ainsi le pair ne peut pas devenir l'impair, l'unité par conséquent ne peut pas devenir la multiplicité, sans quoi tous les principes de la raison et de la science sont renversés. Mais de même que l'être participe au non-être, le non-être à l'être, le même à l'autre et l'autre au même, sans se confondre, ainsi que nous l'a démontré la dialectique du Sophiste, s'appliquant à déterminer les lois suivant lesquelles s'unissent ou se séparent les idées ; de même l'un, quoiqu'il ne soit pas le multiple, peut participer au multiple et à tout ce qui suit du multiple. La déduction appliquée à l'un-être et non pas à l'un abstrait, d'après les règles mêmes de la dialectique, nous conduit donc à une unité qui se sépare à la fois et de la multitude indéfinie et mobile d'Héraclite et de l'unité morte des Eléates.

On le voit, le Parménide n'est, comme nous l'avons dit, qu'un grand exercice de déduction appliqué aux problèmes les plus élevés de la métaphysique. On pose les deux hypothèses contradictoires : si l'un est, si l'un n'est pas. En vertu du principe de contradiction, l'une des deux hypothèses étant réputée fausse, l'autre est vraie. Car de deux choses l'une, ou l'un est, ou il n'est pas ; il n'y a point de milieu. Or une hypothèse est fausse, si elle donne lieu à des conséquences absurdes. C'est ce qui arrive à la seconde hypothèse, celle de la non-existence de l'unité; on arrive en effet à cette conséquence absurde, au moins pour ceux qui admettent l'existence de quelque chose, à savoir que rien n'est. Donc l'un existe; et Parménide nous apprend tout ce qui est vrai de l'un en tant qu'un. Mais l'un pris en lui-même, séparé par abstraction de toutes choses, ne peut donner lieu qu'à des déterminations négatives, et l'un absolu n'est guère moins absurde que la pluralité absolue. C'est alors que commence la vraie déduction dialectique telle que l'entend Platon, plus compréhensive que toute autre, n'allant pas jusqu'à assimiler les contraires, mais les admettant à une certaine participation l'un de l'autre, et les embrassant dans une unité supérieure.

Ainsi s'achève par les tours et les retours de la pensée sur elle-même l'édifice scientifique. Ainsi l'esprit pénétrant dans le fond de l'essence absolue qu'il prend comme sujet de réflexion et d'analyse, en fait sortir toutes les déterminations concevables. Analyse hardie qui attribue à l'être absolu le nombre et la multitude, et plutôt que d'admettre une multitude absolue ou une unité absolue, les fait pénétrer l'une dans l'autre, de telle sorte que l'unité, dans le plus profond de son essence, est multitude, et que la multitude, quelque indépendante qu'elle paraisse, est assujettie partout à l'unité.

Nous ne trouvons point d'autre application remarquable de la méthode logique dans Platon. Le Sophiste et le Parménide sont les deux dialogues principaux où cette sorte de dialectique soit employée. Nous avons essayé d'en donner quelque idée, malgré l'obscurité que présentent un grand nombre de passages; nous y avons dû signaler une assez grande complication de procédés, dont le caractère général est cependant facile à saisir; c'est l'analyse des idées. Mais un autre caractère non moins important, c'est que cette méthode, toute logique qu'elle soit, n'est pas cependant, comme nous pourrions dire aujourd'hui, une méthode purement *formelle*, c'est-à-dire s'appliquant exclusivement à la forme de la pensée. Platon se croit toujours au sein de l'être. C'est un trait remarquable de sa métaphysique que la logique y est essentiellement liée à l'ontologie. Ces idées, sur lesquelles il travaille, qu'il soumet à ces épreuves infinies de divisions, de déductions, ce ne sont pas seulement des idées, ce sont des êtres, des principes. C'est ce qui fait dire à Plotin dans sa troisième Ennéade : « Il ne faut pas considérer la dialectique
» seulement comme un ὄργανον pour la philosophie
» (comme un instrument). Elle porte non pas sur de

» purs théorèmes, sur des formes vides (ψιλὰς ἐννοίας),
» mais sur les choses mêmes; sa matière, ce sont les
» êtres. Elle se fraye un chemin jusqu'à eux, unis-
» sant à la fois la pensée et l'être (1). »

Comment l'esprit atteint-il jusqu'à l'être? Suivant nous, c'est par une intuition immédiate de la raison, que Platon appelle la réminiscence. Mais la réminiscence n'embrasse pas d'une vue unique, ne parcourt pas d'un coup tout le domaine de l'être : il y a pour elle des degrés et des haltes, et jusqu'à ce qu'elle ait atteint le faîte, bien des épreuves lui sont nécessaires. C'est cette autre partie de la science dialectique que nous avons appelée la science ascendante.

La dialectique ascendante est exactement la contre-partie de la dialectique du Sophiste et du Parménide. Dans ces deux dialogues, Platon part des idées elles-mêmes et de la plus élevée d'entre elles, ici, de l'un, là, de l'être, et en poursuit les conséquences. Dans la dialectique ascendante, Platon part des idées inférieures, par exemple, du repos, du mouvement, du même et de l'autre, pour atteindre à l'unité ou à l'être.

La différence de ces deux mouvements est parfaitement indiquée dans ce passage du Phédon cité déjà : « Que si on venait à l'attaquer (ce principe),

(1) Plot., *Enn.*, I, l. 3.

» ne laisserais-tu pas cette attaque sans réponse, jus-
» qu'à ce que tu aies examiné toutes les conséquences
» qui dérivent de ce principe, et reconnu toi-même
» si elles s'accordent ou ne s'accordent pas entre
» elles (dialectique descendante). Et si tu étais obligé
» d'en rendre raison, ne le ferais-tu pas encore, en
» supposant un autre principe plus général et plus
» sûr, jusqu'à ce que tu eusses enfin trouvé quelque
» chose de satisfaisant » (dialectique ascendante).

Ici un doute peut se présenter à l'esprit. La méthode du Parménide, nous l'avons vu, commence par poser certaines hypothèses. Socrate nous apprend ici que pour rendre raison d'une hypothèse, il faut faire une hypothèse plus générale. Quelques pages plus haut, dans le Phédon, on trouve ce passage : « Depuis ce temps, *supposant* toujours le principe
» qui me semble le meilleur, tout ce qui me paraît
» s'accorder avec ce principe je le prends pour
» vrai, et ce qui ne lui est pas conforme je le rejette
» comme faux (1). »

D'après ce passage et d'autres encore, la méthode dialectique, en tant qu'elle recherche les principes, paraît être une méthode hypothétique. C'est, il semble, par une supposition arbitraire, que ces principes sont établis ; c'est à l'aide de la méthode logique qu'ils sont expliqués et développés. Dès lors

(1) *Phæd.*, 100, A.

les idées ne sont plus qu'une série d'hypothèses enchaînées par des rapports logiques, et la dernière de ces hypothèses (τὸ ἱκανόν), supposé qu'il y en ait une, n'est qu'une hypothèse encore.

Mais il faut bien s'entendre sur ce que l'on appelle ici hypothèse. Quand il appelle les idées des hypothèses, Platon a égard à deux choses : 1° aux conséquences de l'hypothèse; 2° à son principe.

Tant qu'on n'a pas contrôlé l'hypothèse par ses conséquences, tant qu'on n'a pas examiné si elles s'accordent ou ne s'accordent pas entre elles, l'hypothèse n'est évidemment qu'une hypothèse, car si ces conséquences étaient contradictoires, l'hypothèse serait détruite. En second lieu, tant qu'on n'a pas rattaché à un principe dernier les explications partielles que l'on donne, tant qu'on n'a pas rattaché à une unité dernière les unités relatives auxquelles conduit la dialectique, on n'a encore que des hypothèses; car les unités relatives ne sont qu'à la condition que l'unité absolue soit elle-même.

Par exemple, la vue des figures et des formes sensibles, des cercles, des carrés, des triangles qui tombent sous mes sens, me font concevoir le cercle, le carré, le triangle tel qu'il est en soi, dans la rigueur de sa définition. Or, comme la notion de ces figures parfaites ne peut pas être tirée de figures imparfaites que j'ai devant moi, je suppose que ces figures parfaites existent à part, et que c'est en elles-mêmes que je les vois. Mais n'est-il pas évident que cette supposition implique d'une part, que l'existence de ces figures n'a rien de contradictoire ; de l'autre, que l'espace dont elles ne sont que des déterminations, existe. Donc, que le cercle soit ou ne soit pas, tant que je n'ai pas parcouru la série des conséquences qui en dérivent, et que je n'ai pas remonté au principe, je ne puis rien affirmer, sinon que l'existence du cercle est une hypothèse puisqu'elle est subordonnée (ὑπόθεσις) à une double condition, celle de la non-contradiction de ses conséquences, celle de l'existence de son principe.

La méthode dialectique est donc véritablement et de l'aveu même de Platon une méthode de supposition, tant qu'elle n'a pas accompli la série de ses opérations, tant qu'elle n'a pas atteint les dernières conséquences et les derniers principes.

Et si l'on dit que ramener une hypothèse à un principe supérieur, c'est tout simplement généraliser l'hypothèse sans la prouver, et qu'établir la non-contradiction des conséquences, c'est prouver seulement qu'elle est possible, et non pas qu'elle est réalisée en effet, on oublie que ce qui fait ici le caractère hypothétique de la supposition, ce n'est pas qu'elle soit l'œuvre d'un acte arbitraire de l'esprit, c'est précisément, c'est seulement qu'on n'a pas déduit toutes les conséquences et qu'on n'a pas examiné le principe, de telle sorte que ces deux conditions remplies, tout caractère hypothétique disparaît.

N'oublions pas non plus la méthode des contradictoires mise en pratique dans le Parménide, et qui sert à prouver non-seulement la possibilité, mais la nécessité d'une hypothèse.

Laissons donc de côté ce terme d'hypothèses, qui a ici un sens très-particulier. Recueillons dans le passage du Phédon cette considération importante que l'esprit va d'hypothèses en hypothèses, jusqu'au principe qui n'admet plus d'hypothèse. Nous retrouvons là cette marche progressive que nous avions signalée dans la dialectique descendante. La dialectique ne s'élance pas tout d'un coup à son terme, elle s'en approche par degrés. C'est encore cette lente progression de la dialectique, qui avait donné quelque vraisemblance de plus à la confusion que l'on a faite très-souvent de la méthode dialectique et de la méthode de généralisation ; mais rien n'est moins fondé. Platon admet, nous l'avons bien vu, un certain ordre, une certaine hiérarchie, un certain enchaînement entre les idées. Chaque degré est comme une initiation au degré suivant. Les lois de ces initiations sont les lois mêmes de la dialectique. « Rappelle-toi
» l'homme de la caverne : il se dégage de ses chaînes,

» il se détourne des ombres vers les figures artifi-
» cielles et la clarté qui les projette; il sort de la ca-
» verne et monte aux lieux qu'éclaire le soleil; et là,
» dans l'impuissance de porter directement les yeux
» sur les animaux, les plantes et le soleil, il con-
» temple d'abord dans les eaux leurs images divines
» et les ombres des êtres artificiels, formés par une
» lumière que l'on prend pour le soleil (1). »

On voit, par cette comparaison, ce que sont les initiations de la dialectique. Le monde intelligible, qui est l'objet de la dialectique, est diversement éclairé par la lumière intelligible. Au sommet de ce monde est le principe, la source de toute lumière, qui aveuglerait sans doute si on la regardait directement. Quant aux idées inférieures, elles ont plus ou moins de lumière, suivant qu'elles sont plus ou moins éloignées du principe. Or, les âmes qui sont tombées dans un corps, qui n'ont plus qu'un souvenir confus des essences parfaites qu'elles ont vues, ou plutôt entrevues autrefois, ont besoin de fortifier progressivement leur vue, pour être capables de supporter la contemplation de la première et de la plus pure de ces essences. Tel est le sens de la marche dialectique (πορεία διαλεκτική).

Le premier de ces degrés, le plus difficile à franchir, est le passage de l'opinion à la vraie intelligence.

---

(1) *Rép.*, l. vii.

Nous sommes tellement habitués aux ombres de l'opinion que nous les prenons pour les seuls êtres réels et que nous considérons comme des fantômes toutes les réalités supérieures à celles-là. C'est donc surtout à favoriser ce passage de l'opinion à l'intelligence, du monde sensible au monde idéal, sans lequel il n'y a point de science véritable, que la dialectique doit s'appliquer; elle le fait par l'étude des sciences.

On se souvient que ce qui provoque l'action de l'entendement, suivant Platon, c'est la contradiction des choses sensibles. Parmi les choses sensibles, il en est qui ne renferment point de contradiction en elles. Celles-là nous satisfont, et par là même nous empêchent de nous élever au delà. Mais celles qui nous montrent des contradictions, par exemple, la petitesse mêlée à la grandeur, le beau au laid, l'unité à la multiplicité, nous forcent à nous demander s'il se peut faire que la petitesse soit grande, la beauté laide et l'unité multiple. La réflexion consultée décide que la petitesse est petite et la grandeur grande, que l'unité est unité et non pas multiplicité. Ainsi, la réflexion sépare ce qui dans les perceptions était confondu. Elle nous fait donc concevoir la petitesse et la grandeur, non telles qu'elles se trouvent dans les choses sensibles, mais en elles-mêmes et absolument séparées l'une de l'autre; et c'est ainsi que le visible nous conduit à l'invisible.

Pour élever l'esprit jusqu'aux dernières hauteurs de la dialéctique, il faut donc le détourner des choses dont la sensation est seule juge, et qui ne provoquant pas l'étonnement, endorment l'intelligence dans une satisfaction stérile, et le porter sur ces contradictions mêmes, utiles, puisqu'elles le forcent à sortir des contradictions.

Tels sont, par exemple, le nombre et l'unité. « Si » l'unité offre toujours quelque contradiction, de » sorte que l'unité ne paraisse pas plus unité que » multiplicité, il est alors besoin d'un juge qui dé- » cide : l'âme se trouve nécessairement embarrassée, » et réveillant en elle l'entendement, elle est con- » trainte de faire des recherches et de se demander » ce que c'est que l'unité ; c'est à cette condition que » la connaissance de l'unité est une de celles qui élè- » vent l'âme et la tournent vers la contemplation de » l'être. C'est là précisément ce qui arrive dans la per- » ception de l'unité par la vue ; nous voyons la même » chose à la fois une et multiple jusqu'à l'infini (1). »

Si l'unité que nous offrent les sens est pleine de contradictions, et il en est de même du nombre, la science du nombre et de l'unité, c'est-à-dire la science du calcul est tout à fait propre à aider le mouvement de l'esprit vers l'être véritable, en lui faisant connaître les lois du véritable nombre et de la véritable

---

(1) *Rép.*, l. vii, 525, A.

unité. Mais l'arithmétique dont je parle n'est pas celle dont se servent les marchands et, en général, les hommes de pratique, qui font entrer dans le même calcul des unités inégales, comme deux armées, deux bœufs, deux unités très-petites ou très-grandes. L'arithmétique véritable, celle dont nous conseillons l'usage, « raisonne sur les nombres tels qu'ils sont » en eux-mêmes, sans jamais souffrir que ses calculs » roulent sur des nombres visibles et palpables (1). »

Il en est de même de la géométrie. La géométrie porte sur l'essence même des choses qu'elle considère, et non sur leurs accidents. Rien n'est moins exact, à la rigueur, que ces expressions employées par les géomètres, quand ils parlent de quarrer, de prolonger, d'ajouter, comme s'ils opéraient réellement, et que leurs démonstrations tendissent à la pratique. La géométrie n'a pas pour objet la pratique, mais la connaissance, et la connaissance de ce qui est toujours et non pas de ce qui naît et périt (2).

L'astronomie ou l'étude des solides en mouvement est utile aussi pour élever l'âme à la connaissance de l'être. Ce n'est pas parce qu'elle force à lever les yeux en haut, à oublier la terre pour regarder le ciel; car quelque beaux que soient les ornements de la voûte céleste, quelle que soit la magnificence de

---

(1) *Rép.*, l. vii, 525, D.
(2) *Ibid.*, 526 *sqq.*

leurs mouvements, « cette magnificence est très-
» inférieure encore à la magnificence véritable que
» produisent la vraie vitesse et la vraie lenteur, dans
» leurs mouvements respectifs, et dans ceux des
» grands corps, auxquels elles sont attachées, selon
» le vrai nombre et toutes les vraies figures (1). »

Ainsi, de même que la géométrie et l'arithmétique véritable laissent de côté les nombres et les figures, la vraie astronomie ne doit considérer les figures sensibles que comme un symbole des mouvements idéaux, réglés par des lois vraiment immuables. La musique aussi, sœur de l'astronomie, peut apporter ses secours au philosophe ; mais il ne faut pas qu'elle se borne à la science des tons et des accords sensibles. La musique telle qu'elle convient aux esprits philosophiques ne voit dans les accords qui frappent l'oreille que de simples données, pour découvrir quels sont les nombres harmoniques et ceux qui ne le sont pas (2).

Ainsi, l'unité et les nombres, les figures géométriques, les lois idéales des astres, ou les accords immatériels que révèlent les accords sensibles, telles sont les idées auxquelles nous nous élevons du premier coup, lorsque nous remarquons les contradictions des unités et des nombres visibles, des mouve-

(1) *Rép.*, 529, D.
(2) *Ibid.*, 531, C.

ments réels, des accords physiques. Ce sont les premiers pas du dialecticien; ce sont les préludes de l'air qu'il faut apprendre.

Il est bon, il est utile de considérer ces idées, d'y reposer son esprit des troubles et des agitations des choses sensibles, de raisonner sur ces idées, de les poursuivre dans leurs conséquences; car elles ne peuvent produire que des conséquences vraies, et l'étude de ces conséquences nous habitue à diriger notre intelligence dans la connaissance des choses intelligibles.

Mais la dialectique ne s'arrête pas là. Pour elle toutes les idées sur lesquelles reposent les sciences dont nous venons de parler sont des hypothèses sur lesquelles elle s'appuie comme sur des principes. Mais tant que l'on est dans le cercle des hypothèses, la dialectique n'est pas satisfaite. Elle est née du besoin d'expliquer les choses sensibles, qui à la fois sont et ne sont pas et offrent mille contradictions; elle ne peut s'arrêter que lorsqu'elle aura atteint le principe dernier de toutes choses. C'est ce principe qu'elle poursuit en s'élevant d'hypothèses en hypothèses, en remontant la série des principes, dont chacun n'est principe que relativement à ses conséquences, mais reste hypothèse aux yeux de l'esprit, tant que son principe n'est pas atteint.

Chaque degré de la dialectique nous est un point d'appui pour nous élever au delà; car, à chaque degré, si nous découvrons une perfection supérieure, nous rencontrons encore des limites; et ces limites, qui mécontentent notre esprit, et cette perfection qui l'exalte, nous forcent à abandonner le degré nouveau que nous venons d'atteindre et à marcher en avant. C'est ainsi qu'au-dessus de cette première ligne d'idéaux, dont nous venons de parler, les nombres, les mouvements, les accords, en un mot, tous les rapports harmoniques, principes où s'était arrêté Pythagore, sont les essences supérieures, la justice, la beauté, la vérité, toutes les formes de la perfection.

Ce mouvement de la dialectique s'applique même à chacune des idées en particulier, et nous nous élevons à la connaissance parfaite d'une idée suivant les mêmes lois qu'à la connaissance de l'être en général et de ses immuables formes. L'esprit aperçoit d'abord vaguement l'idée à travers les contradictions des choses sensibles : il ne s'en sépare pas tout d'abord; mais il voit que c'est la même idée qui, répandue dans tous les êtres de même espèce, leur imprime le même nom : puis il en découvre les formes de plus en plus pures, jusqu'à ce que, toute forme écartée, il la contemple en elle-même et dans le principe où elle repose (1).

Le terme de cette marche dialectique est dans le

(1) *Banquet.*

principe que Platon appelle le *principe sans hypothèse* (τὸ ἀνυπόθετον), celui qui ne repose sur rien, qui ne conduit à rien autre chose que lui-même, l'idée du bien: « Aux dernières limites du monde intellec-
» tuel est l'idée du bien qu'on aperçoit avec peine,
» mais qu'on ne peut apercevoir sans conclure qu'elle
» est la cause de tout ce qu'il y a de bien et de bon;
» que dans le monde visible, elle produit la lumière,
» et l'astre de qui elle vient directement; que dans
» le monde invisible, c'est elle qui produit directe-
» ment la lumière et la vérité (1). »

La dialectique n'étant autre chose que la loi de la pensée, qui cherche partout le parfait, s'arrête nécessairement quand elle a trouvé le parfait même, celui qui communique à tous les êtres, non-seulement leur lumière, mais leur essence; car toute essence et toute lumière vient aboutir en lui. C'était ce terme qu'elle recherchait, qu'elle pressentait, qu'elle possédait à son insu dans tous ses travaux antérieurs. Ne croyons pas en réalité rien découvrir de nouveau, lorsque le progrès de la pensée nous élève de principe en principe et d'essence en essence dans la région de la vérité et de l'être. Nous voyons seulement d'une façon plus claire ce que nous ne faisions qu'entrevoir. En nous arrachant aux ombres de la terre, en nous tournant tout entiers du côté du soleil intelligible, nous

(1) *Rép.*, l. vii, 517, B.

apercevons mieux tout ce qu'il éclaire, nous distinguons mieux toutes ses parties. C'est par cette lumière qu'elles deviennent visibles, et que l'âme devient capable de connaître. Mais en revanche, c'est par la lumière tempérée, et empruntée des objets visibles ou des objets intelligibles, que l'âme, comme l'œil du captif, se prépare à la lumière éclatante et première, la lumière du bien.

Telle est la marche de l'intelligence, de la νόησις poursuivant l'idéal de la science et de l'être à travers les phénomènes sensibles et au delà des principes de toutes les sciences. L'amour (ἔρως), cette autre force de l'âme humaine, cet élan inspiré, rival et compagnon du raisonnement dialectique, a aussi ses degrés, ses initiations, ses mystères, son idéal. Son objet à lui, c'est encore le bien sans doute, non plus sous la forme toute spéculative de l'être et du vrai, mais sous la forme aimable du beau. Or de toutes les essences il n'en est pas qui se révèle d'une manière plus vive à nos sens que la beauté. Mais ce que les sens aperçoivent, c'est la beauté du corps. L'amour, quand il s'aveugle, s'égare à la poursuite des plaisirs trompeurs de la beauté corporelle; il s'enchaîne à une préférence exclusive, oubliant que la beauté d'un corps est sœur de la beauté qui réside dans les autres corps, et que c'est la beauté elle-même et non pas tel beau corps particulier qu'il faut

aimer. Quand il s'est persuadé de cette vérité, il renonce à ses préférences, comme indignes du philosophe, et il recherche la beauté partout où elle est ; bientôt des corps il passe aux esprits, et s'élève des beaux corps aux beaux sentiments, des beaux sentiments aux belles connaissances, suivant ainsi le mouvement progressif et régulier de la dialectique rationnelle jusqu'à ce que de connaissances en connaissances il atteigne le beau lui-même tel qu'il est en soi. « Celui qui dans les mystères de l'amour s'est
» avancé jusqu'au point où nous sommes par une
» contemplation progressive et bien conduite, par-
» venu au dernier degré de l'initiation, verra tout à
» coup apparaître à ses regards une beauté merveil-
» leuse, celle, ô Socrate, qui est la fin de tous ses
» travaux précédents. » — « O mon cher Socrate,
» ce qui peut donner du prix à cette vie, c'est le
» spectacle de la beauté éternelle... Quelle ne serait
» pas la destinée d'un mortel à qui il serait donné de
» contempler le beau sans mélange, dans sa pureté
» et simplicité, non pas revêtu de chairs et de cou-
» leurs, et de tous les vains agréments destinés à pé-
» rir, à qui il serait donné de voir face à face, sous sa
» forme unique, la beauté divine (1). »

Je le demande, cette marche progressive de la dialectique, soit par la raison, soit par l'amour, ressem-

(1) *Banquet*, 210 sqq.

ble-t-elle au progrès de la méthode de généralisation? Nous avons signalé la différence de la généralisation et de la dialectique dans leur fond, remarquons ici la différence essentielle de leur marche. La généralisation, comme la dialectique, part des objets réels. Mais l'une a son point de départ dans les analogies ou les ressemblances des choses, l'autre dans leurs contradictions. La généralisation, pour former ses premières notions, retranche aux différents êtres quelque chose de leur réalité, pour ne conserver que les caractères qui leur sont communs : la dialectique ne supprime dans les choses que la contradiction. L'une recherche le genre, l'autre l'essence. Dès le premier pas la généralisation a déserté le domaine du réel pour entrer dans celui de l'abstrait. La dialectique n'échappe au réel que pour atteindre le parfait, l'absolu, l'immobile. Mais dans ces deux mondes, abstrait d'un côté, idéal de l'autre, la généralisation et la dialectique marchent et s'élèvent également ; seulement le besoin de l'une, c'est toujours un plus parfait indéterminé ; le besoin de l'autre, toujours un plus parfait idéal. Chaque progrès de la généralisation diminue l'être de ses notions ; chaque progrès de la dialectique augmente l'être des siennes Le terme de la généralisation, si elle en a un, est l'unité vide, abstraite, inexprimable, impossible, que Platon accable partout de sa dialectique même. Le terme de la dialectique, c'est l'être réel, l'être vivant, possédant la plénitude de l'existence, et dispensant à tout ce qui est, soit dans le monde sensible, soit dans le monde intelligible, l'être et la vérité.

En réalité, nous ne découvrons pas l'être, nous lui sommes naturellement unis. La possession naturelle, éternelle, de la vérité, l'intimité de l'âme et de l'être, tel est le principe fondamental de la dialectique. « L'âme va à ce qui est immuable et éternel, *comme étant de même nature* (1). » Ce principe est tout Platon. La dialectique n'est autre chose que l'effort régulier de l'âme pour revenir à l'état naturel, c'est-à-dire l'intuition directe de la vérité et de l'être. La théorie des idées n'est autre chose que la description de ce monde de l'être où l'âme est née, où elle vit encore, pendant cette vie, et dont elle n'est détournée que par le monde vulgaire et terrestre où elle a eu le malheur de tomber. La dialectique n'est donc pas une méthode de démonstration dont le résultat serait de prouver l'existence du monde idéal. Ce monde idéal n'a pas besoin d'être prouvé, puisque nous y vivons; c'est l'air que notre âme respire, c'est la lumière qui éclaire notre vue spirituelle. Y a-t-il une méthode qui nous fasse passer des ténèbres à la lumière? Non, il ne s'agit que d'ouvrir les yeux : seu-

---

(1) *Phæd.*, 29, B. Ὡς συγγενής οὖσα.

lement les yeux peuvent mal regarder; il y a un art pour leur apprendre à voir : la dialectique est cet art.

Ce qui domine dans Platon, c'est le sentiment, et l'on peut dire la foi de l'idéal; son âme s'élève librement et d'elle-même vers ces régions lumineuses, vers cette patrie paisible et aimée; elle y va avec tant d'aisance et de bonheur qu'elle ne peut pas croire que ce ne soit pas là son vol naturel; aussi cherche-t-il moins à démontrer aux autres âmes que là est la vérité, qu'à les dégager des obstacles qui les empêchent de le suivre : délivrer les esprits des nuages, des chaînes du corps, les initier par d'attirantes images, réveiller le souvenir de leur vraie destinée par d'admirables peintures, tel est le secret de la méthode de Platon, comme de tout son système. Ne nous étonnons plus de la multiplicité des formes sous lesquelles la dialectique nous a apparu, et de la simplicité qui en est le fond. Il nous a semblé qu'il y avait bien des degrés dans la dialectique, et qu'il fallait traverser bien des espaces pour arriver au but; mais il n'y a ni degrés ni espace à traverser : c'est un passage immédiat du jour ténébreux de la réalité au jour pur de l'être. Ce n'est pas même un passage, car l'idéal et l'être nous enveloppent dès le premier jour; nous ne pouvons pas être un instant sans ce milieu vivifiant et lumineux : nous ne marchons que dans l'idéal, semblables à ces captifs de la caverne, qui, dans le milieu de la profonde obscurité où ils sont enchaînés, ne doivent cependant le peu de connaissance qu'ils ont des objets qu'à la participation de la lumière pure et universelle. Ils s'élèvent peu à peu à la contemplation du soleil même, mais toujours à la lumière du soleil.

Ne nous étonnons pas non plus si Platon, profondément convaincu de cette intimité, de cette pénétration réciproque de l'âme et de la vérité, de la pensée et de l'être, a pu prendre quelquefois les conceptions de l'esprit pour des intuitions correspondantes aux choses mêmes, et d'attribuer à tous les procédés rationnels de l'âme une autorité *objective* sans limites. Pour lui la raison était la vue immédiate de la vérité, et par conséquent tout ce qui est dans la raison était pour lui dans les choses.

Résumons, en finissant, le mouvement général de la dialectique. L'homme est uni aux autres corps par son propre corps ; mais il participe à l'être véritable par l'esprit. L'être est son objet naturel, quoique le corps l'enchaîne par le besoin et la passion. La science a pour objet la connaissance de l'être. Il faut une méthode pour réveiller ces précieux souvenirs ; il faut une méthode pour les éclaircir, en tirer toutes les conséquences. Cette méthode, l'âme la possède naturellement. Unie à l'être, il lui suffit d'y faire attention pour le connaître. Or le plus grand obstacle à l'attention, c'est le corps; il faut donc s'affranchir du corps. Cependant nous ne devons pas le mépriser. C'est lui qui, en nous donnant quelque image de l'être, mais confuse et contradictoire, nous rappelle la pensée de l'être véritable, et nous inspire le désir de le retrouver. Mais l'âme, ainsi livrée à elle-même, sans secours, sans point d'appui, encore toute meurtrie du monde qu'elle quitte, peut être séduite par les fausses, par les mauvaises doctrines, grand danger dont une réfutation impitoyable peut seule sauver une jeunesse téméraire et inexpérimentée. Par bonheur, comme elle possède instinctivement la vérité, elle porte en elle-même le remède de l'erreur. Le plus grand danger pour l'esprit est la présomption et l'aveugle confiance. C'est alors qu'une interrogation habile, tantôt douce et familière, tantôt acérée et ironique, lui arrache les mauvais fruits qu'il pourrait engendrer, et le rend propre à en porter de meilleurs. Heureuses les âmes qui savent s'interroger elles-mêmes, et, apprenant à se connaître, trouvent en elles-mêmes la vérité que tant d'autres cherchent péniblement et infructueusement au dehors! Une fois délivrée des mauvaises doctrines, l'âme n'est pas encore capable d'atteindre du premier coup le fond de la vérité. Il lui faut bien des épreuves avant de pouvoir contempler face à face le soleil du monde intelligible. Il lui faut s'essayer sur des images dont les teintes adoucies la reposent et la préparent, sans l'éblouir, à une plus vive lumière. Tel est l'objet des sciences ; l'unité et les nombres, les accords musicaux, les formes régulières de la géométrie, sont les points d'appui dont la dialectique se sert pour s'élever jusqu'au principe lui-même. La dialectique fait des hypothèses, mais elle les regarde comme telles ; mais d'hypothèse en hypothèse elle s'élève jusqu'au principe qui n'admet plus d'hypothèse, le bien, l'objet unique de sa recherche, « ce bien que l'on voit à peine, qu'elle n'ignorait pas, dont elle soupçonnait l'existence, » mais dont elle était incapable de supporter la splendeur. Arrivée là l'âme ne s'y oublie pas ; elle n'oublie pas non plus les hommes à la vue courte qui ne peuvent pas la suivre ; elle les élève peu à peu jusqu'à elle avec prudence et douceur ; elle consent à discuter avec eux et à soumettre à l'épreuve de la critique la vérité qu'elle possède. Mieux que tous elle sait les moyens, les ressources de la discussion et de la logique, parce que ces ressources sont puisées dans les lois mêmes de la vérité dont elle a le secret. Puis elle examine les conséquences des principes et redescend les degrés qu'elle a montés, toujours renfermée dans le monde des idées, par lesquelles la démonstration commence, procède et se termine. »

III.

CONSÉQUENCES DE LA DIALECTIQUE.

La méthode dialectique n'est pas une méthode logique, elle ne marche pas d'abstractions en abstractions dans une série sans fin. Elle n'est pas davantage une méthode mystique, et ne cherche pas à s'élever au-dessus des conditions de la connaissance humaine. La dialectique est une méthode rationnelle, disons plus, c'est la méthode rationnelle par excellence. Mais la raison a deux formes : ou bien elle atteint immédiatement son objet, l'idéal : c'est la forme la plus élevée de la raison, la raison intuitive (ὁ νοῦς) ; ou bien elle se replie sur soi-même, se rend compte de ses principes, c'est-à-dire des notions ; elle les analyse, les combine, les sépare, et cela, non pas arbitrairement, mais d'après les lois essentielles qu'elle découvre dans les idées : c'est le second degré de la raison, la raison discursive (ἡ διάνοια). Si dans l'usage que l'on fait de la raison, on ne dépasse pas ce second degré, on se réduit à une science tout abstraite, fondée uniquement sur des notions dont on ne sait pas le rapport à la réalité. Si au contraire on ne reconnaît que l'intuition pure, si l'on méprise toutes les opérations nécessaires de la raison discursive, si l'on sépare absolument ces deux degrés, l'un presque impersonnel, l'autre où l'individu, la personne humaine intervient activement, on est sur la limite du mysticisme. Platon a évité ces deux excès. Nul ne peut dire que sa méthode se réduise à une simple analyse ou combinaison de notions. Il faudrait n'avoir pas lu la République ni le Phédon. On ne peut soutenir davantage que sa méthode soit la méthode des mystiques, à moins d'avancer que toute intuition directe de l'être parfait, je ne dis pas dans sa substance, mais dans ses formes, la vérité, la justice, la beauté parfaite, est une doctrine mystique. Mais alors toute métaphysique rationnelle est mystique. Aristote lui-même est mystique : car il attribue au νοῦς une connaissance immédiate de l'acte pur, c'est-à-dire du principe absolu. Quant à Platon, sa dialectique ne dépasse jamais les conditions humaines. C'est la sensation qui la provoque, c'est par degrés qu'elle s'élève à son faîte ; nulle part il n'est dit que l'objet connu et le sujet connaissant s'absorbent l'un dans l'autre, comme dans l'extase des mystiques. Partout et à tous les degrés, les procédés logiques se mêlent à l'intuition immédiate et l'accompagnent dans sa marche ascendante, éclaircissant et développant les notions qu'elle obtient. Le principe absolu lui-même est soumis à cette dialectique logique, et tandis que la raison intuitive nous le fait connaître comme source de l'être, de la vie, de la beauté et de l'intelligence, la raison discursive le considère simplement comme unité, et le soumet à toutes les épreuves du raisonnement et de l'analyse. Cette union intime des deux formes nécessaires de la raison n'a peut-être pas été assez remarquée dans l'étude de la dialectique, et nous sert à écarter la double critique souvent élevée contre Platon, qui passe à la fois pour avoir réalisé des abstractions et pour s'être égaré dans le mysticisme.

Pour ceux qui font de la méthode platonicienne une méthode exclusivement logique, toute la métaphysique de Platon, sa politique, sa morale, ne sont qu'une chaîne plus ou moins bien liée d'abstractions, et les idées, fondement de tout le système, ne sont que des universaux logiques, de moins en moins réels, de moins en moins compréhensibles, à mesure que l'on approche du terme de la série, qui n'est guère que le néant. Si au contraire, comme nous le pensons, la méthode dialectique est la méthode naturelle de la raison, qui partout, dans toutes les classes d'êtres, sous tous les phénomènes, recherche quelque chose d'éternel et d'absolu, et supprime, non pas le déterminé, mais l'accidentel, le fugitif, s'élevant ainsi de réalité en réalité jusqu'à la dernière réalité, le bien, il est évident que les idées, objet et résultat de la dialectique, ne sont pas de purs abstraits, mais des essences déterminées, de plus en plus réelles, dont la dernière est l'être absolu.

Esquissons d'une manière générale ce système des idées, qui sort de la dialectique par une déduction nécessaire.

Partout, autour de nous, nous voyons quelque degré de réalité. Cette réalité se manifeste par des phénomènes. Mais se réduit-elle à des phénomènes? Nous voilà dans le système d'Héraclite : tout se modifie sans cesse, tout passe, et une éternelle mobilité entraîne la nature. Il faut bien reconnaître qu'il y a quelque chose de fixé au delà des phénomènes, la loi qui les gouverne, l'être qui les soutient. Mais ce point fixe, que nous concevons, est-il le terme où la pensée doive s'arrêter? Cela ne se peut pas, car ce qu'il y a de fixité et d'être dans les choses sensibles, n'est encore qu'un être relatif, une fixité relative. Relativement aux phénomènes, toujours mobiles, les attributs d'égalité, d'unité, de beauté, paraissent immobiles : ils ont plus de persistance et de perfection. Mais ils sont encore assujettis aux phénomènes et n'apparaissent pas dans leur pureté parfaite à l'esprit : de plus, ils sont morcelés dans le temps et l'espace, ce n'est jamais qu'une partie de beauté et de bonté que nous apercevons : ils ne se montrent à nous que de côté, pour ainsi dire, et encore sous des faces bien mutilées ; et cette fausse perspective où nous sommes placés nécessairement, nous égare quand nous voulons juger par là de la beauté, de la bonté, de la grandeur véritable. Enfin, ces attributs, nous les voyons partout dans les choses sensibles, mêlés à leurs contraires, de telle sorte qu'une même chose est toujours belle et laide, bonne et mauvaise, grande et petite. Or, la raison, qui a franchi la ligne des phénomènes, ne peut se satisfaire de ces principes, mobiles encore, et qui ne paraissent être que des phénomènes plus durables et plus généraux : elle dépasse cette seconde ligne, comme la première, et recherchant toujours la fixité et l'unité, la trouve dans ces mêmes principes, mais considérés en eux-mêmes, séparés de l'espace et du temps, affranchis de leurs limites et de la société de leurs contraires. Ces principes sont par eux-mêmes. En effet, par quoi la beauté pourrait-elle être belle, la grandeur grande ? N'est-il pas de l'essence de la beauté d'être belle, de la grandeur d'être grande ? Ici, il n'est pas besoin de chercher des principes aux principes. Il est donc vrai de dire avec Platon : « Il y a quelque chose de beau, de bon, de grand par soi-même. »

Ainsi, l'être existe dans la nature, mais brisé, mais défiguré ; et chacune de ces brisures contient encore assez d'éclat pour révéler au philosophe l'être véritable qui s'y réfléchit, comme le torse mutilé fait revivre dans l'esprit du grand artiste la statue divine dont il est un débris.

Chacune de ces formes, de ces parties de l'être absolu, reflétée dans les images grossières et imparfaites de la nature, est une *idée* (εἶδος, ἰδέα). L'idée n'est point le genre ; elle est le type auquel le genre se rapporte, la forme essentielle et parfaite à laquelle la multitude des individus participe. Distinguons profondément le genre et le type. Le genre est une idée abstraite, obtenue par la comparaison des individus, qui les embrasse tous, mais n'est supérieure en essence à aucun d'eux, puisqu'il en a été tiré par abstraction. Le type est l'essence idéale de chaque être, conçue immédiatement et sans comparaison à la vue de plusieurs individus ou même d'un seul : c'est la perfection même du genre. Le genre, c'est l'expression de ce qu'il y a de commun entre plusieurs êtres : le type est l'expression de ce qu'il y a de perfection possible dans un genre déterminé. Dans le genre, il n'entre qu'une idée de quantité ; dans le type, une idée de qualité. La différence sera sensible dans un exemple. Concevez le cercle en général. Qu'est-ce autre chose que l'idée vague de surface ronde? Chacun des cercles que l'expérience nous fait connaître étant imparfait, le cercle en général, qui doit réunir ce qu'il y a de commun entre tous les cercles réels, ne devra pas exprimer les conditions nécessaires du cercle parfait, puisque ces conditions ne se rencontrent dans aucun cercle en particulier. Au contraire, le cercle géométrique détermine exactement ces conditions, parce qu'il est le cercle véritable, le cercle même dans son essence. Le cercle, en général, c'est celui qui se retrouve dans tous les cercles particuliers. Le cercle idéal ou géométrique est celui qui satisfait rigoureusement à la définition, et il est infiniment supérieur à tous les cercles particuliers, tous irréguliers dans une certaine mesure. Dans le cercle général, rien n'est déterminé, car il faut qu'il convienne à tous les cercles possibles. Dans le cercle type ou idéal, la grandeur seule est indéterminée; mais l'essence même du cercle est absolument déterminée. Celui qui ne recherche que le général s'enferme évidemment dans le réel, puisque le général est tout entier tiré du réel. Celui qui s'attache au type ou à l'idéal s'élève nécessairement au-dessus du réel; car le réel imite l'idéal, mais lui est infiniment inférieur. L'idéal diffère du réel, non par l'indétermination, mais par la perfection, et la perfection est une détermination. Cette différence, que nous signalons entre le cercle en général et le cercle idéal, se retrouve dans toutes les idées. C'est la différence du juste en général, et du juste en soi, du beau en général et du beau en soi. Imaginez, en effet, que l'on veuille fonder la morale sur l'idée générale de juste ; cette idée sera tirée des différents actes justes dont nous aurons été témoins et sur lesquels nous aurons prononcé des jugements particuliers. Qui ne voit que c'est détruire l'idée même de la justice? Car, comment prononcer que telle chose est juste, si nous ne possédons pas une idée de justice, type et mesure de toutes les justices d'ici-bas? Sans cette idée, nos jugements sur le juste seront mobiles, variables, incertains, et par conséquent l'idée générale de justice, à laquelle nous n'arrivons que tard, et seulement à travers une série d'expériences et d'observations, sera elle-même mobile et incertaine, loin d'être la règle inflexible de nos jugements et de nos actions. La justice en soi, au contraire, est un principe précis et fixe, antérieur et supérieur à tous nos actes, à tous nos jugements. Il en est de même pour la beauté. La beauté, en général, c'est ce qu'il y a de commun entre toutes les beautés que nous connaissons, c'est le nom général que nous donnons aux impressions identiques ou analogues que nous recevons dans des circonstances différentes. La beauté idéale, c'est la beauté sans mélange de laideur, c'est la beauté au delà de laquelle l'esprit ne conçoit rien, le cœur ne désire rien. Enfin, la différence du général et de l'idéal, du genre et du type, c'est la différence de l'être indéterminé, qui n'est que l'idée vague d'existence, applicable à tout ce qui est, depuis Dieu jusqu'à l'informe caillou, et de l'être absolu ou parfait, dont la nature précise et déterminée ne convient qu'à lui seul, auteur et modèle de tout ce qui existe.

Or, il est manifeste que, pour Platon, les idées ne sont autre chose que des types. L'égalité, dont il est question dans le Phédon, n'est pas, nous l'avons dit déjà, l'égalité en général, relative, puisqu'elle convient à toutes les égalités sensibles ; c'est l'égalité absolue, l'égalité type, à laquelle toutes les choses égales aspirent, sans pouvoir l'atteindre. Dans le même dialogue, il est dit que les choses belles ne sont belles que par la communication de la beauté primitive. Et qu'est-ce que cette beauté primitive ? est-ce le beau en général ? Non, c'est le beau le plus parfait. Dans le Banquet, où cette beauté première est décrite en termes magnifiques, comment Socrate réussit-il à l'atteindre ? Est-ce en comparant les différentes espèces de beautés, et en conservant l'idée générale et creuse de beauté indéterminée ? Au contraire, c'est en passant d'un degré inférieur à un degré supérieur, en abandonnant successivement chaque classe de beauté, en s'élevant des corps aux esprits, des sentiments aux connaissances, jusqu'à la connaissance par excellence, « qui a pour objet le beau » lui-même, tel qu'il est en soi. » De quelque idée qu'il s'agisse, même la plus humble, c'est l'idéal, et non le général que Platon fait ressortir. L'idée du battant sera, pour Platon, le battant par excellence (1). Dans la République, il parle de la *vraie* vitesse et de la *vraie* lenteur, et non pas de l'idée générale de vitesse ou de lenteur. Dans le Philèbe, il fait consister la pureté de la blancheur, non pas dans la quantité ou la grandeur, mais dans ce qui est tout à fait sans mélange; de telle sorte que le plus beau, le plus vrai de tous les blancs est celui qui est pur, c'est-à-dire auquel aucune autre couleur n'est mêlée (2). De même, le plus vrai, le plus pur des plaisirs est le plaisir sans mélange. Ainsi Platon recherche partout, non pas seulement, comme on l'a toujours répété, ce qui est *un dans la multitude* (ἓν ἐπὶ πολλοῖς), mais ce qui est pur, ce qui est excellent. La mesure de l'être, pour Platon, n'est pas dans la quantité; elle est dans la perfection.

En effet entre les différentes classes d'idées, quelles sont celles que Platon adopte sans hésiter, auxquelles partout il accorde l'existence avec la plus profonde conviction? Ce sont les idées de ce qu'il y a de plus parfait, les idées du juste, du beau et du bien, etc. — Dans le Phédon : « Pour moi, je ne » trouve rien de si évident que l'existence du beau,

---

(1) *Cratyle*, 389, B.
(2) *Phil.*, 58.

» du bien : cela m'est suffisamment démontré (1). » Plus loin, dans le même dialogue : « Je reviens à ce » que j'ai déjà tant rebattu, et je commence par éta- » blir qu'il y a quelque chose de beau, de bon, de » grand par soi-même (2). » — « Dirons-nous que » cette égalité est quelque chose, ou que ce n'est » rien ? Oui assurément, nous dirons que c'est quelque » chose.... (3) » — « Dirons-nous que la justice est » quelque chose, ou qu'elle n'est rien ? Nous le dirons » assurément. — N'en dirons-nous pas autant du » bien et du beau ? Sans doute (4). » Nous ne citons que ces textes du Phédon ; mais tous les dialogues de Platon, le Phèdre, le Banquet, la République nous fourniraient des preuves évidentes que l'existence de ces idées, le beau, le saint, l'égal, le juste, « que nous marquons dans nos discours du caractère de l'exis- tence, » ne faisait, pour Platon, l'objet d'aucun doute. Lorsqu'il veut traiter des idées, c'est presque toujours celles-là qu'il met en avant. Quant aux idées des choses sensibles, il laisse entrevoir çà et là quelques doutes. « Y a-t-il un feu en soi, dit-il dans le Timée, » et toute chose a-t-elle son existence en soi, comme » nous avons coutume de le dire (5) ? » Citons surtout ce passage remarquable du Parménide : « Peut-être y

(1) *Phæd.*, 77, A.
(2) *Ibid.*, 100, B.
(3) *Phæd.*, 74, B.
(4) *Ibid.*, 65, D.
(5) *Tim.*, 51, C.

» a-t-il quelque idée en soi du juste, du beau, du bon et
» de toutes les choses de cette sorte ? — Assurément,
» reprit Socrate. — Eh quoi ! y aurait-il aussi une
» idée d'homme séparée de nous, et de tous tant que
» nous sommes, enfin une idée en soi de l'homme,
» du feu ou de l'eau ? — J'ai souvent hésité, Parmé-
» nide, répondit Socrate, si on doit en dire autant de
» toutes ces choses que de celles dont nous venons
» de parler. — Es-tu dans le même doute, Socrate,
» pour celles-ci, qui pourraient te paraître ignobles,
» telles que poil, boue, ordure, enfin tout ce que tu
» voudras de plus abject et de plus civil ? Et crois-tu
» qu'il faut, ou non, admettre pour chacune de ces
» choses des idées différentes de ce qui tombe sous
» nos sens ? — Nullement, reprit Socrate ; ces objets
» n'ont rien de plus que ce que nous voyons : leur
» supposer une idée serait peut-être par trop absurde.
» Cependant il m'est quelquefois venu à l'esprit que
» toute chose pourrait bien avoir également son idée ;
» mais quand je tombe sur cette pensée, je me hâte
» de la fuir, de peur de m'aller perdre dans un
» abîme sans fond. Je me réfugie donc auprès de ces
» autres choses dont nous avons reconnu qu'il existe
» des idées, et je me livre tout entier à leur étude (1). »
Nous ne voulons pas établir, par ce morceau, que
Platon ne reconnaissait qu'une seule classe d'idées ;

(1) *Parm*, 130.

car l'opinion de Socrate, jeune et disciple encore, ne peut pas être considérée comme la pensée définitive de Platon. Mais ce passage nous atteste suffisamment que Platon établissait certains degrés entre les idées, et qu'il ne les affirmait pas toutes avec la même assurance. Tout jeune encore, il ne doutait nullement des idées du beau, du juste et du saint. Il hésitait sur les idées de l'homme, du feu, etc.; enfin il repoussait les idées des choses ignobles. Comment expliquer ces différences, si les idées ne sont que des notions générales? Est-ce que le feu et l'homme, la boue et l'ordure ne donnent pas lieu à des idées générales, tout comme le beau et le saint? Au point de vue de la généralité, il n'y a point de différence entre ces choses; mais il y en a une grande au point de vue de la perfection.

Les idées ne sont donc point, comme le prétend Aristote, les choses mêmes, auxquelles on a ajouté le mot *en soi* (αὐτὸ καθ' αὐτὸ); ce sont les choses elles-mêmes, mais élevées à l'idéal, conçues dans la perfection de leur type. En d'autres termes, l'idée d'une chose, c'est tout ce qu'il y a de réel dans cette chose, moins les limites et les défauts qui gâtent toutes les choses naturelles.

Nous n'entrons pas dans la question de savoir de quelles choses il y a ou il n'y a point d'idées. Ce sont là des difficultés qui n'atteignent pas le fond de la doctrine. En effet, jusqu'où le principe de l'idée doit-il recevoir son application ? C'est là une question de limite, qui laisse le principe intact. Ce que nous pouvons dire cependant, et d'après le texte même du Parménide, c'est que Platon était préoccupé de la pensée que les idées étaient partout et que toute chose avait son idée. En effet, l'application rigoureuse de la dialectique le forçait à reconnaître partout quelque chose de permanent et d'absolu, partout quelque chose d'intelligible. Or, rien n'est intelligible, rien n'est permanent que ce qui existe véritablement, c'est-à-dire l'idée : il trouvait donc partout quelque trace des idées. Par là on s'explique que Platon ne reconnaisse pas seulement les idées des choses absolues, comme le juste, le saint, le beau (1), mais des idées toutes relatives, comme la vitesse, la lenteur, la grandeur (2), la petitesse, la duité (3), les idées des choses sensibles, comme l'idée de l'homme, du bœuf, de la boue (4), ou les idées des choses d'art, comme les idées du lit, de la table, du battant (5), ou enfin les idées des choses négatives, comme le non-être, le non-juste, le non-beau (6). Car dans toutes ces choses il y a un élément réel et intelligible, que la dialectique recueille et dont elle fait une idée. Il faut songer que

(1) *Phædon, République.*
(2) *Rép.*, l. vii.
(3) *Phædon.*
(4) *Parménide, Philèbe.*
(5) *Cratyle, Rép.*, l. x.
(6) *Sophiste.*

Platon a toujours en vue Héraclite, suivant lequel tout passe perpétuellement. Or, suivant Platon, ce qui passe est un pur phénomène, et ne peut être que l'objet d'une impression, et non d'une idée, et par conséquent ne peut être nommé, car Platon unit toujours ces deux mots, inintelligible et innommable. Par conséquent, tout ce qui dure un certain temps, et est à un certain degré intelligible, contient autre chose que le simple phénomène, il contient quelque image de l'être. Et ce qu'il y a de remarquable dans la doctrine de Platon, c'est qu'il ne rapporte pas telle forme ou tel degré de la réalité, à l'être en général, comme cause universelle, mais en vertu de la dialectique, à une forme correspondante et déterminée : ce qui provient des études de Socrate sur les caractères distinctifs des êtres. Non-seulement il faut expliquer ce que tel être a de réel, mais encore ce qu'il a de propre, ce qu'il a d'essentiel. Il doit donc y avoir une idée absolue de l'homme distincte de l'idée absolue de cheval et une idée du juste distincte de l'idée du saint, car chacune de ces choses a une essence propre.

Maintenant, quelle est la nature de ces essences supérieures, causes ou modèles de tout ce qui existe? Faut-il croire, avec le savant éditeur et traducteur du Timée, M. Henri Martin, que ces idées sont, comme il le dit, « séparées de toutes choses, ayant *hors de*

Dieu une existence individuelle et indépendante(1), » suspendues en quelque sorte entre Dieu et le monde, « comme des modes sans substance. » Cette théorie étrange, que l'on prête à Platon, peut-elle se soutenir devant les textes et surtout devant l'esprit général de sa doctrine ? C'est ce que nous devons examiner en quelques mots.

Et d'abord, pour ce qui est du rapport des idées et du monde, il faut conclure de tout ce qui précède que les idées existent d'une certaine manière dans les choses sensibles, puisque c'est par l'observation des choses sensibles que la méthode dialectique est conduite à l'intelligence des idées. Maintenant, de quelle manière les idées existent-elles dans les choses ? est-ce par leur reflet ou par elles-mêmes, par *imitation* ou par *participation ?* Entre ces deux hypothèses, celle de la μίμησις ou de la μέθεξις (2), c'est la seconde, à notre avis, qui est certainement la vraie, comme on pourrait le prouver, je crois, par l'examen approfondi du platonisme. Mais, après tout, peu importe à l'objet que nous poursuivons ici, et qui est d'apprécier la valeur de la dialectique par la nature de ses produits. Or, de quelque façon que

---

(1) Henri Martin, *Etudes sur le Timée*, t. I, argument, § 2 et 3 et t. II, note 60.

(2) Ces deux hypothèses se partageaient également, comme nous l'avons vu plus haut l'école pythagoricienne ; les uns disant que ces choses viennent ἐξ ἀριθμοῦ, les autres κατὰ τὸν ἀριθμόν.

les idées soient présentes dans les choses sensibles, cela ne change rien à ce qu'elles sont en elles-mêmes. D'ailleurs, je ne refuserais pas de reconnaître que si la philosophie de Platon est admirable dans son mouvement ascendant, c'est-à-dire lorsqu'elle s'élève du monde à Dieu, elle est pleine d'obscurités lorsqu'elle redescend de Dieu au monde. La dialectique logique lui a plutôt servi à démêler les idées entre elles, qu'à déterminer les rapports des idées avec les choses.

Mais en supposant même, contre l'esprit tout entier du platonisme, que les idées sont purement et simplement en dehors des choses comme de purs modèles (παραδείγματα), cette doctrine, après tout, n'aurait pas les conséquences que M. Henri Martin lui attribue; car, de ce que les idées ne sont pas dans les choses, il conclut que ces choses dépourvues de toute stabilité se trouvent en dehors de la science proprement dite. Mais je demande : de quelle manière le savant critique entend-il que les idées doivent être dans les choses, pour que ces choses puissent devenir l'objet de la science? Doivent-elles donc y être substantiellement? Est-ce de cette façon, suivant lui, toute interprétation de Platon mise à part, que les idées divines sont dans les choses? Et aujourd'hui encore, pour croire que la nature puisse être l'objet de la science, devons-nous admettre que les idées divines y sont présentes par leur substance, que c'est leur substance éternelle et infinie qui introduit la permanence et l'unité dans les choses et les rend propres par là à devenir l'objet de la science? Mais qui ne voit les conséquences de cette doctrine? En effet, le même critique reproche à Platon d'avoir séparé les idées de Dieu : qu'il ait en cela tort ou raison, c'est ce que nous allons examiner; mais ce qui est certain, c'est que, suivant lui, les idées doivent être en Dieu. Elles ont en Dieu, selon la doctrine de saint Augustin, de Fénelon, de Malebranche et de Bossuet, leur substance. Or, si leur substance est en Dieu, et si elles doivent être elles-mêmes la substance des choses sensibles, il s'ensuit manifestement que Dieu est la substance des choses sensibles. Donc, suivant l'auteur, pour que les choses sensibles deviennent l'objet de la science, il faudrait qu'elles eussent Dieu pour substance. C'est la théorie de Schelling. Repousse-t-il cette conséquence? Il faut alors qu'il reconnaisse que les choses ne participent aux idées que par représentation, et par conséquent, qu'elles soient séparées des choses. Or, c'est précisément là la doctrine qu'il impute à Platon en la lui reprochant.

Quelle que soit la théorie que l'on impute à Platon (μίμησις ou μέθεξις), l'objection d'Aristote, à savoir que les choses sensibles ne peuvent pas être l'objet de la science, est de nulle valeur. Car dans l'hypothèse de l'imitation, il suffit qu'il y ait ordre pour qu'il y ait science; et d'un autre côté, dans l'hypothèse de la participation, les idées en se mêlant à la matière y contractent un élément de désordre et de trouble qui peut faire obstacle à la science. C'est en considérant cet élément de désordre apporté par la matière, que Platon, comme les mystiques, a pu croire que les choses sensibles n'étaient pas l'objet de la science. En général, tous les philosophes idéalistes sont très-peu favorables à la connaissance empirique, sans que, pour cela, on puisse leur imputer de séparer l'élément intelligible de l'élément sensible. Voyez Spinosa; il n'admet que la connaissance rationnelle, fait très-peu de cas de l'expérience; et cependant, si la théorie de la μέθεξις est quelque part, elle est dans l'Éthique : ce ne serait donc pas pour avoir rejeté la μέθεξις, que Platon aurait été contraint de nier, ou du moins de mettre en suspicion la connaissance empirique.

Mais, direz-vous, nous ne reprochons pas à Platon de n'avoir pas admis la μέθεξις, mais seulement d'avoir admis une μέθεξις inexplicable, comme Aristote le lui impute. Mais je réponds : que cette μέθεξις soit ou non intelligible, si Platon l'a admise, il n'a donc pas séparé absolument les idées des choses. Si les choses participent aux idées, les idées ne sont donc pas tout à fait en dehors des choses, et par conséquent celles-ci peuvent être l'objet de la science. En second lieu, si vous reprochez à la μέθεξις de Platon d'être inintelligible, c'est donc que vous en concevez une autre qui serait plus intelligible. Or, j'aimerais à savoir comment vous concevez que les choses sensibles participent aux intelligibles, comment l'individuel s'assimile l'universel, comment les universaux sont à la fois en Dieu et en nous? Mais comme c'est là le problème mystérieux et peut-être inextricable des rapports du fini et de l'infini, je suis très-disposé de pardonner à Platon d'être vague et obscur sur cette question.

Encore une fois, ce n'est pas là le point principal, au moins pour nous, et eu égard à notre objet. La vraie question est de savoir si les idées de Platon sont, comme le dit l'auteur, *des modes sans substance.*

L'auteur écarte avec raison deux hypothèses qui, en effet, ne me paraissent pas conformes à la doctrine de Platon : la première, celle de Stallbaum, d'après laquelle les idées de Platon seraient les idées divines ; (νοήματα) la seconde, celle de Ritter, qui consiste à considérer le Dieu de Platon, comme la sphère totale des idées, l'idée du bien enveloppant toutes les autres. Il est certain, en effet, que les idées de Platon ne sont nulle part présentées comme des *pensées*. Ce sont là les vues d'un platonisme ultérieur ; et, d'un autre côté, confondre le Dieu de Platon, ou la première des idées avec la collection de toutes les autres, est une vue des plus infidèles à la dialectique et à la vraie théorie platonicienne. Mais il nous semble que l'hypothèse particulière de M. Henri Martin n'est pas beaucoup plus fondée. Suivant lui, les idées auraient chacune une existence individuelle et indépendante ; elles formeraient une vaste hiérarchie, subordonnées les unes aux autres dans leur ordre de généralité, et relevant toutes d'une seule idée première, l'idée des idées, l'idée suprême de l'unité et du bien. En un mot, dans cette hypothèse, il semble que le monde intelligible serait une sorte de système féodal où, sous la suzeraineté d'une idée unique établie au sommet, viendraient se ranger par ordre et s'échelonner des souverainetés vassales, dominées les unes par les autres jusqu'à ce qu'on descende à cette multitude sans nom qu'on appelle les choses sensibles.

Que les idées forment une hiérarchie et une hiérarchie terminée par un principe unique, c'est ce qui est incontestable ; mais qu'elles soient les unes hors des autres, comme des substances distinctes et individuelles, c'est ce qu'il y a de plus opposé à la pensée de Platon. Si quelque principe, en effet, domine ce système et y occupe même une place exagérée, c'est le principe de l'unité. Comment le philosophe qui a fait si peu de cas de l'individualité, là où elle existe incontestablement, et qui subordonne partout le particulier au général, aurait-il été placer l'individualité dans le général lui-même, et considérer les genres et les espèces comme des individus distincts? Il est vrai que dans le Timée, il appelle les idées des dieux éternels. Mais on ne pourrait se faire la moindre idée juste des doctrines de Platon, si l'on prenait à la lettre toutes les images, toutes les métaphores, toutes les fictions dont il se sert pour rendre sensibles ses pensées. Platon n'aurait-il donc combattu dans la République le polythéisme grec, que pour y substituer un nouveau polythéisme, dont les dieux seraient l'homme en soi, le feu en soi, la boue en soi?

Non-seulement l'esprit du platonisme s'oppose à cette interprétation, mais encore les textes les plus précis et les plus décisifs. Que dit en effet Platon dans la République : « Tous les êtres intelligibles tiennent du bien leur être et leur essence, » τὸ εἶναί τε καὶ τὴν οὐσίαν ὑπ' ἐκείνου αὐτοῖς προτεῖναι. On ne peut dire plus clairement que les idées ont leur substance et leur fondement dans l'idée du bien. Que dire encore de cet autre passage de la République : « Aux dernières limites du monde intellectuel est l'idée du bien que l'on aperçoit avec peine, mais que l'on ne peut apercevoir sans conclure qu'elle est la cause de tout ce qu'il y a de beau et de bon (πάντων ὀρθῶν τε καὶ καλῶν αἰτία)... que dans le monde intelligible, c'est elle qui produit directement la vérité et l'intelligence (ἀλήθειαν καὶ νοῦν παρασχομένη). » Si l'idée du bien est la *cause* de toutes les choses bonnes et belles, elle est donc la cause des autres idées, qui sont ce qu'il y a de meilleur et de plus beau ; elle produit la vérité et l'intelligence; mais où réside la vérité si ce n'est dans les idées? C'est donc elle qui leur fournit et leur être et leur lumière; elles ne sont donc rien que par rapport à cette idée première; elles ne sont donc pas suspendues dans le vide, comme des modes sans substance; elles sont des modes dont l'idée du bien est la substance.

Quant au texte unique, cité par M. Henri Martin en faveur de son opinion, il ne me paraît pas avoir la portée qu'il lui prête. Platon, en parlant dans le Timée de l'essence intelligible, dit : « qu'elle ne reçoit rien d'ailleurs et qu'elle ne se mêle à aucune autre chose, » οὔτε εἰς ἑαυτὸ εἰσδεχόμενον ἄλλο ἄλλοθεν, οὔτε αὐτὸ εἰς ἄλλο ποι ἰόν (1) Mais il faut remarquer qu'il s'agit dans ce passage de la différence de l'opinion et de la science, et que Platon oppose l'objet de l'une à l'objet de l'autre : de là la distinction de deux essences, l'une immo-

---

(1) *Timée*, 52, A. Marcile Ficin traduit ainsi : « quæ nec in te accipiat quicquam aliud aliunde, nec ipsa procedat ad aliud quicquam. »

bile, éternelle, toujours la même ; l'autre engendrée, mobile, corruptible, en un mot, le monde intelligible et le monde sensible. Ce qu'il dit de la première essence, il le dit donc de l'intelligible tout entier, et non de chaque idée en particulier. Par conséquent, lorsqu'il dit que l'intelligible ne reçoit rien d'ailleurs et ne se mêle à aucune autre chose, il veut seulement dire que l'intelligible est séparé du sensible, mais non pas que les intelligibles soient séparés les uns des autres. Au contraire, puisqu'il réunit tous les intelligibles en une seule essence dont il parle comme si elle était simple et non multiple, ne fait-il pas entendre par là qu'il regarde tous les intelligibles, c'est-à-dire toutes les idées comme attachées à une seule substance. Si, d'ailleurs, on presse le sens des termes, que faut-il entendre par « ne recevant rien d'ailleurs? οὔτε εἰς ἑαυτὸ εἰςδεχόμενον ἄλλο ἄλλοθεν. Ces mots ne me paraissent signifier autre chose, si ce n'est que l'intelligible existe par soi et ne reçoit point d'ailleurs le principe de son existence. Ce sens me paraît justifié par la seconde partie de la phrase, où Platon caractérise l'essence sensible, en opposition avec l'intelligible. Il dit, en effet, que la seconde essence est γέννητον, πεφορήμενον ἀεὶ, ce que la traduction latine rend ainsi : « *quod fertur et sustentatur ab alio semper.* » Ainsi le propre de l'essence sensible, c'est d'être soutenue, portée, en d'autres termes, d'être dépendante, relative, subordonnée, de n'être pas par elle-même. Au contraire, l'intelligible est absolu, il ne reçoit rien en soi. J'entends de même le « οὔτε αὐτὸ εἰς ἄλλο ποι ἰόν. » Je traduirais ces mots volontiers par l'expression d'immobile. L'essence intelligible, en effet, ne se transforme pas, elle ne se déplace pas, elle ne va pas ailleurs; en un mot, elle n'est pas dans le lieu. Tel est certainement le sens de l'expression ποί; et il est encore justifié par le caractère correspondant que Platon donne à l'essence sensible, γιγνόμενον τε ἔν τινι τόπῳ (*quod in aliquo loco gignitur*).

Il résulte de cette discussion que les idées ne sont point séparées de leur principe : elles ne sont donc pas de pures abstractions sans réalité. Nous arriverons au même résultat, en essayant de déterminer la nature du bien, c'est-à-dire du principe lui-même. C'est là surtout que se manifeste la vraie force de la dialectique; là est l'épreuve, et selon nous la justification des principes que nous avons posés.

Qu'est-ce que le bien pour Platon? c'est le premier principe, celui d'où tout dérive, où tout aboutit, le dernier principe que la science puisse trouver : en un mot, c'est Dieu lui-même. Le bien, c'est le dieu de la dialectique.

On a imputé à Platon la doctrine d'un dieu abstrait, analogue à l'unité absolue de Parménide, ou à l'uunité supérieure à l'être qu'ont exposée plus tard les Alexandrins. On a prétendu que cette unité indéterminée était la seule conséquence légitime où pût conduire la dialectique ; que Platon, partout où il parle d'un dieu réel et vivant, est en contradiction avec les principes de sa méthode.

Nous ne pouvons que le répéter, si la dialectique est une méthode exclusivement logique, nul doute que les idées et la première de toutes les idées, à savoir le bien, ne soient des principes abstraits, et que Dieu ne doive être conçu comme la dernière des abstractions. Suivons en effet les opérations de la dialectique dans cette hypothèse. Le point de départ de la science est dans la sensation : mais il faut qu'elle s'élève au-dessus de la sensation. Elle le fait, en recherchant l'idée générale contenue dans les objets divers qui frappent nos sens. Or, remarquons la nature de cette idée. Elle est née du besoin de trouver l'unité dans la multitude. La dialectique écarte la cause propre de la multitude, à savoir la distinction des individus, et obtient l'unité en faisant abstraction d'un certain nombre de déterminations particulières : l'unité est obtenue ainsi au prix de la détermination. Or cette unité ne satisfait que médiocrement l'esprit, car il se compose ainsi un certain nombre d'unités, qui à leur tour font une multitude. L'esprit dépasse donc ces unités, résultat incomplet de la recherche scientifique : il s'élève à des unités supérieures, qu'il obtient toujours en supprimant quelque particularité, quelque détermination. D'où il suit que ces idées sont d'autant plus vides qu'elles sont plus élevées, et cela par une loi logique nécessaire, puisqu'une idée perd en compréhension ce qu'elle gagne en étendue. Or, l'objet de la recherche, ici c'est l'unité. La science ne s'arrêtera donc que lorsque après avoir épuisé toutes les unités particulières, elle arrivera à une unité dernière, qui sera uniquement et simplement unité. Ce sera l'unité en soi, sans aucune détermination, l'unité nue et morte de Parménide.

On voit que le principe de cette progression dialectique n'est pour ainsi dire qu'un principe de quantité. C'est le besoin d'échapper à la multitude infinie, qui provoque le mouvement de l'esprit; c'est dans l'unité absolue qu'il s'arrête. Entre les différentes classes d'idées, il n'y a qu'une différence du plus au moins : c'est une différence d'étendue, qui par une corrélation nécessaire détermine une différence proportionnelle, mais en raison inverse de compréhension. Le terme de la série dialectique des idées doit être à la fois le plus étendu et le plus vide : et c'est là, dans l'hypothèse, le dieu que l'on impute à Platon.

On peut démontrer de deux façons que ce dieu imaginaire n'est pas et ne peut pas être le dieu de Platon : 1° en démontrant que la dialectique, n'étant pas telle qu'on la décrit, mais étant tout autre, doit conduire à un principe tout différent ; 2° en établissant par les textes que le dieu de Platon est un être déterminé et vivant, et nullement une entité abstraite, une chimère, un mot.

On dénature évidemment la dialectique, quand on la réduit à la recherche de l'unité dans la multitude. C'est là une des formules dont Platon se sert pour exprimer l'idée, mais l'idée est autre chose encore. Sans contredit, l'idée est une unité dans la multitude, car c'est le type un, duquel peuvent participer une multitude indéfinie d'individus ; par exemple, la beauté en soi est une, il n'y a qu'une beauté de cette nature, mais cette beauté se communique à une multitude de choses belles. Elle est donc l'unité qui donne le nom à la multitude, mais ce n'est pas comme unité, c'est surtout comme essence que Platon recherche l'idée. L'idée n'est pas ce qu'il y a de commun dans chaque classe d'être, mais ce qu'il y a d'essentiel, de déterminé. La dialectique rejette la multitude, non parce qu'elle est multitude, mais parce qu'elle est imparfaite, sujette à l'accident, au changement, aux contradictions. L'idée est supérieure aux individus, non parce qu'elle est plus étendue, mais parce qu'elle est fixe, pure, égale à elle-même. Les beautés sensibles, les égalités sensibles sont dans un flux perpétuel ; elles ne sont jamais absolument belles ou absolument égales. Au contraire, l'égalité est toujours égale, la beauté toujours belle. Là surtout est la différence de l'idée et des choses sensibles. Dans notre système, ne nous lassons pas de le dire, le point de départ du mouvement dialectique est dans le besoin de l'âme de s'élancer de l'imparfait au parfait, « du jour téné- » breux qui nous environne jusqu'à la vraie lumière » de l'être. » Le même principe doit gouverner la dialectique dans toute sa marche et jusqu'au terme. Le terme pour la dialectique doit donc être le dernier parfait, et par conséquent la perfection elle-même, la perfection absolue.

Une preuve manifeste que Platon ne recherche pas avant tout l'unité, ce qui le conduirait à l'unité pure comme principe de toutes choses, c'est que partout il combat le principe de l'unité pure, et démontre qu'il est en contradiction avec la nature des choses et avec la raison. Ce qu'il soutient, lui, c'est l'intimité nécessaire et universelle de un et de plusieurs. « Je dis que » ce rapport de un et de plusieurs se trouve partout et » toujours, de tout temps, comme aujourd'hui, dans » chacune des choses dont on parle... » «... C'est » selon moi un présent fait aux hommes par les » dieux, apporté d'en haut avec le feu par quelque » Prométhée; et les anciens, qui valaient mieux que » nous et qui étaient plus près des dieux, nous ont

» transmis cette tradition que toutes les choses *aux-*
» *quelles on attribue une existence éternelle,* sont
» composées d'un et de plusieurs (1). » On voit que
Platon, loin de chercher à échapper à la multitude
par l'unité, reconnaît que dans toute unité, même
dans les choses éternelles, il y a nécessairement une
multitude. Ceux-là qui prétendent que le terme de la
dialectique, c'est l'unité absolue sans aucune multitude, négligent ces textes du Philèbe. C'est là aussi le
résultat le plus évident de la discussion compliquée
du Parménide. L'une des conséquences du Parménide
est celle-ci, que la multitude absolue est impossible,
inintelligible. Mais une autre conséquence est que l'unité absolue de Parménide est équivalente au néant.
La vraie discussion dialectique démontre que l'unité en
soi est nécessairement multiple. C'est encore la conclusion du Sophiste, où Platon combat l'identité absolue de
l'être et de l'un, et place dans l'être même, le non-être,
tant il craint de tomber dans l'abîme de Parménide.

Mais on peut soutenir que la dialectique, même
telle que nous l'entendons, devait conduire Platon à
affirmer l'existence de l'un au-dessus de l'être, c'est-à-dire de l'un qui n'est pas, de l'un dont on ne peut
rien affirmer, que l'on ne peut ni nommer, ni concevoir. En effet, quoique Platon unisse partout la multitude et l'unité, cependant la perfection pour lui est

(1) *Philèbe,* 16, D.

18

dans l'unité, et non pas dans la multitude. Or, quand même dans les choses éternelles l'unité serait mêlée au multiple, il n'en résulterait pas que cette unité en elle-même fût multiple. C'est l'unité qui, partout où elle est, apporte la perfection ; c'est donc dans l'unité, et non dans l'unité multiple, qu'il faut chercher le principe de la perfection. Or l'unité intelligence, l'unité essence, n'est pas l'unité pure, la vraie unité : il faut aller au delà de ces formes de l'unité, et pénétrer jusqu'au principe, où toute multiplicité, tout mouvement, toute détermination a disparu. C'est en se servant de la dialectique de Platon, c'est en traversant comme lui toute l'échelle des idées, que les Alexandrins sont arrivés au τὸ ἕν, au principe dernier, supérieur à l'être, à l'intelligence, à la vie. Platon lui-même paraît avoir reconnu ce principe, car toute la première supposition du Parménide porte sur l'un en soi, dont il retranche successivement toute détermination, jusqu'à dire : « Il ne participe pas à l'être, il ne tombe ni sous l'opinion, ni sous la connaissance, ni sous le discours. » Enfin Platon lui-même, dans la République, dit en parlant du bien : « Tous les êtres intelligibles tiennent du bien leur
» être et leur essence, quoique le bien lui-même
» ne soit point essence, mais quelque chose de fort au-
» dessus de l'essence en dignité et en puissance (1). »

(1) *Rép.*, l. vi, 509, B.

On revient ainsi par une autre voie à la théorie de l'unité abstraite, que l'on veut à toute force imputer à Platon, quand, au contraire, il est manifeste qu'il n'a rien de plus à cœur que de la combattre. Les Alexandrins considèrent la première supposition du *Parménide* comme la pensée même de Platon. Ils y reconnaissent leur propre unité, et de ce que Platon la décrit fidèlement, en la réduisant au néant, ils en concluent qu'il l'adoptait lui-même; mais rien n'est moins fondé. Lorsque Platon veut dire d'une chose qu'elle n'est pas, il ne se sert jamais d'une autre formule que celle qu'il applique dans le Parménide à l'un abstrait : « Il ne peut être ni nommé, ni exprimé; » on ne peut en avoir aucune opinion, aucune sensa- » tion, aucune connaissance (1). » Dans le Sophiste, interprète un moment de Parménide, qui nie l'existence du non-être, il dit : « Tu comprends donc qu'il » est impossible d'énoncer proprement le non-être, » et d'en dire quelque chose, et de le concevoir en » lui-même; qu'il est insaisissable à la pensée, au » langage, à la parole et au raisonnement (2)? » C'est la formule même du Parménide. Que l'on nous cite d'ailleurs dans Platon un mode de connaître qui ne soit pas l'opinion ou la connaissance; si l'unité en soi (non étant), d'après Platon, échappe à l'opi-

---

(1) *Parm.*, 142, A.
(2) *Soph.*, 238, C.

nion, à la sensation, à la science même (δόξα καὶ αἴσθησις καὶ ἐπιστήμη). Platon parle bien dans le Timée d'un certain raisonnement bâtard (λογισμὸς νόθος) (1). Mais on n'attribuera pas sans doute à ce mode grossier de connaître, l'intuition du premier principe. Ce serait confondre l'un premier avec la matière même ; nul critique ne saurait aller jusque-là. Il reste donc établi qu'aux yeux de Platon l'unité absolue n'est concevable ni exprimable d'aucune façon, en d'autres termes, qu'elle n'est pas.

Est-il vrai d'ailleurs que la dialectique conduise logiquement à une unité de cette nature? Je ne le pense pas. Que la dialectique des Alexandrins les ait conduits là, il ne faut point s'en étonner : les Alexandrins reconnaissaient un procédé de connaître supérieur à la νόησις. Ils étaient pénétrés d'une idée qui ne se retrouve pas dans Platon, et qu'ils ont empruntée plutôt à Aristote. Cette idée est que la perfection de la connaissance ne peut avoir lieu que dans l'identité absolue de l'intelligible et de l'intelligence. Or, comme à tous les degrés de la connaissance humaine la distinction du sujet qui connaît et de l'objet connu subsiste, ils avaient pensé qu'au delà de ces degrés, reconnus par les philosophes antérieurs et par l'humanité, il y avait un degré auquel on ne parvenait qu'après de longues et pénibles initiations, et où la

(1) *Tim*, 52, B

perfection de la connaissance était atteinte; c'était l'extase (ἔκστασις), où l'esprit sort pour ainsi dire de soi et s'identifie avec l'être même, conçu dans son unité absolue (ἕνωσις). Or, nulle part, dans Platon, il n'est question de ce degré nouveau de connaissance. Pour lui, la connaissance s'arrête à la νόησις, et l'objet de la νόησις, ce sont les νοήματα, les idées, les choses éternelles, toujours composées d'un et de plusieurs, comme le dit le Philèbe. Si Platon ne reconnaît aucune forme de connaissance au-dessus de la νόησις ou de la raison, il ne peut admettre aucun principe qui ne soit intelligible et définissable pour la raison. Or, Platon le répète partout, il est impossible de rien comprendre à une unité sans forme, sans qualité, sans différence. Cette unité n'est donc pas la conséquence de la dialectique. La dialectique s'arrête lorsqu'elle a trouvé quelque chose de suffisant (ἱκανόν τι) qui ne suppose rien autre chose (τι ἀνυπόθετον). Or la raison n'est-elle pas satisfaite, quand en s'élevant dans la série des idées et des essences, elle arrive à l'être même en qui réside toute vérité, toute essence, toute beauté; et ira-t-elle, pour trouver une perfection plus grande, jusqu'à le dépouiller de ces attributs qui font la dignité de sa nature? « Eh quoi, » dit Platon dans le Sophiste, « nous persuadera-t-on
» facilement que dans la réalité, le mouvement, la
» vie, l'âme, l'intelligence, ne conviennent pas à l'ê-

» tre absolu, que cet être ne vit ni ne pense, et qu'il
» demeure immobile, immuable, sans avoir part à
» l'auguste et sainte intelligence (1)? »

Quant à ce texte important de la République « que le bien n'est point essence, mais fort supérieur à l'essence, » remarquons que Platon ne dit pas comme les Alexandrins que le bien soit au-dessus de l'être (ἐπέκεινα τοῦ ὄντος), mais seulement au-dessus de l'essence (τῆς οὐσίας). Et il établit une différence évidente entre ces deux termes; car, après avoir dit que le bien distribue aux êtres intelligibles leur être et leur essence (τὸ εἶναι καὶ τὴν οὐσίαν), il reprend seulement ce dernier mot, et il ajoute : « quoique le bien lui-même ne soit point essence. » Ainsi, le bien existe, il est; seulement il n'est point essence, c'est-à-dire que le bien considéré en lui-même, dans sa substance, abstraction faite de l'essence, de la vérité, de la beauté, qui l'expriment, n'est rien de déterminé. On ne peut dire qu'une chose de l'être absolu, considéré en lui-même : il est. Platon ne fait qu'exprimer là ce que toutes les philosophies, toutes les religions ont dit de Dieu, à savoir que son essence est inabordable, ineffable : il est donc au-dessus de l'essence, telle que nous pouvons la comprendre et la nommer. Le bien en lui-même, source de l'essence, n'est pas plus essence que le soleil en

---

(1) *Soph.*, 248, E.

lui-même, source de lumière, n'est lumineux.

Comment concilier la théorie de l'unité abstraite avec les admirables passages de la République, où Dieu est décrit dans la magnificence de sa nature. « Aux dernières limites du monde intellectuel est » l'idée du bien que l'on aperçoit avec peine, mais » que l'on ne peut apercevoir, sans conclure qu'elle » est la cause de tout ce qu'il y a de beau et de bon; » que dans le monde visible elle produit la lumière » et l'astre de qui elle vient directement; que dans » le monde invisible, c'est elle qui produit directe- » ment la vérité et l'intelligence (1) »... « Considère » cette idée comme principe de la science, et quelque » belles que soient la science et la vérité, tu ne te » tromperas pas en pensant que l'idée du bien en est » distincte et les surpasse en beauté (2). » Platon sait très-bien qu'un dieu abstrait n'est pas le vrai dieu : « La mémoire du philosophe, dit-il, est tou- » jours avec les choses qui font de Dieu un véritable » dieu, en tant qu'il est avec elles (3). » Et quelles sont ces choses? Ce sont celles que l'âme a contemplées dans son voyage à la suite de Jupiter, le beau, le vrai, le bien, tout ce qui nourrit et fortifie les ailes de l'âme. Qu'on relise enfin le beau morceau du Banquet si souvent cité. C'est bien Dieu lui-même

---

(1) L. vii, 517, B.
(2) *Rép*, l. vi, 508, E.
(3) *Phèdre*, 249, C. Πρὸς οἷσπερ θεὸς ὢν θεῖος ἐστί.

que Platon veut peindre sous le nom de la beauté divine. C'est, en effet, comme beauté, comme être réel et vivant que Dieu peut être l'objet de l'amour. Qui croira que l'amour puisse s'attacher à cette ombre d'être que l'on appelle l'être en général, l'existence indéterminée? Que l'on ne dise pas : l'amour est un sentiment, et par conséquent une illusion; son objet peut être un rêve, un néant. Je réponds : l'amour a un objet propre comme l'intelligence, et il nous révèle son objet tout aussi nécessairement que l'intelligence elle-même. Cet objet propre de l'amour, c'est le bien, c'est le beau. Nulle chose n'est aimable qu'à la condition d'être bonne ou belle. Or nous avons essayé de montrer le lien étroit qui unit l'amour à la dialectique. L'objet de l'amour est aussi celui de la dialectique ; donc l'objet de la dialectique est nécessairement un être déterminé, sans quoi il ne serait pas aimable.

Répétera-t-on encore avec Aristote que le dieu de Platon n'est pas une cause de mouvement (1), n'est pas une cause finale, c'est-à-dire manque des deux attributs essentiels de la perfection? Cela est vrai, si Aristote a raison dans son interprétation générale de la doctrine et de la méthode de Platon ; cela est faux, si son interprétation est erronée. Or, à quoi se réduit sa polémique tout entière? A ce seul point, que la

(1) *Mét.*, l. i, 6, 7.

dialectique est une méthode logique, qui disserte sur des vraisemblances et des abstractions, et n'atteint pas jusqu'aux principes nécessaires, jusqu'à l'être réel. Ce principe posé, les conséquences en sont manifestes. Mais ce principe, tout notre travail a eu pour but de le renverser.

Il est vrai que la dialectique de Platon ne choisit pas particulièrement pour point de départ le phénomène du mouvement. Il est facile à Aristote, qui part du mouvement, et qui prouve l'existence de Dieu par la nécessité d'une cause du mouvement, de proclamer, comme une nouveauté inconnue avant lui, que Dieu est le principe du mouvement. Mais ne peut-on s'élever à Dieu que par cette seule considération? Dieu, considéré dans son essence, est-il avant tout cause de mouvement? Aux yeux mêmes d'Aristote, Dieu n'est pas seulement la cause du mouvement, il est surtout l'acte pur, la perfection suprême. Ce que l'on doit demander à Platon, c'est s'il a conçu Dieu comme perfection suprême; si l'idée qu'il s'en fait lui permet d'attribuer à Dieu toutes les perfections que réclame sa nature.

La dialectique a son point de départ dans les contradictions, les imperfections des choses sensibles. Au sein de ces contradictions, elle surprend quelque trace de vérité, de beauté, d'unité : ces vestiges de perfection la conduisent à la perfection absolue où elle s'arrête. Qu'y a-t-il implicitement dans cette marche de la pensée ? que les choses sensibles ne sont pas par elles-mêmes, qu'elles ne suffisent pas à l'esprit, que leur cause est dans l'être absolu, le seul que la pensée conçoive clairement. Pour ne pas marquer précisément que dans la dialectique l'esprit marche de l'effet à la cause, en est-il moins évident que ce rapport est impliqué dans la conception qui du contingent nous élève à l'absolu ? Si, en effet, les choses sensibles se suffisaient à elles-mêmes, lèverions-nous nos regards vers le monde invisible ?

Et même, si c'était ici le lieu d'examiner la méthode par laquelle Aristote s'élève jusqu'à l'être premier, on y trouverait plus de rapports qu'il ne le croyait lui-même avec la méthode de Platon. Ne voit-il pas dans la nature une série de formes de plus en plus parfaites, dont chacune tend pour ainsi dire à la forme supérieure, comme à son idéal, et qui toutes tendent à la forme en soi, à l'acte pur, comme idéal suprême ? L'acte pur contient donc en soi éminemment toutes les perfections particulières des êtres de la nature. Qui ne reconnaîtrait là l'inspiration éclatante de Platon ? L'idée de Platon n'est pas plus le genre logique que l'acte d'Aristote. Elle est la forme suprême de la perfection dans chaque genre déterminé, et repose elle-même dans la forme suprême de la perfection en soi, qui est le bien.

Retrancher au bien l'attribut de la causalité, c'est lui retrancher un des caractères essentiels de la perfection. Qu'est-ce qu'un être parfait qui serait incapable d'agir, sans lequel le mouvement pourrait exister? Qu'est-ce qu'un être parfait qui ne serait pas la fin de toutes choses? Quand même Platon n'aurait point parlé d'une manière précise, de telles conséquences seraient en contradiction éclatante avec ses principes. Mais au contraire, le dieu de Platon est présenté partout dans ses dialogues comme cause de mouvement, comme cause finale.

On trouve aussi dans Platon la démonstration de Dieu par le mouvement : elle est au dixième livre des Lois. Il est vrai qu'à cet endroit, Dieu est représenté surtout comme l'âme du monde, comme un principe mobile lui-même; mais remarquons que la démonstration est surtout populaire, que Platon a dû rabaisser d'un degré, en la divulguant, l'idée si haute qu'il se faisait de la divinité. « Il est difficile, dit-il dans le » Timée, de trouver l'auteur et le père de l'univers, » et impossible, après l'avoir trouvé, de le faire con- » naître à tout le monde (1). » Dans le Timée, Dieu est appelé l'auteur, le père du monde. Il le crée, parce qu'il veut créer : « Étant bon et exempt d'en- » vie, il a voulu que toutes choses fussent, autant

---

(1) *Tim.*, 28, C.

» que possible, semblables à lui-même (1). » C'est Dieu qui crée l'âme, qui crée le temps, qui fait du monde un animal vivant et harmonieux, qui crée les différents dieux et leur ordonne ensuite de produire les créatures inférieures. Dira-t-on que le dieu du Timée n'est pas le dieu de la dialectique. Mais où sont les différences? Le dieu du Timée est intelligent et bon, le dieu de la République est l'intelligence et le bien. Comment l'intelligence ne serait-elle pas intelligente? Comment le bien ne serait-il pas bon? Le dieu de la République est exprimé par son essence, et son essence est le bien; le dieu du Timée est considéré dans son action, et son action est bonne puisqu'il est le bien. Si dans quelques passages du Timée, Platon prête à Dieu les sentiments de l'humanité, c'est une figure poétique qui se trouve dans toutes les Genèses du monde.

Le dieu du Timée est une cause réelle, c'est de plus une cause finale. Il ne l'est pas, il est vrai, comme l'entend Aristote : ce n'est pas l'objet inerte et indifférent du désir aveugle de la nature. C'est lui-même qui ordonne la nature, conformément au bien, qui recherche, en toutes choses, le mieux. « Dieu voulant que tout soit bon, et que rien ne » soit mauvais, autant que cela est possible, prit » la masse des choses visibles qui s'agitait d'un

(1) *Tim.*, 29, E.

» mouvement sans frein et sans règle, et du dés-
» ordre il fit sortir l'ordre, pensant que l'ordre
» était beaucoup meilleur (1). » Ce principe se re-
» trouve à chaque page du Timée : « Il organisa l'u-
» nivers de manière à ce qu'il fût le plus beau et le
» plus parfait. » ... « Jugeant le semblable infiniment
» plus beau que le dissemblable, il donna au monde
» la forme sphérique. »... « L'auteur du monde es-
» tima qu'il vaudrait mieux que son ouvrage se suf-
» fît à soi-même, que d'avoir besoin de secours étran-
» ger (2). » Partout il explique la conformation des
choses, par exemple du corps humain, en recherchant
le but pour lequel elles sont faites. Qui pourrait nier
que Platon ait connu le principe des causes finales,
en lisant ces passages du Phédon : « Si quelqu'un
» veut trouver la cause de chaque chose, comment
» elle naît, périt ou existe, il n'a qu'à chercher la
» meilleure manière dont elle peut être ; et en consé-
» quence de ce principe, je conclus que l'homme ne
» doit chercher à connaître, dans ce qui se rapporte à
» lui, comme dans tout le reste, que ce qui est le
» meilleur et le plus parfait (3). » Et en effet, dès
qu'on reconnaît que les choses sont l'œuvre de l'intelligence, « il n'est pas d'autre cause de leur ordre
» réel, que la bonté et la perfection. » Et ce passage

(1) *Tim.*, 30, A.
(2) *Tim., pass.*
(3) *Phæd.*, 97, C.

du Phédon a d'autant plus de force, qu'il se trouve au milieu du discours même où Socrate explique la marche de la pensée et le caractère de sa méthode. C'est pourquoi, continue-t-il, « depuis ce temps, sup-
» posant toujours le principe qui me semble le meil-
» leur, tout ce qui me paraît s'accorder avec le prin-
» cipe, je le prends pour vrai, qu'il s'agisse des
» causes ou de toute autre chose, et ce qui ne lui est
» pas conforme, je le rejette comme faux (1). » Et pour expliquer cette méthode, il entre à fond dans la théorie des idées. La physique de Platon est tout entière gouvernée par ce principe du mieux, qui n'est autre chose que le principe même de l'idéal.

Nous croyons inutile de prolonger cette discussion, pour qu'il demeure établi que le dieu de Platon, le dieu de la dialectique est un dieu réel, personnel et vivant, impénétrable dans sa substance, mais accessible dans ses déterminations, à la fois cause et raison, lumière et essence, principe et fin.

Nous savons encore que tout ce qu'il y a de régulier, d'ordonné, de beau, de fixe dans le monde, vient des idées; que les idées ne sont pas seulement un principe de généralité, un élément de classification, mais un principe, un élément de bonté. Or les idées sont toutes renfermées dans l'Idée du bien, qui n'est autre chose que l'auteur même du monde. C'est

(1) Phæd., 100.

dans le sein de sa propre perfection qu'il puise le modèle de ses œuvres.

C'est cette même idée du bien qui est la règle de la politique et de la morale, « l'idée du bien, sur la-
» quelle il faut avoir toujours les yeux, pour se con-
» duire avec sagesse dans la vie privée ou pu-
» blique (1). » Comme Dieu, dans la formation du monde, a les yeux fixés sur le modèle éternel et immuable, et ordonne tout suivant les lois de l'ordre et de la perfection, de même l'homme doit conformer sa vie à l'harmonie et à la justice, qui résident dans l'idée du bien. Aussi le moyen de perfection morale le plus sûr est la contemplation des essences. C'est là que l'âme trouve la nourriture de ses ailes. « Celui
» dont la pensée est réellement occupée de la contem-
» plation de l'être n'a pas le loisir d'abaisser ses re-
» gards sur la conduite des hommes, de leur faire la
» guerre, et de se remplir contre eux de haine et
» d'aigreur ; mais, la vue sans cesse fixée sur des
» objets qui gardent entre eux le même arrange-
» ment et les mêmes rapports, et qui, sans jamais se
» nuire les uns aux autres, sont tous sous la loi de
» l'ordre et de la raison, il s'applique à imiter et à
» exprimer en lui-même, autant qu'il lui est possible,
» leur belle harmonie. Car comment s'approcher sans
» cesse d'un objet avec amour et admiration, sans

(1) *Rép.*, l. vii, 517, B.

» s'efforcer de lui ressembler?.... Ainsi le philo-
» sophe, par le commerce qu'il a avec ce qui est di-
» vin, et sous la loi de l'ordre, devient lui-même
» soumis à l'ordre, et divin autant que le comporte
» l'humanité : car il y a toujours beaucoup à re-
» prendre dans l'homme (1). » Le principe régulateur de la morale est donc le principe de l'accord, c'est-à-dire l'idée, et encore une fois, l'idée nous apparaît, comme idéal, éclairant et réglant la conduite morale comme elle gouverne et embellit la nature physique.

Quant à la politique, qui est la morale de l'État, elle ne doit, elle aussi, reposer que sur le principe éternel de la justice, qui repose elle-même sur l'idée du bien. C'est de la connaissance de l'être véritable que doivent s'éclairer les véritables gouvernements. « Tant que les philosophes ne seront pas rois, et que
» ceux que l'on appelle aujourd'hui rois et souverains
» ne seront pas vraiment et sérieusement philosophes,
» il n'est point de remède aux maux qui tourmen-
» tent les États. » Or, quel est l'objet des philosophes? « De s'attacher à la poursuite de la science
» qui peut leur dévoiler cette essence immuable,
» inaccessible aux vicissitudes de la génération et de
» la corruption (2). » Ainsi, il n'y a pas à espérer de

---

(1) *Rép.*, l. vi, 500, C, D.
(2) *Rép.*, l. v, 473, C.

gouvernement véritable sans la science de ce qui existe d'une manière immuable. Entre ceux qui errent constamment parmi une foule d'objets changeants et ceux qui sont capables de s'attacher à ce qui existe toujours et de la même manière, lesquels choisir ? « Quelle différence mets-tu entre les aveu-
» gles et ceux qui, privés de la connaissance des
» principes des choses, n'ayant dans l'âme aucun
» exemplaire qu'ils puissent contempler, ne peuvent
» tourner leurs regards sur la vérité même, comme
» les peintres sur leur modèle, y rapporter toutes
» choses, et s'en pénétrer le plus profondément pos-
» sible, sont par conséquent incapables d'en tirer,
» par une imitation heureuse, les lois qui doivent
» fixer ce qui est honnête, juste et bon, et après
» avoir établi ces lois de veiller à leur garde et à leur
» conservation (1) ? » En effet, le but de la politique est de mettre l'harmonie, l'ordre et la paix entre les différentes parties de l'État, comme celui de la morale entre les différentes parties de l'individu. Elle ne le peut pas, si elle ne sait ce que c'est que la justice. Or, la justice et toutes les vertus tirent leur origine du bien. « Le juste et l'honnête ne trouve-
» ront pas un digne gardien dans celui qui ignorera
» leur rapport avec le bien, et j'oserais prédire que
» nul n'aura de l'honnête et du juste une connaissance

(1) *Rép.*, l. vi, 484, C.

» exacte, sans la connaissance exacte du bien (1). »
Ainsi la politique n'est pas une science purement empirique, ainsi que le croit le vulgaire; elle a, comme toutes les sciences, des principes absolus. Cependant Platon ne réduit pas la politique à la science abstraite du bien : il comprend qu'il faut tenir compte de la réalité. « Quand ils en viendront à l'œuvre, dit-il,
» ils auront, je pense, à jeter souvent les yeux sur
» deux choses alternativement, l'essence de la justice,
» de la beauté, de la tempérance et des autres ver-
» tus, et ce que l'humanité comporte de cet idéal;
» et ils formeront ainsi, par le mélange et la combi-
» naison, et à l'aide d'institutions convenables,
» l'homme véritable, sur ce modèle qu'Homère, lors-
» qu'il le rencontre dans des personnages humains,
» appelle divin et semblable aux dieux (2). »

Enfin l'art, comme tout le reste, a son principe et sa loi dans la région des idées. La théorie platonicienne de l'art est célèbre; c'est l'opposé de la théorie empirique, qui renferme l'art dans l'étude et la reproduction de la nature. Pour Platon, la nature n'est elle-même qu'une copie : il est absurde de s'enchaîner à la copie d'une copie. D'ailleurs, l'âme connaît et aime une beauté bien supérieure à toutes les beautés de la nature; l'art, à qui appartient tout le

---

(1) *Rép.*, 506, A.
(2) *Ibid.*, l. vi, 501, B.

domaine du beau, n'aura-t-il pas le droit de suivre la raison et l'amour jusqu'à la beauté divine? La vue de cette beauté est le comble du bonheur humain. « O mon cher Socrate, dit Diotime dans le Banquet, » ce qui peut donner du prix à cette vie, c'est le » spectacle de la beauté éternelle. » Sans cette beauté l'art n'a pas de loi : les beautés réelles sont à la fois laides et belles, elles changent et passent sans cesse ; se renfermer dans l'admiration de tels objets, c'est faire du hasard et de l'opinion la loi de l'art. « L'artiste, » dit Platon, qui, l'œil toujours fixé sur l'être im- » muable, et se servant d'un pareil modèle, en re- » produit l'idée et la vertu, ne peut manquer d'en- » fanter un tout d'une beauté achevée; tandis que » celui qui a l'œil fixé sur ce qui se passe, avec ce » modèle périssable, ne fera rien de beau (1). »

Ainsi, la dialectique, en nous conduisant à un Dieu réel et vivant, donne pour loi à la morale, à la politique, à l'art, non un idéal abstrait et chimérique, mais un principe solide, substantiel, déterminé. Par là, Platon satisfait aux besoins de la nature humaine, dont il a découvert, suivi, et merveilleusement appliqué le mouvement instinctif et la loi secrète. Il a montré que l'idéal auquel l'homme, la société, l'artiste croient et aspirent par des moyens divers, est un seul et même principe, le même qui a donné à la nature ses cou-

(1) *Tim.*, 28, B.

leurs, son harmonie et ses lois, le même en qui les sciences trouvent leur fondement et leur unité, Dieu, en un mot, qui est le parfait sous toutes ses faces, et que la raison découvre peu à peu, lorsqu'en suivant les lois régulières de la dialectique, c'est-à-dire ses lois propres, elle s'élève jusqu'à l'Etre auquel elle doit sa lumière et son essence.

La raison, avant Platon, avait fait de nobles, mais impuissants efforts. Dans Héraclite et Pythagore, elle se cachait encore sous des symboles énigmatiques. Dans Parménide elle prit possession d'elle-même; mais au lieu de l'être réel et déterminé auquel elle est naturellement unie et où elle puise ses principes, elle n'avait saisi qu'une entité vide, incapable de fournir des principes aux sciences, des lois aux sociétés et aux individus, puisqu'elle absorbait tout dans une unité incompréhensible. Zénon, pénétrant davantage dans les principes logiques de la raison, apprit à discuter les opinions contradictoires; mais il ne légua à la science que l'arme de la réfutation. Socrate poursuivit à sa manière l'œuvre des Éléates avec une conscience plus nette de son rôle; il chercha surtout les fondements de la science, il soumit à la critique et ses propres pensées et celles des autres hommes. La raison se fortifia sans aucun doute dans cet examen persévérant d'elle-même; elle trouva dans les procédés socratiques des moyens nouveaux d'alibre pour prendre son vol et un guide pour la conduire : Platon la dégage de ses chaînes et l'entraîne avec lui. Il a été le libérateur des âmes antiques, et, lui aussi peut être appelé, en un sens, le Précurseur.

IV.

ESSAI

SUR LA

DIALECTIQUE DE HÉGEL.

Lorsque l'on ouvre la *Logique* de Hégel, qu'un habile philosophe vient de traduire et de commenter (1), on est tout d'abord confondu d'étonnement. L'étrangeté de la forme, l'obscurité des idées, l'enchevêtrement inextricable des concepts, le va-et-vient monotone d'une trichotomie arbitraire, l'abstraction poussée à ses dernières limites et donnée cependant comme le fonds de la réalité, ce qu'il y a de plus re-

(1) *Logique de Hégel*, traduite pour la première fois et accompagnée d'une Introduction et d'un Commentaire perpétuel par A. Vera, docteur ès lettres, ancien professeur de philosophie de l'Université de France (librairie philosophique de Ladrange, rue Saint-André-des-Arts, 41, Paris, 1859). L'Introduction du traducteur est un remarquable morceau de philosophie. Il avait déjà donné en 1855 une intéressante *Introduction à la philosophie de Hégel*. Nous ne pouvons ici mentionner tout ce qui a été écrit sur Hégel en français; mais nous devons cependant indiquer la préface de M. de Rémusat à son livre sur la *Philosophie allemande*; et la *Métaphysique de la science*, de M. Vacherot (t. II, *Philosophie du XIXe siècle*).

poussant dans la logique et dans la métaphysique imposé à l'esprit de la façon la plus impérieuse, tout, en un mot, donne à penser que l'on est dupe d'un jeu et d'une gageure, ou qu'on a devant les yeux le spectacle d'une des aberrations les plus extraordinaires de la raison. Et cependant il n'en est rien. Car, d'une part, rien de plus sérieux et plus sincère que la philosophie de Hégel; et de l'autre côté, cette philosophie, quoique l'on puisse la surprendre assez souvent en délit de contradiction ou d'inconséquence, n'en est pas moins une doctrine qui se tient, qui se lie, et qui sait parfaitement ce qu'elle veut.

Sans doute, on doit juger avec quelque sévérité l'abus manifeste que l'Allemagne a fait de la terminologie abstraite, qui peut servir aussi souvent à dissimuler le faux ou à cacher le vide qu'à exprimer d'une manière précise et simple une vérité complexe. Mais avant de condamner un fait, il faut chercher à le comprendre. Or, on ne doit pas oublier que de tous les pays de l'Europe savante, l'Allemagne est le seul qui ne se soit jamais complétement affranchi de la scolastique; et, au contraire, la France est celui qui s'en est le plus tôt et le plus entièrement détaché. Il est donc facile de s'expliquer que la France et l'Allemagne aient tant de peine à s'entendre en philosophie, sans qu'il soit nécessaire de recourir à cet aphorisme banal : « Les Allemands sont obscurs et profonds ; les Français sont clairs et superficiels. » Si, au lieu de vouloir lire Hégel en sortant de Condillac ou de Jouffroy, ou même, comme quelques-uns, de Racine et de Bossuet, nous le lisions après Duns Scott, Gabriel Biel, Guillaume d'Ockam, nous n'éprouverions aucun étonnement. La langue de la métaphysique d'Aristote, subtilisée par la scolastique, et perpétuée par la tradition des écoles jusqu'à Kant et Hégel, voilà la vraie origine de cette forme extraordinaire qui nous révolte et nous confond. Sans doute, nous avons essayé en France de rapprendre la langue de la métaphysique oubliée au xviiie siècle ; mais nous ne l'avons rapprise que par l'érudition et comme une langue morte ; nous ne la parlons pas ; le peu qui s'en glisse dans notre philosophie fait sourire le monde à nos dépens. Descartes a porté parmi nous un coup mortel à la métaphysique scolastique : il en reste encore un peu dans sa philosophie, beaucoup moins déjà dans celle de Malebranche, quelques traces à peine dans la Logique de Port-Royal, et pas la moindre dans Pascal : voilà les maîtres de la philosophie au xviie siècle. Au xviiie, la révolution est plus profonde encore : la philosophie anglaise, la philosophie de l'expérience entre en France avec Voltaire. Bacon et Locke deviennent nos maîtres. Condillac simplifie Locke, et Voltaire simplifie Condillac. Au xixᵉ siècle, une nouvelle philosophie succède à celle de Locke : d'où vient-elle ? de la même origine ; elle est écossaise, au lieu d'être anglaise ; mais c'est toujours le même esprit, le même goût pour les faits, pour la logique simple et naturelle, le même dédain d'Aristote et de la métaphysique scolastique. Nous en serions là encore, si un homme d'un merveilleux esprit, et qui a eu le don singulier d'intéresser son temps à tout ce qui l'intéresse lui-même, ne nous eût transportés en Orient, en Grèce, au Moyen âge, et ne nous eût rendu l'intelligence de cette langue savante dont nous avions perdu la pratique et le commerce familier : c'est par lui que nous sommes redevenus capables de comprendre ce qui se passe en Allemagne. Il n'en est pas moins vrai que depuis le xviiᵉ siècle il y a eu en France une rupture complète entre l'Ecole et la philosophie. L'une n'a eu aucune influence sur l'autre. L'exemple de Descartes a été suivi par toutes les générations qui l'ont suivi.

Les choses se sont passées tout autrement en Allemagne. Sans doute, tous les grands mouvements de la pensée moderne y ont retenti, et y ont eu leur contre-coup ; mais toujours dans la forme propre au génie de la nation, et cette forme est la scolastique. On peut dire que la philosophie allemande moderne est une revanche de la scolastique contre la philosophie moderne, anglaise et française, de Duns Scott contre Descartes et contre Bacon. C'est ce qui prouve encore une fois qu'il n'y a jamais de cause perdue dans le monde. Que l'on y regarde d'un peu près, voici les trois faits qui ressortiront de l'histoire de la pensée allemande, au XVIe siècle, au XVIIe siècle, au XVIIIe siècle :

Au XVIe siècle, Luther, à la vérité, s'insurge contre la scolastique et contre Aristote au moins autant que contre l'Église. Mais son élève, le judicieux, le modéré, le pénétrant Mélanchton, comprenant à la fois combien il est nécessaire d'avoir une philosophie d'école pour contre-balancer la philosophie du dehors, et combien la philosophie d'Aristote se prêtait facilement à l'enseignement, reprit cette philosophie en la mitigeant, en la transformant, en l'accommodant aux besoins de son temps. Ce fut là un fait décisif. Tandis que partout ailleurs la scolastique de plus en plus entêtée et barbare repoussait toute innovation, et préparait ainsi contre elle-même une révolution indispensable à la liberté de l'esprit, la sage réforme de Mélanchton rendit cette révolution presque inutile; et l'enseignement fut ainsi occupé pendant près de deux siècles (1) par un péripatétisme mitigé, qui permettait de rester dans le courant de la tradition

---

(1) Voyez *Histoire de l'Académie de Prusse*, par Christian Barthollmess, t. I, ch. III, p. 99.

métaphysique, sans rompre avec l'esprit moderne : c'est ce que la scolastique essaya plus tard dans les autres pays, mais trop tard et sans que personne s'en occupât.

Ce fut ainsi que l'Allemagne atteignit le xviie siècle ; et c'est dans cet état que la trouva la philosophie cartésienne. Or, Descartes par lui-même n'eut presque aucune influence en Allemagne (1). Le seul cartésien allemand un peu célèbre est Clauberg. Ce fut seulement par Leibnitz que la réforme cartésienne s'introduisit. Mais il faut remarquer ici : 1° que la grande influence de Leibnitz n'a lieu qu'au xviiie siècle, et qu'ainsi l'Allemagne demeura au moins un siècle de plus que les autres pays, sous l'influence de la scolastique pure ; 2° que Leibnitz lui-même est un grand scolastique, qu'il a renouvelé le cartésianisme par la scolastique, par la théorie péripatéticienne des formes substantielles, enfin qu'il a un goût singulier pour la langue de l'école, dont il se sert d'ailleurs avec le plus grand bonheur ; 3° enfin, que ce n'est pas par lui-même que Leibnitz a eu une véritable influence en Allemagne : il est trop libre, trop français,

---

(1) Voyez sur ce point la savante et exacte *Histoire de la philosophie cartésienne* de M. Francisque Bouillier (t. II, p. 404). « Entre le péripatétisme de Mélanchton qui règne dans les Universités jusqu'aux premières années du xviiie siècle et la philosophie de Leibnitz, qui, grâce à Wolf, lui succéda, le pur cartésianisme s'est établi, mais n'a jamais joué un grand rôle en Allemagne. »

trop cosmopolite plutôt, pour qu'elle se soit reconnue en lui. La philosophie de Leibnitz, pour devenir allemande, a été obligée de se germaniser. Ce fut l'œuvre du célèbre Wolf.

Je ne sais si je me trompe : mais je me persuade que c'est dans les écrits de Wolf qu'il faudrait chercher la clef de la nouvelle philosophie allemande. L'influence de Wolf sur son temps a été considérable. En France, le xviiie siècle, c'est Voltaire; en Allemagne, c'est Wolf avec ses vingt-trois volumes in-4°, son Ontologie, sa Cosmologie transcendantale, sa Psychologie et sa théologie rationnelle, sa Téléologie. Wolf emprunte ses idées à Leibnitz; mais sa forme est toutes colastique. Et cela devait être. Car, comment faire passer dans l'usage une philosophie nouvelle, sinon en l'exprimant sous les formes auxquelles l'esprit allemand était habitué depuis des siècles ?

Il y a deux faits que l'on peut donner comme certains : le premier, c'est que Wolf a fait entrer la philosophie de Leibnitz dans le cadre scolastique; le second, c'est que Wolf a imprimé son cachet à toute la philosophie allemande. C'est donc de la scolastique que cette philosophie est sortie indirectement.

Pour se convaincre de ces deux faits, il suffit de comparer le cadre de la philosophie wolfienne, d'une part au cadre de l'enseignement des écoles, de l'autre à celui de la nouvelle philosophie allemande. Ouvrez par exemple les *Institutiones philosophicæ* de Pourchot, bon scolastique du xvIII^e siècle, ou la *Philosophia lugdunensis* enseignée en France jusqu'au commencement de ce siècle-ci, ou enfin tel cours de philosophie enseigné encore aujourd'hui dans les séminaires de France. Quelle est la première science philosophique ? c'est la logique. Puis vient la métaphysique, qui se divise en deux parties : 1° la métaphysique première, qui traite de l'être en tant qu'être ; 2° la métaphysique seconde, ou pneumatologie, qui est la science des esprits, de Dieu et de l'âme. Enfin, l'enseignement se termine par la physique. Or, c'est là, à peu de chose près, le cadre de la philosophie wolfienne : au premier rang la logique, au second la métaphysique première ou ontologie, puis la cosmologie générale, puis la psychologie et la théodicée naturelle. C'est le même ordre, si ce n'est que la cosmologie, ou physique *à priori*, est placée immédiatement après l'*Ontologie* dont elle est une application naturelle.

Comparez maintenant Wolf et Hégel, ne voyez-vous pas encore une profonde analogie dans le cadre général de leur philosophie respective ? Était-il difficile de remarquer qu'entre la logique pure, qui traite des formes de la pensée, et la métaphysique première, qui traite de l'Être en tant qu'Être, il n'y a pas de différence essentielle, et ces deux parties ne se ramenaient-elles pas naturellement à une seule, la logique ou métaphysique première? Ne voyez-vous pas dans la *cosmologie générale* la place toute prête de la philosophie de la nature, et dans la *psychologie et la théologie naturelle* la philosophie de l'esprit? La philosophie de Hégel, comme celle de Wolf, est un chemin pour aller de la logique pure à la théologie, des formes vides de la pensée à l'Esprit absolu.

Veut-on se convaincre d'une manière encore plus précise de la parenté de ces deux doctrines, au moins dans la forme? Comparez l'*Ontologie* de Wolf et la *Logique* de Hégel. Qu'est-ce que l'ontologie, suivant Wolf? « C'est la science de l'*être en tant qu'être*. » Or, n'est-ce pas là la première partie de la Logique de Hégel (1)? Comment Wolf construit-il son ontologie? Par la considération et l'analyse des concepts purs. C'est précisément la méthode que Hégel a voulu perfectionner par sa dialectique; mais on voit qu'il ne l'a pas créée. De quels concepts Wolf nous fait-il partir? du *Nihilum* et de l'*Aliquid*. Hégel part de l'Etre et du Néant, et il arrive un peu plus tard à l'*Aliquid* (das Etwas) (2). Wolf définit le *Nihilum* :

---

(1) *Log.*, § LXXXIII. La logique se divise en trois parties : 1° La science de l'être ; 2° etc.

(2) Le *das Etwas* n'est pour Hégel que la conclusion de la seconde triade : 1° L'être, le non-être, le devenir. 2° L'existence, la qualité, le quelque chose.

« ce à quoi aucune notion ne répond. » Il définit l'*Aliquid* : « ce à quoi une certaine notion correspond. » Puis, comparant ces deux notions, il conclut : « *Patet ergo nihilum non esse aliquid.* » C'est là, à la vérité, une formule diamétralement opposée à celle de Hégel qui pose au contraire en principe que « l'être est identique au non-être. » Mais l'une ne peut-elle pas conduire à l'autre? Et lorsque, pendant un siècle, on a été instruit à considérer ces abstractions comme le fond des choses, faut-il s'étonner que quelque esprit audacieux retourne ces abstractions, les combine autrement, et en fasse sortir des résultats inattendus? Wolf continue ainsi en passant, comme Hégel (1), du néant et du quelque chose, à l'impossible et au possible, puis au déterminé et à l'indéterminé, puis enfin à l'être et au non-être, puis à l'identité et à la similitude, au singulier et à l'universel, au nécessaire et au contingent, à la quantité, à l'un et au multiple, au tout et à la partie, au grand et au petit, à la qualité, à l'ordre, la vérité, etc. Que Hégel ait profondément modifié cet ordre, qu'il l'ait rendu systématique, je le veux bien ; mais que l'un de ces travaux explique l'autre, c'est ce qui me paraît indubitable.

Mais enfin, voici Kant ; et Kant est à la fois le Descartes et le Bacon de l'Allemagne : c'est lui qui a dû

---

(1) Voir la table de la Logique de Hégel.

porter le coup fatal à la scolastique dans ce pays, où il faut reconnaître qu'elle y règne encore. C'est là la troisième période de la pensée allemande. Mais, de même que Mélanchton et que Wolf, Kant n'a fait de révolution en Allemagne qu'en restant fidèle au moule de la pensée germanique, à savoir, le formalisme scolastique. Ce qui le prouve, c'est que la principale difficulté du système de Kant vient de l'ignorance où nous sommes de l'ancienne logique. Toute la *Critique de la Raison pure* est modelée sur la logique de l'École. C'est la théorie des trois opérations de l'esprit qui sert de cadre à ses divisions. A la *simple appréhension* correspond l'esthétique transcendantale, au *jugement* l'analytique transcendantale, au *raisonnement* la dialectique transcendantale. La table des jugements lui sert à trouver les catégories de l'entendement, la table des raisonnements lui donne les idées pures de la raison.

En second lieu, quelle philosophie Kant avait-il étudiée et connue? Je doute qu'il ait lu Condillac. Il parle quelquefois de Locke, mais sans paraître l'avoir beaucoup pratiqué. Il a connu l'essai de David Hume sur l'idée de cause; mais c'est tout. Voltaire ne paraît pas l'avoir effleuré. Rousseau est le seul philosophe de son temps qui ait eu sur lui une véritable influence, mais seulement en politique et en pédagogie. Quant au passé, il paraît connaître Platon plutôt par ouï-dire que par un commerce familier. Il ne dit pas un mot de Descartes; même Leibnitz, je ne sais s'il l'a lu ailleurs que dans son disciple Wolf. C'est donc de Wolf qu'il a reçu la plus profonde empreinte, c'est contre Wolf qu'il a fait la Critique de la Raison pure; et la métaphysique fantastique qu'il poursuit partout, c'est la métaphysique wolfienne.

L'entreprise de Kant, si hardie et si radicale qu'elle soit, n'a donc pas détruit le cadre et la forme de la philosophie germanique. Il a plutôt ajouté sa propre scolastique à la scolastique traditionnelle, plus ou moins modifiée déjà par Mélanchton et par Wolf.

Comment devons-nous maintenant nous représenter Hégel et sa philosophie? C'est, selon nous, une restauration du dogmatisme wolfien, fondée sur l'identité de la logique et de l'ontologie (1). Voici comment je m'explique ce mouvement. Wolf, fidèle en cela à la tradition de l'École, partait de la logique pure, c'est-à-dire de la *science des formes de la pensée*. De là il passait à l'ontologie, c'est-à-dire à la *science des formes de l'Être*. L'ontologie était pour lui le passage du subjectif à l'objectif, du moi au non-moi. Que fait maintenant la critique de Kant? Kant remarque qu'entre les formes pures de la pen-

---

(1) *Log. Introd.* § IX. « La logique spéculative contient l'ancienne logique et l'ancienne métaphysique.

sée, étudiées par la logique, et les formes vides de l'Être étudiées par l'ontologie, il y a identité; que l'on ne va pas du moi au non-moi en passant des unes aux autres, mais que les unes et les autres ne sont rien en soi, et n'ont de valeur que comme formes de l'esprit humain. En détruisant ainsi le pont artificiel et fragile que la métaphysique scolastique établissait entre la pensée et l'être concret, il réduisait le monde réel à la pure phénoménalité. Voilà l'idéalisme transcendantal. Mais qu'on y réfléchisse : en identifiant la logique et l'ontologie, on pouvait tout aussi bien *objectiver* la logique, que *subjectiver* l'ontologie. On pouvait sans doute supposer comme Kant que les lois de la déduction de l'Être en soi, telles que les donnait l'ontologie scolastique, n'étaient que les formes de la pensée. Mais on pouvait supposer aussi que les formes de la pensée étaient les lois mêmes de l'Être. Ce sont là deux hypothèses, mais qui se valent à titre d'hypothèses. Ainsi Wolf part de la pensée pure; et de là il passe à l'Être pur, croyant avoir franchi l'espace du moi au non-moi. Kant lui démontre qu'il se trompe, et que l'Être pur est identique à la pensée pure. Hégel admet le même principe; mais il en tire une autre conséquence. Le premier ne voit dans l'Être que la forme de la pensée, le second ne voit dans la pensée que la forme de l'Être. Au point de vue psychologique et critique, c'est Kant qui a raison. Au point de vue de l'ancienne ontologie, c'est Hégel qui a raison. En un mot, Wolf ne peut se défendre contre Kant que par l'hypothèse de Hégel; et toute ontologie abstraite, considérée comme fondement de la métaphysique, est condamnée aux mêmes conséquences.

On le voit, la principale raison qui nous empêche de comprendre la philosophie allemande, c'est que depuis deux cents ans nous avons changé la voie qu'elle a continué de suivre. Elle persiste à croire, comme la scolastique, et malgré l'avertissement décisif de Kant, que c'est dans les conceptions logiques de l'esprit qu'est la solution du problème des choses. Nous croyons au contraire avec Descartes, Locke, Reid, et Maine de Biran, que c'est par l'étude expérimentale de l'âme et de ce qui se passe en elle qu'il faut commencer, et que c'est en elle que l'on trouvera tout ce que nous pouvons savoir sur l'Être en tant qu'être. L'Allemagne ne nous comprend pas plus que nous ne la comprenons. Notre empirisme, comme elle l'appelle, lui paraît aussi extraordinaire que son idéalisme abstrait nous le paraît à nous-mêmes. C'est là une situation fausse et fâcheuse; car pour se discuter il faut se comprendre.

Je ne sais si les Allemands sont disposés aujourd'hui à tenir un peu plus de compte de nos doctrines philosophiques qu'ils ne l'ont fait jusqu'à présent. Pour nous, nous sommes prêts à examiner consciencieusement tout ce qui nous vient de l'Allemagne. C'est dans cette pensée que nous avons été tenté d'examiner avec quelque soin le principe même de la philosophie hégélienne, qui est la dernière expression considérable du mouvement allemand. Après avoir étudié la dialectique de Platon, nous avons été curieux de savoir quelque chose de la dialectique de Hégel. La suivre dans tout son développement eût été une entreprise trop considérable; nous nous contenterons d'en étudier les principaux points.

Ces points sont au nombre de trois : 1° le *commencement* du mouvement dialectique ; 2° le *procédé* dialectique, étudié surtout dans sa première déduction, celle du devenir ; 3° le *terme* dialectique.

I.

Il n'est pas nécessaire d'être très au courant de la philosophie allemande pour savoir que le point de départ de la philosophie de Hégel est l'idée de l'Être pur et indéterminé, non pas, à la vérité, de l'Être infini ou parfait, comme l'entend Descartes, non pas de la Substance de Spinosa, ou de l'Être des êtres de Malebranche (dans ces différentes conceptions, l'Être est déjà conçu comme quelque chose de réel et de concret); mais de l'Être en tant qu'être, de l'Être abstrait, vide de toute détermination : c'est, en un mot, la notion la plus générale que la pensée humaine puisse concevoir, le *genus generalissimum* des scolastiques. Tel est le principe de la philosophie. C'est ce principe qui, analysé, pressé, développé par la dialectique, explique tout et contient tout, la nature et l'Esprit, le réel et l'idéal, la logique et la métaphysique. Examinons la valeur de ce principe.

Voici d'abord comment Hégel le formule lui-même :

« C'est par l'Être pur que l'on doit commencer, parce que l'Être pur est aussi bien pensée pure qu'être immédiat, simple et indéterminé, et que le commencement, sans être médiatisé, doit pouvoir être ultérieurement déterminé (1). »

Pour bien comprendre cette formule, il faut savoir d'abord que pour Hégel un terme *médiatisé* est un terme qui en implique un autre. « Il y a *médiation*, dit-il, dans un terme qui provient d'un autre terme, et qui passe dans un autre, ou qui sort de termes différents (2). » Ainsi l'idée du *moi* qui nous paraît immédiate, ne l'est pas dans le sens de Hégel (3). En effet,

---

(1) *Logiq*. Trad. de M. Véra, t. II, p. 70.
(2) Ibid. Remarque.
(3) Au moins dans le sens qu'il donne ici; car lui-même emploie souvent le terme d'immédiat, pour exprimer ce qui se présente tout d'abord à l'observation. C'est dans ce sens qu'il parle de la conscience *immédiate*. L'équivoque de ce mot n'est pas une des petites difficultés de la philosophie de Hégel.

le *moi* implique beaucoup d'autres idées, l'existence, l'Être, l'humanité, etc., et sort, par conséquent, de ces différentes idées. Or, suivant Hégel, le commencement de la philosophie doit être absolument immédiat, ne rien supposer avant soi; voilà pourquoi il faut commencer par l'Être pur. « On pourrait, dit-il, partir d'une vérité incontestable, de la certitude de sa propre existence, d'une définition ou de l'intuition d'une vérité absolue, et on pourrait considérer ces formes et autres semblables comme constituant le commencement. *Mais comme elles contiennent un moyen terme, elles ne peuvent former le vrai commencement.* » En effet, si vous dites comme Descartes : *je suis*, il y a là deux termes, l'être et le moi; le moi est un moyen terme par rapport à l'être : c'est l'être qui devient *moi*, et le moi, à son tour, devient pensée, douleur, action, etc. : il est donc moyen terme, c'est-à-dire, terme médiat. Si vous dites comme Spinosa : La substance est ce qui est *par soi;* le *par soi* est également un moyen terme; on ne peut pas le poser d'abord; mais l'on ne peut y arriver qu'ultérieurement par l'idée de l'Être.

On pourrait essayer un autre commencement qui paraît également immédiat : c'est l'*Intuition intellectuelle* de Schelling. Car, dans cette intuition, le moi et la conscience étant abolis, il n'y a aucun terme moyen. Il n'y a que la pure pensée, au delà de laquelle on ne peut concevoir que le pur néant. Mais si l'on y réfléchit, on verra que c'est là précisément l'hypothèse même de l'être pur. Car une pensée qui n'est ni *ceci* ni *cela*, qui n'a pas même conscience d'elle-même, est identique à l'Être indéterminé. Aussi Schelling appelle-t-il cet état l'*absolue indifférence du sujet et de l'objet*. C'est ce qui fait dire à Hégel que « dans cette forme pure et immédiate (l'intuition intellectuelle) on ne trouverait rien autre chose que l'Être (1). » Et c'est pour répondre à l'objection possible de Schelling, qu'il dit dans sa définition que « l'Être pur est aussi bien pensée pure qu'être immédiat. »

Dans sa Grande Logique, Hégel établit avec un peu plus de développement la nécessité de commencer par l'Être pur :

« Le commencement, dit-il, doit être absolu, ou ce qui est la même chose, abstrait, il n'a besoin de rien supposer, ne doit être médiatisé par rien, et n'avoir aucun fondement. Il doit plutôt être lui-même le fondement de toute la science. Il doit donc être absolument un immédiat, ou plutôt l'immédiat lui-même. De même qu'il ne peut avoir aucune détermination par rapport à autre chose, il ne peut en avoir non plus aucune en lui-même, n'avoir aucun contenu ; car alors il y aurait en lui quelque différence, et par conséquent

---

(1) Il dit la même chose du principe de Fichte : MOI-MOI.

rapport réciproque avec le différencié, par conséquent médiation. Le commencement est donc l'Être pur. »

Enfin, on pourrait réduire à ce syllogisme le principe de Hégel : « Le commencement est ce qui ne suppose absolument rien avant soi. Or, l'être indéterminé ne suppose rien avant soi. Donc il est le commencement. » Je ne vois pas dans Hégel d'autre démonstration de son principe.

Je fais remarquer d'abord l'équivoque qui est dans le terme de *commencement*. De quel commencement s'agit-il? Est-ce du commencement de la science, ou du commencement des choses? Car ce sont là deux choses profondément distinctes. Aristote a distingué avec raison deux classes de principes : les principes dans l'ordre de la connaissance, et les principes dans l'ordre de l'existence. Dans lequel de ces deux sens l'Être pur est-il principe et commencement?

Je dis, en premier lieu, qu'il n'est pas le commencement dans l'ordre de la connaissance. Je pourrais le prouver directement en montrant que l'Être pur ne peut être connu que par un être pensant, qui, précisément parce qu'il pense, se connaît lui-même avant l'être qu'il pense. Mais j'aime mieux emprunter à Hégel la démonstration même de ce que j'avance. Lui-même, dans son Introduction à la logique, reconnaît expressément et à plusieurs reprises, que l'être n'est pas le commencement dans l'ordre de la connaissance.

« Cette science mérite seule le nom de philosophie, dit-il, qui recherche l'universel et une mesure invariable dans cet océan d'individualités sensible, le nécessaire et la loi dans ce désordre apparent de la contingence infinie, et qui en même temps puise la *matière de la connaissance dans l'observation et l'intuition externes et internes*, c'est-à-dire dans cette nature et dans cet esprit, vivants et réels, qui sont devant nous et qui se manifestent à notre conscience (1). »

Si je comprends cette pensée, elle implique, ce me semble, que la matière première de la philosophie, c'est l'expérience interne et externe, au sein de laquelle l'esprit cherche la loi et l'universel. Il ne part donc pas tout d'abord du principe le plus général et le plus abstrait.

Oui, dira-t-on, la connaissance vulgaire, la connaissance empirique commence à la vérité par la matière des phénomènes, internes ou externes, et souvent même elle s'y arrête. Mais la pensée philosophique s'élève au-dessus de la connaissance empirique, elle y échappe pour ne considérer que la forme de la connaissance, c'est-à-dire, l'être tel qu'il est en soi.

(1) Introd. de Hégel, § VIII (trad. Véra, p. 213).

Je réponds que c'est bien là, à la vérité, la fin de la pensée philosophique, mais non pas son début : c'est ce qu'Hégel avoue lui-même expressément.

« *La philosophie* qui prend naissance dans la satisfaction de ce besoin (le besoin de concilier les oppositions), *a pour point de départ l'expérience, c'est-à-dire la conscience immédiate.* Mais excitée comme par un appât, la pensée s'élève, par sa vertu propre, au-dessus de la conscience naturelle, au-dessus des choses sensibles et du raisonnement, et se place dans l'élément de la pensée pure.... C'est ce désir qu'éprouve la pensée d'atteindre à l'essence universelle, qui est le point de départ et le mobile de ses développements. »

Hégel s'est si bien rendu compte de ce qu'il avançait ici, qu'il se fait à lui-même l'objection que nous lui faisons.

« Mais si la *médiation* (1), pourra-t-on dire, est une condition essentielle de la connaissance, — et *c'est là en effet ce qu'on ne saurait trop répéter*, — la philosophie devra nécessairement son point de départ à l'expérience, à l'élément *a posteriori*. A cet égard on dira de la pensée ce qu'on peut dire du manger. Car les aliments sont la condition du manger, puisqu'on ne saurait manger sans aliments. Mais

---

(1) Ne pas oublier ce que Hégel prétend par médiation : c'est la détermination.

le manger peut être accusé d'ingratitude; car il détruit la condition même de son existence. Or, comme la pensée est essentiellement la négation de l'objet fourni par l'expérience, elle n'est pas à cet égard moins ingrate. »

L'auteur affirme donc ici que la médiation, c'est-à-dire le déterminé et le concret, est la condition essentielle de la connaissance, et cependant il affirmait tout à l'heure que l'immédiat, c'est-à-dire l'indéterminé et l'abstrait, est le seul commencement. Ces deux assertions seraient contradictoires, si l'on ne distinguait avec Aristote l'ordre de la connaissance et l'ordre de l'existence. Ce ne peut être que dans l'ordre de l'existence que l'immédiat est le commencement. Dans l'ordre de la connaissance, c'est le médiat qui est nécessairement premier. Il est vrai que la pensée aspire à dévorer l'expérience, comme le manger dévore les aliments. Mais les aliments n'en sont pas moins la condition du manger; ils lui sont donc antérieurs; ils sont la matière nécessaire de la nutrition. Pour continuer la comparaison, je reconnais que la nutrition est la fin des aliments, et que l'homme ne les prend que pour les détruire, c'est-à-dire les absorber, les transformer en sa propre substance; mais il ne peut le faire qu'à la condition de les digérer, opération lente et complexe qu'on ne peut supprimer, ni abréger, ni renverser sans nuire à la nutrition même. De même la pensée pure est le but de l'expérience ; le physicien n'observe que pour arriver à la loi, c'est-à-dire à l'universel, c'est-à-dire à la pensée : les faits sont les aliments qu'il digère par l'observation et l'expérimentation ; l'accident, le fortuit, le particulier, est le résidu qu'il élimine sans l'employer : le général et l'essentiel est la matière nutritive, qu'il conserve pour alimenter la pensée pure, seul objet de son culte et de son respect. Mais c'est là la fin de son travail, et non le début. Il en est de même de la philosophie.

Que le commencement nécessaire de la philosophie soit dans l'observation intérieure, c'est ce que Hégel reconnaît encore en termes explicites dans le passage suivant :

« Si l'on considère *la pensée telle qu'elle s'offre au premier coup à l'esprit,...* on y verra d'abord un des modes de l'activité de l'esprit, une faculté placée à côté d'autres facultés, telles que la sensibilité, la perception, l'imagination, le désir, la volonté, etc. La pensée que l'on se représente comme sujet, est l'être pensant, et l'expression simple qui désigne l'existence du sujet pensant, c'est le *moi*.... Ces déterminations peuvent être considérées comme des faits ; et chacun lorsqu'il portera son attention sur ces pensées, *pourra reconnaître dans sa conscience, par la simple observation,* que le caractère de l'universalité, ainsi que les autres déterminations que je vais signaler, se trouvent dans la pensée. Et *pour observer ces faits de conscience et ces représentations*, l'on exige seulement qu'on ait l'habitude de la réflexion et de l'abstraction. »

Et après ces considérations qu'on croirait empruntées à Locke ou à Reid, il s'applique avec beaucoup de soin à distinguer la perception sensible, la représentation et la pensée pure; et les distinctions qu'il établit, ne diffèrent pas beaucoup, quoiqu'elles soient moins claires et moins précises, de celles qu'on trouverait dans Bossuet ou même chez les Ecossais, sur la différence des sens, de l'imagination et de l'entendement (1).

Il est vrai que pour s'excuser de cette psychologie empirique, Hégel nous dit que « dans une exposition préliminaire, on ne peut se servir de la déduction ou de la démonstration. » Mais cette précaution oratoire signifie tout simplement qu'on ne peut démontrer *a priori* ce qui est l'objet de l'observation. Peu importe d'ailleurs que la recherche soit préliminaire ou non, car si l'on pouvait expliquer la nature de la pensée par le raisonnement pur, je ne vois pas pourquoi on ne commencerait pas de cette façon, même dans une recherche prélimi-

(1) Bossuet. *Traité de la connaissance de Dieu et de soi-même*, chap. I, § IX.

naire. Si Hégel emploie ici, d'une manière assez imparfaite, l'analyse psychologique, c'est qu'il est absolument impossible de faire autrement.

D'ailleurs, ce n'est pas seulement dans l'Introduction de la Logique et à titre de recherche préliminaire, que Hégel invoque quelques données psychologiques pour s'élever à la métaphysique; c'est dans un ouvrage entier, composé dans ce but, préambule nécessaire de sa doctrine, qu'il s'élève graduellement, comme Descartes lui-même, de la conscience de-soi-même à l'Être considéré en soi. Tel est l'objet de la *Phénoménologie de l'esprit* (1).

On nous dit à la vérité « qu'on se tromperait si l'on s'attendait à trouver dans ce livre quelque chose de semblable à la psychologie (2). » Et Hégel lui-même, toujours préoccupé de donner à son système un caractère spéculatif, nous dit que « cette recherche n'a rien de commun avec les considérations préliminaires de psychologie par lesquelles on commence d'ordinaire l'étude de la philosophie (3). »

J'accorde que la *Phénoménologie de l'esprit* ne

---

(1) Cet ouvrage est des plus importants dans la philosophie de Hégel; et cependant, les critiques le mentionnent à peine dans l'exposition qu'ils font de cette philosophie. M. Willm, dans son Histoire de la philosophie allemande, ne lui consacre que quelques pages (t. III, p. 397-402). M. Véra, dans son Introduction à la philosophie de Hégel (Paris, 1855), n'en fait pas même mention.
(2) Willm, *Histoire de la Philosophie allemande*, t. III, p. 397.
(3) Hégel, *Phénoménologie*, Préface.

ressemble pas à une certaine psychologie, par exemple, à la psychologie descriptive des Ecossais. Mais est-ce là toute la psychologie ? Hégel la définit arbitrairement : « *le résultat de l'observation de la conscience de soi dans ses rapports avec la réalité extérieure.* » Et partant de cette fausse définition, il ajoute : « La psychologie, en observant les diverses manières d'être générales de la conscience active, y trouve une grande variété de facultés, de dispositions, de penchants ; et comme, au milieu de cette riche collection de faits, le souvenir de l'unité de la conscience persiste toujours, *on est tout étonné de voir que tant de choses si hétérogènes puissent se trouver ensemble dans l'âme, comme dans un sac*, non pas mortes et inertes, mais pleines de vie et de mouvement. »

Sans doute, si la psychologie n'est que l'étude de l'âme dans ses rapports avec la réalité extérieure, si elle n'est que la description des *accidents* et des *phénomènes* du moi, si elle fait abstraction de l'unité de la conscience, et ne pénètre pas jusqu'à la racine des phénomènes, c'est-à-dire à la force active qui constitue le moi, elle doit en effet être très-étonnée de voir tous ces phénomènes si hétérogènes, jetés dans un même sac, former un ensemble vivant et harmonieux. Mais cet étonnement ne vient-il pas précisément de ce que vous réduisez sans motif la psychologie à la description superficielle des phénomènes de l'âme? et pourquoi cette même science qui étudie l'âme dans son rapport avec les autres choses ne pourrait-elle pas en même temps l'étudier en elle-même ?

Qu'est-ce maintenant que la *phénoménologie?* Ce n'est plus la simple description ; c'est l'histoire de l'âme. « La psychologie, dit Hégel, est à la phénoménologie de l'esprit, ce que la description d'une plante, dans un moment donné, est à l'histoire de son complet développement, depuis la germination jusqu'à la parfaite maturité du fruit. Il est évident que ce n'est que par cette dernière qu'on peut savoir ce que la plante est véritablement ; cette histoire implique la description du végétal à un état quelconque, tandis que celle-ci ne renferme pas l'histoire de sa génération et de son parfait développement. » J'accorde que la description d'un objet vivant et de l'être pensant pris à un moment donné, ne nous fournit pas une idée suffisamment exacte de sa nature, et qu'après l'analyse des facultés de l'âme, la psychologie doit en faire l'histoire. Mais pourquoi ne serait-ce pas la même science qui serait à la fois descriptive et historique ? Lisez l'*Essai sur les fondements de la psychologie* de Maine de Biran, publié récemment par les soins de M. Naville, et vous verrez que son entreprise est précisément celle que Hégel recommande ici ; et que pour lui, la psychologie est à la fois l'analyse et l'histoire de notre esprit.

Comment douter d'ailleurs de l'identité de ces deux sciences à la lecture du passage suivant, où l'auteur expose l'idée de cet ouvrage : « A la place de ces vaines discussions qui portent sur la nature et les limites de la connaissance, il faut montrer comment *la conscience naturelle devient savoir véritable et absolu* : tel est le but de la phénoménologie. Elle présente la série des transformations que l'âme parcourt, comme autant de stations que la nature lui a marquées pour devenir esprit, par l'expérience de ce qu'elle est en soi. Il en résultera que la conscience naturelle n'est que la *notion*, l'*idée concrète* du savoir (1), et non le savoir réel. Mais comme d'abord et immédiatement elle s'imagine être le savoir réel, le développement de soi qui lui ôte insensiblement cette illusion, est à son égard un progrès négatif. C'est pour elle le chemin du doute et du désespoir; mais c'est par ce doute que l'esprit devient capable de voir la vérité... La science tend vers un terme définitif; ce terme est là où il devient impossible d'aller plus loin, où l'idée répond à l'objet, l'objet à l'idée. La marche vers ce but est irrésistible, et nulle station antérieure ne sau-

---

(1) C'est-à-dire, le savoir enveloppé, le savoir qui ne se sait pas lui-même. Ces termes de *notion* et d'*idée concrète* ont un sens particulier dans la philosophie de Hégel.

rait satisfaire l'esprit. L'histoire de ce développement de la conscience est la route qui conduit au savoir, est le savoir même. Le progrès de l'expérience ou de la conscience, dans sa marche vers l'absolu, se fait de telle sorte que ce qui était d'abord objet de la conscience devient objet du savoir, et ce savoir est ensuite lui-même, et comme tel, objet de la conscience. En changeant ainsi d'objet, elle s'avance de plus en plus vers la connaissance de soi, et en s'avançant vers la véritable existence, elle finit par arriver au point où elle est identité de l'être et de l'idée, et où, ayant compris sa vraie nature, elle devient absolue. »

C'est là sans doute une psychologie très-particulière, très-systématique, faite d'après une idée préconçue. Mais on ne peut nier que ce ne soit une psychologie, une philosophie de l'esprit humain. Or, c'est là le vrai commencement de la philosophie de Hégel. Il ne débute donc pas par l'Être pur, comme on le répète sans cesse, et comme lui-même le prétend. Il prend son point de départ là où il est impossible de ne pas le prendre, dans la conscience. Il part de la conscience empirique qu'il soumet à l'examen ; et quoiqu'il fasse fi des « vaines discussions qui portent sur la nature et les limites de la connaissance, » il n'en fait pas moins à sa manière sa critique de la raison pure. Une fois arrivé au principe dont il a besoin, Hégel tire l'échelle après lui ; il rejette dans les préambules de la science, à titre d'introduction et de recherches préliminaires, la méthode qui l'a soutenu jusque-là ; et il appelle arbitrairement commencement de la science, ce qui n'est que le commencement d'une certaine partie de la science. Il veut faire croire que tout commence à la logique ; et lorsque, dans son évolution descendante, il retrouve la phénoménologie de l'esprit, il semble la découvrir dialectiquement ; mais il ne retrouve ainsi en apparence que ce qu'il possédait déjà empiriquement, et ce qui avait été le véritable début de ses recherches.

Il n'est donc pas vrai, même pour Hégel, que l'être pur soit le commencement de la science. Il reste à savoir s'il est le commencement des choses.

Et d'abord, ce qui me donne à penser que la notion de l'être pur ne peut conduire a aucune connaissance sur les choses en soi, c'est que, quelle que soit l'hypothèse que j'adopte sur l'origine des choses, l'idée de l'être en général subsistera toujours dans mon esprit, comme la notion la plus abstraite que je puisse me former. En effet, supposez le monothéisme, à savoir, un Dieu créateur et des êtres créés ; le créateur et la créature ont cela de commun d'être des *êtres ;* je puis donc, en faisant abstraction de l'idée de création, les réunir sous une même idée générale, et me former ainsi à l'idée d'être pur, laquelle évidemment ne m'apprendra rien sur la question de savoir s'il y a ou s'il n'y a pas d'être créé ou incréé, puisque, par hypothèse, j'ai fait abstraction de cette différence. Supposez le spiritualisme, c'est-à-dire l'existence distincte de l'esprit et de la matière, de l'âme et du corps ; je puis également réunir ces deux substances sous un même terme général, puisqu'elles ont certainement cela de commun, à savoir d'être. J'aurai donc l'idée d'être en général ; mais de cette idée je ne pourrai rien conclure, ni qu'il y a des esprits, ni qu'il n'y en a pas. Supposez enfin le matérialisme, le phénoménisme absolu, je dirai même le nihilisme : pourvu qu'il y ait des apparences, ces apparences peuvent être considérées comme *étant*, et je pourrai encore me former l'idée abstraite d'être. Fussé-je seul dans la nature, je puis, en concevant la possibilité d'autres êtres semblables à moi, me faire encore la même idée. Et par conséquent, l'idée de l'être pur, de l'être indéterminé, subsistant dans toutes les hypothèses possibles, ne m'apprend rien sur la vérité d'aucune d'elles en particulier ; et c'est ici que Kant a eu cent fois raison de refuser toute autorité objective à de pareils fantômes de la raison.

On invoque à la vérité le principe de l'identité de l'être et de la pensée ; mais sans vouloir discuter ce principe, ce qui nous entraînerait beaucoup trop loin, je me contente de faire observer que l'identité de l'être et de *la* pensée n'implique pas l'identité de l'être et de *ma* pensée. Précisément parce que ma pensée est déterminée, elle ne peut pas être l'être, qui par hypothèse est indéterminé. Or l'idée d'être pur a cela de particulier d'être *mienne*, elle est en *moi*; quoique indéterminée dans son objet, elle ne l'est pas dans son sujet; tant que la pensée est accompagnée de conscience, elle est particulière; elle est *une* pensée : elle n'est donc pas l'être. Pour que l'identité fût entière (je suppose le principe vrai), il faudrait que la pensée fût absolument indéterminée, c'est-à-dire sans conscience : c'est ce que Schelling avait cru trouver dans son *Intuition intellectuelle* : là était, suivant lui, la coïncidence de l'objet et du sujet. Mais il est évident que la pensée dans cet état n'est plus la pensée : il n'y a plus de pensée du tout. Il n'en est pas de même, quand *je* pense à l'*être pur*. C'est *moi* qui pense; et tant que *ma* pensée subsiste, je sais très-bien que je ne suis pas l'être que je pense. Par conséquent, il reste toujours à démontrer que cet objet existe ailleurs que dans mon esprit. Or, c'est cette démonstration que Hégel ne fait pas et ne peut pas faire.

Je lis dans la Logique d'un Hégélien distingué, M. Kuno Fischer, une tentative de démonstration assez curieuse, et dont je dirai quelques mots.

M. Kuno Fischer dit que la Logique a besoin d'un postulat, mais d'un seul, qui est celui-ci : *Denke*, « Pense ! »

De ce postulat : « Pense, » forme bizarre du *Cogito, ergo sum*, l'auteur déduit facilement cette affirmation : « la pensée est. » Voici maintenant comment il raisonne : « La pensée ne peut dire d'elle-même qu'une chose : *je suis ;* et le prédicat dans lequel la pensée se voit clairement pour la première fois est, par conséquent, l'être pur dans lequel les concepts particuliers sommeillent encore. Par conséquent, la pensée à son origine s'exprime à elle-même sous cette forme : *Je suis l'être.* » Il n'est pas difficile de voir que ce raisonnement est faux et contraire aux lois du syllogisme. En effet, que dit la mineure? *Je suis.* Que dit la conclusion ? *Je suis l'être.* Il suffit de rapprocher ces deux propositions pour voir que la conclusion n'est pas contenue dans la prémisse. Dans celle-ci, en effet, le terme *être* est pris particulièrement ; car on sait que dans toute proposition affirmative, l'attribut est particulier. Dans la conclusion, au contraire, le terme *être* est universel. La pensée, dans la mineure, dit seulement : Je suis *quelque chose qui est,* et elle affirme, dans la conclusion, qu'elle est *ce qui est.* On voit combien un pareil argument est sophistique. A la vérité, l'auteur essaye d'expliquer son argument par une distinction assez subtile, qui pourrait tromper si on ne l'examinait pas avec soin : « Dans l'acte de l'abstraction, dit-il, la pensée ne peut affirmer qu'une seule chose, à savoir, *qu'elle est* : ce *qu'elle est* se manifestera seulement dans le cours de son développement. » En d'autres termes, la pensée n'affirmant d'elle-même qu'une seule chose, à savoir qu'elle est, n'affirme par conséquent que l'être sans détermination, l'être pur. C'est encore là un pur sophisme : la pensée, à la vérité, ne sait pas *quelle sorte* d'être elle est; mais elle sait qu'elle est *un être* et non pas l'*être*. En disant : Je suis, sans rien ajouter, elle ne se détermine pas, à la vérité; mais elle ne s'universalise pas pour cela. De toutes les idées qui composent sa propre compréhension, elle n'en prend qu'une : l'idée d'être; mais il n'en résulte pas que par là son extension devienne identique à celle de l'être. Ainsi, je pourrais bien dire de l'homme : *C'est un animal*, sans rien ajouter, ne sachant pas encore quelle sorte d'animal il est; je n'affirmerais ainsi de lui que l'animalité pure, sans détermination. Pourrais-je cependant en conclure que l'homme est l'animal en soi ? En aucune façon. Descartes posant ce principe : « Je pense, donc je suis, » le convertit de cette façon : « Donc je suis *une chose pensante*. » Mais il ne dit pas : « Donc je suis *la pen-*

sée. » C'est là cependant le syllogisme de M. Kuno Fischer. Enfin, lorsque la pensée dit d'elle-même : *Je suis,* elle dit par là même : je suis pensée. Donc l'être qu'elle est n'est pas l'être indéterminé, c'est l'être même d'une pensée. Et comme cette pensée ne s'est saisie elle-même que dans l'acte d'abstraction, c'est-à-dire dans un acte particulier, aperçu par une conscience particulière, c'est donc tout simplement l'être particulier saisi dans la conscience, qui est l'objet de la pensée. Ce qui nous ramène au *Cogito, ergo sum.* Pour en finir sur ce point, je dirai : si l'on peut tirer une conclusion de ce principe : *La pensée est,* ce ne peut être que celle-ci : *Quelque chose est.* Mais alors le premier principe serait le *quelque chose* (das Etwas), et non l'être pur. Mais c'est renverser les termes de la dialectique hégélienne.

II.

Telles sont les difficultés inhérentes à l'hypothèse de l'être pur, considéré comme commencement soit de la philosophie, soit des choses. Mais enfin ce principe tel quel, une fois accepté, quel parti faut-il en tirer? Conduit-il quelque part? A-t-on par là la clef de l'essence des choses? Ici une nouvelle question se présente, celle du *procédé* dialectique.

Nous avons vu jusqu'ici combien il est difficile

d'arriver jusqu'à l'être pur ; mais une fois qu'on y est entré, il est bien autrement difficile d'en sortir. D'un principe absolument abstrait et vide, que voulez-vous tirer par la déduction ? Pour tirer une idée d'une autre idée, il faut qu'elle y soit contenue. Mais si vous partez d'une idée qui, par hypothèse, ne contient rien, comment voulez-vous obtenir autre chose? Telle est la difficulté radicale de toute philosophie qui commence par l'abstrait pur. Hégel a parfaitement vu et sondé les difficultés de ce problème. Nous allons voir comment il a essayé de les résoudre. C'est ici que, sans admettre en aucune façon sa déduction, nous ne pouvons nous empêcher d'être frappé de la hardiesse et de l'originalité de la combinaison logique qu'il a inventée. Ceux qui appellent sophistique toute témérité de la raison, sont bien heureux d'avoir par devers eux la vérité toute faite, et il leur est loisible de condamner sans pitié ce qu'ils dédaignent d'étudier ; mais ceux qui n'ont d'autre arme que la raison, ne peuvent que considérer avec quelque respect les esprits audacieux qui, par des manœuvres nouvelles, et contre les lois traditionnelles de la tactique, ont essayé de gagner des batailles impossibles : même en les combattant, ils les regardent comme leurs maîtres ; car ils profitent à leur école, comme à la guerre on s'instruit en étudiant le jeu de son adversaire.

Voici le problème : il s'agit de trouver un passage qui conduise l'esprit de l'abstrait au concret, du simple au complexe, du général à l'individuel, et s'il est permis de résumer toutes ces oppositions en une seule formule, du moins au plus. Ce passage, Hégel a cru le trouver dans la contradiction. Soit un terme abstrait et vide : ce terme, analysé par la dialectique, se contredit lui-même et devient son contraire. Or, cette contradiction qui, dans la logique ordinaire, serait la négation même de la notion posée, n'est, dans la logique de Hégel, qu'un excitant, un *stimulus* en quelque sorte, qui détermine l'esprit à découvrir une troisième notion, où le premier terme et son contraire se trouvent l'un et l'autre déterminés et conciliés. C'est ainsi que l'idée abstraite d'être se contredit d'abord et devient le non-être, et par cette contradiction même, est poussée en quelque sorte en avant, et contrainte de trouver sa détermination et sa réalité dans une idée plus complexe, qui est l'unité de l'être et du non-être, le devenir.

C'est là certainement une solution fort extraordinaire ; mais avant de la déclarer absurde, il faut essayer de la comprendre. Rappelons-nous que Hégel n'est pas le seul philosophe qui ait eu la pensée de commencer la science par l'idée de l'être en soi. Parménide l'a fait chez les anciens, Spinosa chez les modernes, et bien d'autres encore. Or, le premier de ces philosophes, frappé de ce qu'il y a de vide dans cette notion, ne put pas aller plus loin que cette assertion : l'*être est, le non-être n'est pas*. Propositions identiques qui nous apprennent peu de chose sur la nature des êtres. Quant à Spinosa, il eut moins de scrupule, et sans s'arrêter à ces propositions vides et insignifiantes, il affirma que la substance est pensée et étendue, et par suite, la cause immanente de tout ce qui est. Mais on lui demande à juste titre de quel droit il attribuait à la substance indéterminée des attributs déterminés. Il y a là un passage qui n'est pas justifié dans ce système. Or, Hégel a voulu échapper à ces deux fautes, l'une qui consiste à ne rien dire de l'être, l'autre à en affirmer des prédicats non démontrés. Il remarqua que l'idée d'être, précisément parce qu'elle est vide, peut fournir à l'analyse une idée nouvelle, l'idée du non-être ou du néant (nichts); et au lieu de dire comme Parménide : l'être est, ce qui est une tautologie sans résultat possible, il eut cette proposition : l'être est non-être, proposition qui, contenant deux termes différents, rend possible la comparaison de l'un avec l'autre, et peut par conséquent faire jaillir de cette comparaison un troisième terme. Or, une fois ce troisième terme obtenu, le mouvement est donné, et l'évolution logique n'a plus qu'à suivre son cours.

En un mot, dans une notion absolument vide, l'analyse déductive ne peut rien trouver, si elle veut ne trouver que des déterminations positives : mais elle peut cependant y découvrir au moins ceci, à savoir la contradiction d'une telle idée avec elle-même. Et, il y a déjà là un commencement de mouvement. Il est vrai que le second terme étant la contradiction du premier, doit, à ce qu'il semble, le détruire, et que l'un emportant l'autre, il ne reste plus rien. Ce serait là une solution nécessaire, si je ne pouvais absolument concevoir aucune idée qui réunît les deux premiers termes, et les conciliât en les réunissant. Mais, si je puis concevoir une telle idée, il est évident que la contradiction n'implique pas la destruction absolue du premier terme, mais seulement sa négation provisoire, jusqu'à ce que j'aie trouvé un terme nouveau qui le relève de sa déchéance. Or, c'est ce qui arrive pour la première triade. Je conçois l'être : c'est le premier moment. Je conçois l'être comme non-être, c'est le second moment : l'être a disparu dans son contraire. Mais je puis concevoir un troisième moment, le *devenir* qui n'est autre chose que ceci : l'être qui n'est pas. La notion de l'être qui n'est pas, n'est donc pas absolument contradictoire, elle n'est donc pas un vrai rien, puisque le devenir n'est pas un rien, et que cependant il est l'être qui n'est pas. Il est donc la conciliation des deux premiers termes, et la contradiction a été le pont qui m'a permis de passer de l'être au devenir, de l'abstrait au concret.

Si je voulais comparer le syllogisme hégélien au syllogisme ordinaire, je dirais que celui-ci suit l'ordre de l'extension, celui-là de la compréhension, que l'un va du plus étendu au moins étendu, l'autre du moins compréhensif au plus compréhensif. L'un et l'autre vont du général au particulier ; mais tandis que le syllogisme ordinaire va du contenant au contenu, le syllogisme Hégélien va du contenu au contenant : car, dans l'ordre de l'extension, c'est le général qui contient le particulier, et dans l'ordre de la compréhension, c'est le particulier qui contient le général. Or, dans le syllogisme ordinaire, pour passer du contenant au contenu, il suffit de trouver une quantité intermédiaire, qui soit contenue par le premier terme, et qui contienne le second, plus petite que l'un, plus grande que l'autre. Mais dans le syllogisme Hégélien, pour passer du contenu au contenant, du moins compréhensif au plus compréhensif, il faut montrer que le premier terme ne peut pas rester à l'abstrait sans se contredire, et qu'il doit, pour ne pas être détruit, passer nécessairement à l'état concret. Le terme moyen doit donc être le contradictoire du premier, pour susciter le second.

Étudions cette opération sur la première trilogie hégélienne : l'Être, le Non-être et le Devenir. Tout le nœud et le secret de cette déduction d'une nouvelle espèce, étant dans le terme moyen du non-être, on comprend que la logique des Hégéliens a dû se porter sur ce point capital, la transformation de l'Être en non-être : « C'est là, dit Hégel, le point le plus difficile que la pensée ait à franchir. » Il dit encore : « Lorsqu'on entend énoncer l'opposition de l'être et du non-être, sous cette forme immédiate, on la trouve si extraordinaire, qu'on lui refuse une réalité, et d'un autre côté l'on s'étonne *qu'on ne cherche pas plutôt à fixer l'être et à empêcher son passage dans son contraire.* » Mais si l'être posé est absolument indéterminé, et il l'est par hypothèse, il est donc « l'abstraction pure, c'est-à-dire la pure négation. » Le dernier commentateur de Hégel, expliquant ces paroles, les démontre ainsi : « L'Être pur, c'est l'abstraction pure, c'est-à-dire l'être qui n'est que l'être, dont on ne peut rien affirmer, pas même qu'il est : car cette affirmation suppose à côté de l'être, au moins la pensée de l'être, soit que l'être s'affirme lui-même, soit qu'il soit affirmé par un autre que lui. Il est donc l'être absolument indéterminé ; mais l'être absolument indéterminé, c'est l'être et autre chose que l'être, c'est l'être et ce qui n'est pas l'être, c'est en un mot

---

(1) Logiq. LXXXVII, remarq.

l'être, et sa négation, le non-être (1). » J'admets cette déduction, et en général, je trouve que Hégel s'exagère beaucoup la difficulté que l'on trouvera à admettre l'identité de l'être et du non-être, tels qu'il les entend : « La proposition, *l'être et le néant sont une seule et même chose,* paraît si absurde à la faculté représentative et à l'entendement, qu'on ne saurait croire qu'elle puisse être prise au sérieux. Et en effet, c'est là le point le plus difficile que la pensée ait à franchir. » Au contraire, selon nous, c'est le passage le plus facile à franchir dans la dialectique de Hégel. C'est le point qui ne donne pas prise à l'objection. Car s'il y a quelque chose d'évident par soi, c'est que l'être absolument vide et indéterminé, dont on ne peut rien dire, pas même qu'il est, est identique au néant.

Mais ce point accordé, je dirai maintenant aux Hégéliens : vous démontrez admirablement que l'Être, c'est le non-être. Mais ne serait-il pas à propos de démontrer qu'il est l'Être. Y a-t-il bien là deux termes, et deux choses distinctes? Ne se pourrait-il pas qu'il n'y en eût qu'un, et que cette chose fût purement et simplement le non-être, et non pas l'être? Que reste-t-il en effet pour constituer l'être dans ce vide absolu, dont vous ne pouvez rien dire, pas même qu'il est, et dont la différence avec le non-être est de

(1) *Log.* trad. franç., t. II, p. 12, note 1.

votre aveu absolument indéterminable : « Comme l'être et le néant sont ici dans leur état immédiat, dit Hégel, et que la différence n'y est pas encore déterminée, celle-ci n'est, dans des termes ainsi posés, qu'une pensée qu'on ne saurait exprimer, ni définir (1). » Et le commentateur ajoute ici : « l'Être et le non-être étant absolument indéterminés, on peut dire à cet égard, qu'ils sont tout aussi bien identiques que différents. » Si la différence de l'être et du non-être ne peut être ni exprimée ni définie, s'ils sont aussi bien identiques que différents, si, enfin, l'idée d'être pur n'est que l'idée du pur vide, je ne dirai pas que l'être se transforme en néant, qu'il passe dans son contraire, je dirai qu'il n'y a pas là deux contraires, mais un seul terme, que j'ai faussement appelé être dans la première thèse, mais qui, à vraiment parler, n'est que le non-être sans restriction, le pur zéro. Mais alors, *ex nihilo nihil,* et toute la dialectique de Hégel s'écroule par la base.

Au reste cette première objection contre la fausse dualité des deux premiers termes de la logique Hégélienne n'appartient pas exclusivement à ses adversaires, et je la trouve exprimée de la manière la plus formelle, la plus précise, et la plus juste, dans les écrits d'un Hégélien fidèle que j'ai déjà cité, M. Kuno Fischer. Voici comment il s'exprime. « La vraie no-

(1) Logiq. LXXXVIII.

tion du non-être n'a pas été assez clairement expliquée par Hégel, et a été altérée par la plupart de ses disciples. Cette falsification doit être éclaircie : autrement il est à craindre que la dialectique ne *demeure stagnante* dès ses premiers concepts, et ne devienne infidèle à sa propre méthode *en s'embourbant dans l'ornière du formalisme logique.* Les reproches que de savants adversaires (Trendelenbourg) ont fait au commencement de la logique, sont fondés, mais ils n'atteignent que l'exposition habituelle de ces concepts, laquelle n'en saisit pas l'esprit.

» Habituellement, on développe les notions de l'être et du non-être de la façon suivante : L'être est absolument indéterminé, donc il est vide ; l'être vide ne contient le rien : donc il n'est rien (Erdmann).

» Mais ici l'être et le non-être ne sont point distincts l'un de l'autre, et sont une seule et même chose, à savoir le *pur vacuum* exprimé sous deux noms différents, l'un positif, l'autre négatif. Il n'y a là évidemment aucune différence réelle, mais une pure tautologie, et une impuissante identité, qui ne conduira jamais à des concepts plus élevés. L'identité de l'être et du non-être étant une pure tautologie, on ne comprend pas que ce vide stérile puisse avoir une puissance créatrice de concepts (*die Schœpferkraft der Begriffe*). Le développement des concepts est donc absolument une création *ex nihilo.* »

« Si l'être était en réalité ce pur vide, tel qu'on le donne d'ordinaire, le non-être ne devrait pas exprimer le même vide une seconde fois; mais il serait alors le non-vide, c'est-à-dire, dans le vide même, l'horreur du vide, en d'autres termes, la contradiction immanente du vide (1). »

Au reste, quoi qu'en dise Hégel, le point le plus difficile à franchir n'est pas le passage de l'être au néant, mais le passage de l'un et de l'autre au devenir. C'est là en effet pour la dialectique hégélienne

(1) Fischer, *Logik und Metaphysik*, II, § 29. Quant à la déduction que substitue M. Fischer à celle de Hégel, j'avoue que je ne la comprends pas parfaitement. La voici : « L'être logique se contredit lui-même, car la pensée s'évanouit dans le repos immobile de l'être. Mais comme l'être ne vient que de la pensée (car il est l'acte de la pensée), il se contredit ainsi lui-même en détruisant la pensée. Par conséquent, la pensée se manifeste comme la *négation de l'être,* c'est-à-dire comme *non-être....* Le non-être logique n'est pas la suppression totale de l'être, le pur zéro ; il n'est pas l'opposition mathématique de l'être avec lui-même, comme serait par exemple l'être négatif en opposition à l'être positif ; mais il est la négation dialectique de celui-ci, la contradiction immanente de l'être. L'être se contredit lui-même ; par conséquent, il est non-être ; et dans le concept du non-être la pensée découvre l'immanente contradiction de l'être. La pensée se manifeste d'abord elle-même comme l'être, et à son tour l'être logique se manifeste comme non-être. La pensée peut donc dire : « *Je suis l'être qui n'est pas.* »

Telle est la déduction de M. Fischer. Elle me paraît très-inférieure en clarté à celle de Hégel ; et quant au fond de la pensée, elle ne semble pas beaucoup plus exacte. Mais c'est assez de s'attacher à la pensée du maître, sans nous embrouiller dans les commentaires des disciples. Ce qui résulte de là, c'est que dans l'Ecole de Hégel, on n'est pas très-d'accord sur le non-être. Rien ne ressemble plus aux contestations des docteurs Bouddhiques sur le Nirvâna (Voy. Burnouf, Introduction au Bouddhisme, p. 516). M. Fischer nous renvoie en outre sur le concept de non-être au livre de Werder sur la Qualité.

une question de vie ou de mort. Si elle ne peut passer de l'être au devenir, toute la série ultérieure des développements se trouve arrêtée : la méthode même est entachée d'impuissance : il faut prendre un autre chemin; le tâtonnement succède à cette logique inflexible, qui devait correspondre si fidèlement à tous les moments de la nature des choses.

Si je cherche la démonstration qui de l'être nous conduit au devenir par l'intermédiaire du néant, je n'en trouve pas d'autre dans Hégel que celle-ci : « Qu'on prenne le devenir... L'on accordera que lorsqu'on l'analyse, on y trouve la détermination de l'*être,* comme aussi de son contraire, le *néant;* l'on accordera que ces deux déterminations se trouvent réunies dans une seule et même représentation. Le devenir est par conséquent l'unité de l'être et du néant (1). » Le commentateur, M. Véra, résume cette démonstration en ces termes : « Ce qui *devient,* est et *n'est pas* (2). » Enfin, M. Kuno Fischer, dans sa Logique, n'est pas plus explicite : « L'être, qui n'est pas, dit-il, c'est l'*être glissant* (das fliessende Seyn) ou le devenir (3). »

On voit que toute la démonstration se ramène à ceci, à savoir que le devenir étant ce qui est et n'est

---

(1) Log. trad. française, t. II, p. 20. On retrouvera la même démonstration plus développée, Grande Logique, part. 1, l. I, sect. I, ch. i, 3.
(2) Log., trad. franç., p. 15.
(3) II, § 30.

pas, réciproquement, l'être qui n'est pas est le devenir. Or, c'est cette réciproque qui me paraît contre toutes les règles de la logique ordinaire, laquelle, jusqu'à nouvel ordre, prévaut contre Hégel aussi bien que contre les autres philosophes.

J'accorde en effet que, le devenir m'étant donné par l'expérience, si je l'analyse dans ses éléments, j'y trouve à la fois l'être et le non-être : car une chose qui devient est ce qu'elle n'était pas, et n'est plus ce qu'elle était; en outre, elle n'est pas ce qu'elle sera, et ne sera plus ce qu'elle est. Ainsi l'être et le non-être s'unissent, j'en conviens, dans le devenir. J'admets donc, sans la discuter, cette définition de Hégel : le devenir est l'unité de l'être et du non-être. Seulement, remarquons-le bien, c'est là une proposition analytique, qui ne me donne pas le devenir, mais qui le suppose donné. Mais de cette proposition peut-on conclure la réciproque? L'unité de l'être et du néant étant donnée, peut-on et doit-on en conclure le devenir ? C'est là la question ; car il ne s'agit pas de définir le devenir, il s'agit de le découvrir. Or, c'est précisément cette réciproque que je nie, et cela par plusieurs raisons.

C'est un principe de la logique ordinaire que, dans toute proposition affirmative, l'attribut est particulier ; que, par conséquent, si l'on convertit une proposition affirmative, même générale, elle devient particulière. Par exemple, si je dis : « le plaisir est un bien, » je convertirai cette proposition de cette façon : « quelque bien est plaisir ; » mais non pas : « le bien est un plaisir. » En un mot, le plaisir n'est qu'une espèce de bien, mais il n'est pas le bien lui-même.

Appliquons ces principes au devenir. L'expérience et l'analyse me donnent cette proposition : « Le devenir est et n'est pas. » Quelle en est la réciproque ? Je prétends qu'elle ne peut être que celle-ci : « *Quelque chose* qui est et n'est pas à la fois est le devenir. » Le devenir est donc une espèce de choses, étant et n'étant pas à la fois ; il est une espèce d'unité de l'être et du néant ; mais il n'est pas l'unité en soi de l'être et du néant. Vous ne pouvez donc pas poser ce principe : Ce qui *est* et *n'est pas* est nécessairement *devenir*. Car rien ne prouve qu'il n'y ait pas autre chose que le devenir dont on puisse dire à la fois qu'il est et qu'il n'est pas. Par conséquent, la première faute de Hégel est de manquer aux lois de la conversion des propositions, et de convertir une proposition affirmative en proposition universelle.

Mais, dira-t-on, puisque vous portez la discussion sur le terrain de la logique, vous ne devez pas ignorer qu'il y a un cas où la proposition affirmative peut se convertir en universelle : c'est le cas de la définition. Car la définition est précisément une proposition dont l'attribut a la même extension que le sujet, puisqu'il doit lui être attribué *toti et soli*. Par conséquent, si je définis le devenir « ce qui est et n'est pas, » j'ai la réciproque : « ce qui est et n'est pas est le devenir, » sans avoir besoin de changer la quantité des termes.

C'est là, en effet, qu'est le nœud de la question ; et ce qui a rendu possible à Hégel le raisonnement que nous discutons, est bien évidemment le privilége des définitions de se convertir dans leurs propres termes. Pour résoudre cette grave difficulté, il faut pénétrer un peu plus avant dans la théorie des définitions.

Il y a deux sortes de définitions : 1° Les *définitions adéquates*, où l'identité du sujet et de l'attribut est absolue, parce qu'elle est posée *à priori* ; 2° les *définitions inadéquates*, où l'adéquation entre le sujet et l'attribut est relative, conditionnelle et, comme on dit dans l'école, *provisionnelle* (1).

Dans le premier cas, je pars d'une conception de mon esprit à laquelle je donne un nom : je pose par conséquent, *à priori*, l'identité de l'attribut total, c'est-à-dire pris dans toute son extension, et du sujet, puisque le sujet n'est que le nom de l'attribut. C'est ce qui a lieu quand je dis : « La ligne droite est le plus court chemin d'un point à un autre. » J'af-

---

(1) Sur le *Provisionnel*, voy. Leibnitz, Nouveaux Essais, l. IV (éd. Charpentier, p. 321).

firme par là même qu'il n'y a pas « un plus court chemin » qui ne soit une ligne droite, puisque par hypothèse je le nomme ainsi. Si je dis de même : « Dieu est l'être parfait, » j'affirme que l'être parfait est Dieu, puisque par hypothèse je l'appelle ainsi. Il n'en est pas de même dans les définitions contingentes et empiriques ; car en affirmant que telle classe d'êtres répond à la définition, je ne puis pas affirmer qu'il n'y ait pas d'autres êtres qui y répondraient également sans rentrer cependant dans celles que je connais. Ainsi, par exemple, quand je dis : « l'homme est un animal raisonnable, » j'entends dire : « l'homme est le *seul* animal raisonnable *que nous connaissions.* » Cette définition peut être suffisante pour distinguer l'homme des autres animaux ; mais comme il n'est pas impossible qu'il y ait quelque part ailleurs quelque animal raisonnable qui ne soit pas homme, je ne pourrais pas dire : « l'animal raisonnable (pris en soi) est homme. » La réciproque n'est donc pas vraie (1).

Il suit de là que ces sortes de définitions ne peuvent se convertir en leurs propres termes que dans les limites de l'expérience qui nous les a fournies. Ainsi

(1) Mais, dira-t-on, par cela seul qu'un animal serait raisonnable, il serait homme. Je dis non ; car il se peut faire que, comme animal, il ne soit en rien semblable à nous, et que sa raison soit profondément différente de la nôtre. Je puis supposer, en effet, un animal qui aurait, par exemple, la forme de l'éléphant et l'intelligence d'un ange. Ce serait « un animal raisonnable, » mais ce ne serait pas un homme.

j'affirme que jusqu'à présent on n'a pas découvert d'animal raisonnable autre que l'homme ; je puis donc dire provisionnellement : tout animal raisonnable est homme. Mais ce n'est pas là un principe absolu ; et de l'idée d'une animalité raisonnable je ne puis pas conclure logiquement à l'humanité ; car l'extension de ces deux idées n'est égale que relativement à moi, et dans les limites de mon expérience ; elle ne l'est peut-être pas en soi. La conversion n'est donc légitime qu'hypothétiquement.

Ainsi, lorsque je pars d'une chose donnée, et que j'obtiens en l'analysant sa définition, je ne puis jamais être assuré qu'il n'y a pas autre chose qui répondrait également à cette définition. Au contraire, lorsque je pars d'une notion, je puis la circonscrire comme il me plaît, et je suis bien sûr qu'il n'y a dans cette notion que ce que j'y ai mis. A la vérité, dans les deux cas, l'attribut est universel ; mais, dans le second cas, il l'est absolument ; dans le premier il ne l'est que relativement et provisoirement : par conséquent, si vous convertissez la proposition, vous n'aurez qu'une universalité conditionnelle, et sous réserve.

C'est d'après ces principes que je combats la réciproque sur laquelle Hégel fait reposer tout son système. Le devenir pour nous est une chose donnée ; en l'analysant nous y trouvons deux termes, l'être et le non-être, et nous disons : le devenir, c'est l'unité de l'être et du non-être. Soit. Mais nous n'affirmons qu'une chose, c'est que le devenir est *cela* pour nous, et que provisoirement ce sont deux idées adéquates l'une à l'autre. On voit donc que l'attribut dans cette proposition n'a qu'une universalité relative et conditionnelle. D'où il suit que si je convertis la proposition, j'aurai cette proposition nouvelle : « La *seule* identité de l'être et du néant que *nous connaissions*, est devenir. » Mais nous n'aurons pas celle-ci, qui est pourtant celle de Hégel : « L'identité de l'être et du néant (*prise en soi*) est devenir. » En d'autres termes, il peut se faire que cette identité soit un genre, dont le devenir n'est qu'une espèce.

Je vais plus loin, et j'affirme que je puis me former au moins deux idées de l'identité de l'être et du néant, sans penser au devenir. En effet, 1° soit l'idée de l'être parfait, telle que saint Anselme et Descartes la posent dans le fameux argument ontologique, si profondément discuté par Kant. Je suppose que Kant ait raison, et que je puisse concevoir l'être parfait comme n'étant pas, cet être conçu par moi ne sera-t-il pas identité de l'être et du non-être ? 2° Soit l'être parfait, l'*ens realissimum* des scolastiques. Cet être est, par hypothèse, parfaitement déterminé. S'il est déterminé, il est, comme dit Platon, « autre que tout le reste ; et autant il y a de choses différentes de l'être, autant de fois l'être n'est pas. » L'être parfait est donc à la fois être et non-être, et cependant n'est pas le devenir.

En un mot, vous me proposez une charade ainsi conçue : « Mon tout est l'identité de l'être et du néant. » A cette charade, je trouve au moins trois mots qui peuvent répondre : 1° un idéal, qui serait dans l'esprit sans être dans la réalité ; 2° un être parfait, qui *n'est pas* le monde, qui *n'est pas* l'homme, qui *n'est pas* la matière ; 3° le devenir.

Entre ces trois mots, c'est le dernier que vous choisissez, parce qu'il vous convient. Mais la logique ne vous y conduit pas nécessairement.

Mais, dira-t-on, par la manière même dont les termes sont posés, les deux premières solutions sont écartées nécessairement : il ne reste donc que la troisième. C'est ce qu'il faut examiner.

Pour que la déduction soit légitime, il faut qu'elle soit sincère, c'est-à-dire que ce soit l'inspection même des deux premiers termes qui vous conduise au troisième. Si, au contraire, vous le connaissez d'avance, et que la position des deux premiers termes ne soit qu'un moyen de convention pour y arriver, il n'y a plus de déduction dialectique, mais un simple jeu, semblable à celui de l'escamoteur qui a l'air de deviner la carte qu'il vous a lui-même mise dans la main.

Eh bien ! j'applique mon esprit à la notion de l'être

pur, indéterminé. Jusqu'ici, rien qui ressemble au devenir. Mais je poursuis et je cherche à pénétrer plus avant dans la notion de l'être pur, et je m'aperçois qu'en le regardant par un certain côté, je puis dire et penser de lui qu'il est non-être tout aussi bien qu'être. Voilà qui est bien. Mais suis-je forcé d'aller plus loin? Cette contradiction entraîne-t-elle nécessairement ma pensée à une nouvelle idée, synthèse des deux précédentes? En aucune façon. Je pense l'être pur, je pense le non-être; je trouve que ces deux notions se ressemblent beaucoup et s'impliquent l'une l'autre, et je m'arrête là. De là au devenir, il y a un abîme.

Mais, dit-on, vous vous achoppez à une contradiction. Cette contradiction doit être effacée. Vous ne pouvez pas laisser deux notions dans cet état violent où elles s'affirment et se nient à la fois. C'est un désordre qu'on ne peut souffrir. C'est l'anarchie dans le principe des choses.

Je réponds : ou la contradiction est absolue, ou elle n'est que relative. Si elle est absolue, je nie la conciliation. Si elle est relative, elle s'explique par la diversité des points de vue, et il n'est pas besoin de conciliation. En effet, lorsque vous dites : l'être est le néant, voulez-vous dire que l'être, en tant qu'être, considéré précisément au point de vue de l'être, est le néant? Une pareille proposition est absurde; et c'est alors qu'on peut vous accuser de renverser le principe d'identité et de contradiction, et de ruiner les lois de la raison humaine. Ajoutez d'ailleurs que cette proposition est absolument incompréhensible. Voulez-vous dire au contraire que ce qui peut être appelé être, à certains égards, peut être appelé non-être à un autre point de vue? Rien de mieux; mais je n'ai que faire alors de conciliation ni de synthèse. Car je comprends très-bien qu'une chose soit blanche d'un côté et noire de l'autre.

Hégel dit dans sa Logique : « Le désir de trouver dans l'être ou dans l'être et le non-être une signification déterminée, est cette nécessité même qui amène la détermination ultérieure de l'être et du non-être, et leur donne une valeur plus réelle et concrète. » Si j'entends cette phrase, Hégel a voulu dire que l'insuffisance même et le vide des notions abstraites, et le besoin que l'esprit éprouve de leur substituer quelque chose de concret, est la preuve de cette nécessité intrinsèque en vertu de laquelle l'indéterminé se détermine, et se développe en ajoutant sans cesse à son fonds primitif de nouveaux accroissements. En d'autres termes, l'objection même que l'on dirige contre sa doctrine, lui sert à établir sa doctrine. On lui dit : vous partez d'une notion vide; comment arrivez-vous au concret et au déterminé? Il répond : C'est précisément parce que cette notion est vide, qu'il faut qu'elle se détermine ; donc elle se détermine nécessairement. Cet argument a quelque analogie avec celui qu'on appelle dans l'École *argument à priori* de l'existence de Dieu. Dans cet argument on passe de l'idée de Dieu à l'existence de Dieu. Dans celui de Hégel, on passe de l'indéterminé au déterminé. De part et d'autre, on passe du moins au plus, opération inexplicable en logique. Mais on peut faire à l'argument de Hégel l'objection que Kant faisait à l'argument *à priori* : ou bien cette conclusion « l'être *devient* » est une proposition analytique, ou c'est une proposition synthétique. Si la proposition est analytique, le devenir est déjà posé dans l'être même, et le principe n'est pas l'être indéterminé, mais l'être devenant ; il n'y a donc aucun progrès de l'être au devenir. Ou bien la proposition est synthétique ; mais sur quoi s'appuie la nécessité de cette synthèse de l'être et du devenir ? J'accorde que si l'on part de cette hypothèse : l'être indéterminé existe, il faut conclure qu'il ne peut pas rester dans cet état d'indétermination sans se contredire, et par conséquent qu'il se détermine. Mais comme la question est précisément de savoir si le premier principe est l'être indéterminé, on ne prouvera pas qu'il se détermine nécessairement par cette raison qu'autrement son idée impliquerait contradiction. Car s'il n'existe pas, peu importe que son idée implique contradiction ; et il peut très-bien rester pour nous à cet état contradictoire, sans devenir autre chose.

Accordons encore tout ce que nous venons de réfuter, à savoir que la contradiction appelle la conciliation, que l'indéterminé appelle le déterminé. Qu'en résulte-t-il ? c'est que l'identité de l'être et du néant appelle un troisième terme. Mais quel est-il ? c'est ce que je ne sais pas. Je vois bien que l'être doit se déterminer ; mais comment doit-il l'être ? Je ne le vois pas. Et cela est évident de soi, puisque ce qui m'est donné étant vide, je ne puis y apercevoir la réalité que je dois y ajouter. Comment puis-je découvrir ce surplus que j'ajoute à la première donnée ? Ce ne peut pas être par une intuition intellectuelle, puisque vous avez réfuté cette hypothèse. Ce ne peut pas être par l'analyse et la déduction, nous venons de le voir. C'est nécessairement par l'expérience. C'est en effet dans l'expérience que vous prenez l'idée du devenir. Vous aviez une notion vide dont vous ne saviez que faire, à savoir l'idée d'être : en la tourmentant, vous en avez fait sortir tant bien que mal l'idée du néant ; vous en étiez là de votre opération, incapable d'aller plus loin. Mais alors vous regardez autour de vous, et cherchez parmi les idées de l'expérience, quelle est celle qui pourra s'adapter à la formule restée en suspens. Au fond, ce que vous appelez le développement et le progrès intrinsèque de l'idée n'est donc qu'une juxtaposition mécanique et artificielle. L'abstraction vous donne le premier terme; l'analyse vous donne le second qui détruirait l'autre, si, par bonheur, un troisième terme trouvé d'un autre côté, et par une autre méthode, ne venait à point nommé terminer la querelle des deux premiers.

Non-seulement ce ne peut être que par une sorte de juxtaposition artificielle, et si j'ose dire, par rencontre, que l'on peut passer de l'être et du non-être au devenir; mais j'ajoute qu'il y a dans le devenir un élément que l'on n'obtiendra jamais par la comparaison de l'être et du non-être : c'est le *mouvement*. En effet, ou l'être pur dont vous parlez est en mouvement, ou il est immobile. S'il est en mouvement, il est déjà le *devenir*, car le devenir n'est autre chose que l'être en mouvement : dans cette première hypothèse, le devenir est donc précisément le principe dont on part; on ne l'obtient pas par thèse, antithèse et synthèse; la synthèse se confond avec la thèse : donc point de progrès dialectique. D'un autre côté, si l'être pur est immobile, comment de l'immobile faire sortir l'être en mouvement? Cela est contradictoire.

Or, je dis maintenant que c'est cette seconde hypothèse qui est la vraie. En effet, l'être pur n'a aucune détermination; le mouvement est une détermination :

donc l'être pur est sans mouvement ; il est immobile.
Maintenant considérons-le comme non-être : le non-
être lui apporterait-il par hasard le mouvement et la
vie? en aucune façon. Pourquoi l'être est-il non-être?
Parce qu'il est absolument indéterminé ; c'est donc en
tant qu'indéterminé, que l'être est la même chose
que le néant. Mais nous venons de voir que l'être, en
tant qu'indéterminé, est immobile ; donc, en tant que
non-être, il ne cesse pas d'être immobile. Par conséquent le passage de l'être au non-être ne nous fait
pas sortir de la région de l'immobilité éternelle ; et
comme c'est l'immobilité du néant, on peut dire que
cette région est la région de la mort. Qu'est-ce maintenant que le devenir? Hégel le définit le *non-repos
en soi* (die Unruhe in sich). Comment le non-repos
en soi peut-il sortir du repos en soi? Il ne servirait
de rien ici de dire que la contradiction est la loi des
choses. Car, dans le troisième terme, nous n'en sommes plus à la contradiction, mais à la conciliation.
Si je comprends bien le *procès* dialectique, c'est le
second terme, qui étant le contradictoire du premier,
amène le troisième à sa suite comme conciliation des
deux autres ; mais le troisième n'est pas le contradictoire des deux premiers. Si vraiment, dira-t-on,
en les conciliant, il les détruit ; le devenir détruit
l'être, détruit le non-être en les réunissant. C'est là,
sans contredit, une opération fort extraordinaire.

Mais je veux bien accorder que le devenir s'oppose à chacun des deux premiers termes pris séparément : au moins est-il impossible qu'il les contredise tous les deux ensemble, lorsque par hypothèse il doit les marier et les concilier. Or, l'idée du devenir contredit absolument les deux idées premières de l'être et du non-être, soit séparées, soit réunies. Il ne peut donc les concilier.

Il y a une autre idée qui entre également dans le devenir, et dont il n'y a pas trace dans les deux premiers termes ; c'est l'idée du temps. Qu'est-ce en effet que le devenir ? C'est, suivant Hégel, l'*identité* de l'être et du néant. Je le nie : le devenir est le *passage* de l'être au néant et du néant à l'être, ce qui est bien différent. Ce passage ne peut avoir lieu que dans le temps : ce n'est que dans le temps que l'être et le néant peuvent se concilier : ils se concilient en se succédant.

Ainsi, le devenir étant un mouvement, et tout mouvement s'accomplissant dans le temps, voilà au moins deux idées qu'il faudrait découvrir avant d'arriver au devenir. Mais ces deux idées ne peuvent pas se découvrir *à priori* là où elles ne sont pas. Or, dans l'idée d'être pur, identique au néant, il n'y a aucune trace ni du temps ni du mouvement : on ne peut donc pas les en faire sortir par aucun procédé dialectique.

Ainsi, pour résumer ce second point, nous dirons que le *procédé* dialectique de Hégel, à savoir la déduction contradictoire, est, à notre avis, un jeu de logique désespéré, sans aucune fécondité, et qui succombe devant ce dilemme : ou cette déduction nie formellement le principe d'identité ou de contradiction, et alors elle est le renversement de la loi fondamentale de la raison, et elle rend toute parole et tout jugement impossible; ou bien, respectant le principe d'identité, elle se contente d'affirmer la coexistence des contraires dans un même sujet : comme par exemple que Pierre est tantôt sage et tantôt fou, sage à un point de vue, fou à un autre; mais cette coexistence des contraires ne conduit à aucune idée nouvelle; et comme elle n'a rien de contradictoire, elle ne me force en aucune façon à découvrir un terme conciliateur.

On dit que « la méthode dialectique contient à la fois, en les surpassant, les deux procédés logiques de l'induction et de la déduction. Elle contient la déduction; car elle part des notions les plus basses (c'est-à-dire les plus générales, suivant l'école hégélienne), et elle en conclut les plus élevées (les plus concrètes). Elle imite l'induction en ce qu'elle n'obtient les notions les plus élevées qu'en analysant les plus basses, et en faisant ressortir la contradiction qu'elles renferment, comme l'induction s'élève à l'idée par l'analyse de l'apparence empirique (1). » C'est là une explication ingénieuse de la méthode de Hégel; mais on peut dire, en renversant les termes de ce rapprochement, qu'elle n'est en réalité ni une induction, ni une déduction. Elle n'est pas l'induction : car l'analyse d'une notion abstraite n'a rien qui ressemble à l'observation et la décomposition des faits, par laquelle l'induction doit commencer. L'induction part de quelque chose de déterminé, et elle n'ajoute rien à ce qui est donné, si ce n'est la généralité : elle conclut de quelques-uns à tous, elle s'étend de l'individu au genre; mais ce progrès n'a lieu que dans le sens de l'extension, et non dans celui de la compréhension; elle ne prête pas au genre un caractère de plus que celui qui lui est donné dans l'individu. La dialectique hégélienne, au contraire, en passant d'un terme à l'autre, ajoute toujours quelque chose de nouveau; elle accroît sans cesse la compréhension de l'idée, sans qu'on puisse savoir où elle prend ce surplus. Elle n'est donc pas une véritable induction; et par conséquent, elle est, et ne peut être autre chose qu'une déduction; mais c'est une déduction arbitraire, qui, à chaque pas nouveau, suppose ce qui est en question,

(1) Kuno Fischer, Logik, page 45.

ou qui tire d'un principe ce qui n'y est pas contenu. Elle n'est donc pas la conciliation de l'induction et de la déduction, mais simplement la méthode hypothétique, sous une forme faussement démonstrative.

Je suis heureux de pouvoir m'autoriser ici du témoignage d'un savant et profond métaphysicien, qui n'est pas suspect de prévention contre Hégel, et qui, tout en admirant beaucoup sa métaphysique, juge sa méthode avec une assez grande sévérité. Voici comment s'exprime M. Vacherot : « Il reste bien établi que la dialectique de Hégel n'est ni *a priori*, ni nécessaire, qu'elle n'est qu'une généralisation de l'expérience, que tous ces procès, toutes ces triades sont au fond des emprunts faits à l'observation, qu'enfin tout ce puissant et laborieux système de constructions logiques n'a d'autre autorité que l'expérience, d'autre fondement que la réalité. Ainsi considérée, la logique hégélienne n'est plus une invention originale, une véritable création : c'est un simple résumé, sous forme logique, de la science et de l'histoire. Quand elle pose ses termes avec l'appareil d'une dialectique irrésistible, il faut savoir qu'elle ne peut invoquer cette nécessité qui est inhérente aux déductions de la logique ordinaire, fondée sur le principe de contradiction, que *par conséquent elle est impuissante à rien démontrer*. Hégel en convient. Il est vrai que de la logique de l'entendement et de l'analyse, il en appelle à une autorité supérieure, la logique de la raison et de la synthèse ; mais *c'est abuser de mots.* Pour la raison, comme pour l'entendement, il n'y a de démonstration que par l'analyse. Du moment que la logique de Hégel procède par la synthèse, elle ne peut être que l'une de ces choses : ou une construction purement arbitraire, ou une simple généralisation de l'expérience. Dans le premier cas, *elle ne peut avoir aucune espèce d'autorité;* dans le second, *elle n'a pas d'autorité démonstrative* (1). »

On ne peut mieux dire. Mais que conclure de ce jugement si précis et si accablant? Non pas, sans doute, que la métaphysique de Hégel soit nécessairement fausse, mais que sa méthode est une fiction. Or, c'est tout ce que nous voulons établir ici. Cependant, si l'on considère que Hégel a prétendu découvrir une logique nouvelle, identique à la métaphysique elle-même, que dans sa philosophie la pensée ne se sépare pas de l'être, que sa méthode n'est pas seulement formelle, mais ontologique, c'està-dire conforme au développement même de l'être; nier l'autorité démonstrative de la méthode, n'est-ce pas renverser le système lui-même, ou au moins sa plus importante partie? Si la méthode de Hégel n'est qu'un empirisme dissimulé, ou s'ignorant lui-même,

(1) Métaphys. de la science, t. II, p. 456.

s'il a pu se faire illusion à ce point sur la portée démonstrative de sa méthode, n'a-t-il pas pu se faire illusion sur les principales idées de son système, dans lequel on reconnaît d'ailleurs qu'il y a beaucoup de parties arbitraires et forcées ? J'ajoute, qu'en Allemagne, c'est un point parfaitement établi que la seule différence qu'il y ait entre Schelling et Hégel, c'est la méthode : on fait honneur à celui-ci d'avoir démontré, par une méthode précise et rigoureuse, ce que le premier avait déjà établi, tantôt par des constructions *a priori*, et tantôt en faisant appel à l'expérience, qu'il consultait au moins autant que son disciple ; or, si cette méthode, son plus grand titre d'honneur, au dire même de son école, n'a aucune autorité démonstrative, le système de Hégel ne va-t-il pas se perdre dans le système de Schelling, et que devient son originalité ? Je tire enfin une dernière conséquence, c'est que si le système de Schelling, au dire des Hégéliens, n'est pas démontré, et si le système de Hégel, à son tour, n'est pas non plus démontré, on peut, ce me semble, refuser d'adhérer à l'hégélianisme, sans mériter d'être taxé de peu de portée scientifique : car ce n'est pas manquer à l'esprit scientifique que de montrer quelque défiance à l'égard d'une doctrine qui, jusqu'à ce jour, de l'aveu de ses partisans les plus sérieux, n'a pas trouvé sa démonstration.

III.

Après avoir discuté avec le soin le plus minutieux la célèbre formule de Hégel, il nous reste une dernière question à résoudre, et qui se présente inévitablement à l'esprit. C'est celle-ci : « Qu'est-ce que tout cela signifie? Où sommes-nous? Quelles sont ces ombres et ces fantômes : l'être, le non-être, le devenir? Quelle matière y a-t-il sous ces formes abstraites et vides? Ne sont-ce pas là des jeux d'esprit, et de pareilles arguties méritent-elles une discussion aussi approfondie? »

Je pourrais répondre que Hégel est un assez grand nom, qu'il a exercé assez d'influence, qu'il a montré dans différents écrits assez de génie pour mériter une discussion. Mais sans m'arrêter à ces raisons secondaires, j'aime mieux aller au fond des choses, et montrer que ces formules si creuses et si arides ne sont pas si insignifiantes qu'elles en ont l'air, que leur portée est très-sérieuse, et enfin, que dans ce combat de logique, qui semble n'intéresser que des oisifs, les plus grandes questions sont engagées.

On m'accordera qu'il y a une certaine doctrine qui n'est pas peu considérable et peu imposante sur la nature du monde et sur l'origine des choses : c'est la doctrine panthéiste. Suivant cette doctrine, le monde, au lieu d'être l'œuvre d'une cause première parfaite et intelligente qui crée hors d'elle-même, ne serait que le développement d'un principe interne, d'une vie secrète et cachée du sein de laquelle s'échappent incessamment des myriades d'existences apparaissant un moment à l'être et à la vie, pour rentrer dans l'abîme impénétrable d'où elles sont sorties. Que ce soit là une conception sérieuse, grave, profonde, comment en douter, lorsqu'on voit qu'elle remplit l'Orient, qu'elle est le fond des religions brahmanique, bouddhique, mazdéenne, et de tous les systèmes de philosophie de l'Orient; qu'en Grèce, elle est au fond de l'éléatisme, du pythagorisme, du stoïcisme, de l'alexandrinisme; qu'au moyen âge elle a été la philosophie de Scot-Erigène, et la source de tout le courant hérétique du Nord et du Midi; qu'elle est au xvie siècle la philosophie de Bruno, de Jacob Boehme, au xviie de Spinosa, et enfin, de nos jours, de toute l'école allemande. A coup sûr, on ne peut nier l'importance d'une philosophie si considérable, et la nécessité de la combattre à l'aide de toutes les forces de la raison.

Mais lorsque le panthéisme essaie de sortir de cette vue générale et vague que nous venons d'esquisser, et de prendre une forme plus précise, il tombe dans la plus grande confusion. Selon les uns, le principe des choses est une unité immobile existant seule; le monde n'est qu'une apparence, un jeu, un songe, une illusion (Eléatisme); pour les autres, le principe est une espèce de vide d'où tout sort et où tout rentre (Bouddhisme); un grand nombre la considère comme une force qui se développe (Ionisme); d'autres comme une âme qui se revêt d'un corps (Stoïcisme); d'autres enfin, comme un principe parfait qui déchoit (Alexandrinisme). Enfin la plupart emploient à satiété les figures et les images : ce sont des sources, des foyers, des germes, des émanations, des irradiations, enfin mille formes fantastiques qui parlent plus à l'imagination qu'à l'entendement.

Aussi les grands panthéistes qui ont marqué leur place dans l'histoire, ont-ils fait des efforts pour remplacer les images par des idées, pour représenter métaphysiquement à l'esprit, ce que l'imagination et la sensibilité se représentaient confusément. Ils ont enfin cherché des formules précises et rigoureuses qui répondissent à la réalité concrète; ils ont essayé de mettre leur système en équation. N'est-ce pas là ce que fait le mathématicien? Soit un problème complexe de mécanique; il cherche à séparer des données ce qui est contingent, particulier, matériel, pour ne garder que les rapports simples et généraux, et quand il a trouvé l'expression abstraite et générale du fait concret qui est devant ses yeux, peu lui importe d'être compris par la foule, pourvu qu'il se comprenne lui-même et qu'il soit entendu par des juges compétents.

Je ne prétends pas que Hégel se soit toujours compris lui-même : ce serait trop demander à un métaphysicien : mais ce que je crois pouvoir affirmer, c'est que sa première triade est la formule la plus simple et la plus exacte que l'on ait jamais donnée du panthéisme. En réduisant à ces termes logiques une doctrine qui pour l'imagination est si séduisante, il a rendu un service immense à la raison; car il nous suffit de discuter la formule pour échapper au système.

En effet, quelle que soit l'espèce de panthéisme que l'on choisisse, on reconnaît que l'idée-mère de ce système est de se représenter l'ordre des choses, comme le développement d'un principe. Cela posé, j'appelle *Être,* ce principe dont les choses sont le développement. Et en effet, ce par quoi toute chose est, ne peut être que l'Être? C'est là sans contredit un point de départ qu'aucune école panthéiste ne pourra nier. Mais qu'est-ce que cet Être? Est-ce *ceci* ou *cela*? Est-ce l'air, l'eau ou le feu, est-ce le nombre, l'un, la matière première, le temps sans bornes, etc. ? Je dis qu'il n'est rien de tout cela. Car si vous lui attribuez une détermination, vous êtes en contradiction avec le système : c'est un être déjà développé, ce n'est pas l'être qui se développe; je puis donc retrancher cette détermination par la pensée; puis une autre, puis une autre; et tant que je trouverai quelque détermination, je n'aurai pas trouvé le principe, puisque par hypothèse il est ce qui se développe, et non ce qui est déjà développé. Mais en le repoussant ainsi de forme en forme, il est évident que je diminue toujours son être, et qu'à chaque retranchement nouveau, je le rapproche d'autant plus du vide, c'est-à-dire du néant. Quelque petite que soit la quantité d'être, où je le réduis, je puis en supposer encore une plus petite; et ainsi le commencement des choses étant le moindre être possible, je puis dire que ce moindre être possible équivaut à zéro; ou, si l'on veut, que l'idée que je me fais de l'Être ou principe des choses tend à se confondre avec l'idée du non-être. J'ai donc cette première formule : l'être est identique au néant. Mais maintenant puisque, dans le système panthéiste, le système des choses n'est qu'un principe en voie de développement, il faut supposer que ce principe est contraint par sa nature à devenir quelque chose. Or, d'où peut venir cette raison intérieure de se déterminer? Ce ne peut être que pour échapper au vide, au non-être, au néant; un être qui serait tout n'éprouverait pas le besoin de devenir quelque chose. Mais un être qui est l'extrême limite de l'Être, un être qui peut à peine se distinguer du non-être, doit nécessairement appeler une détermination quelconque pour échapper à l'anéantissement absolu. C'est donc par sa ressemblance avec le néant, que l'être est amené à changer de condition, et à passer à l'état de devenir. L'*horreur du vide* l'amène à l'existence. De là cette nouvelle formule : « l'identité de l'Être et du néant, c'est le devenir. »

Mais enfin, demandera-t-on, pourquoi l'être, ou premier principe, qui semble ainsi suspendu entre le *rien* et le *quelque chose*, est-il entraîné d'un côté plutôt que de l'autre. Pourquoi *devient-il?* car il pourrait tout simplement ne pas être. Cette question nous conduit précisément au dernier point qui nous reste à traiter, à savoir le *terme* dialectique. Mais pour bien comprendre ce point il est indispensable de jeter un coup d'œil sur le sens de tout le système.

Les disciples de Hégel définissent sa philosophie une *téléologie immanente* (1). C'est là, à mon avis,

---

(1) Fischer, Logik, p. 183. La *téléologie*, expression inventée par Wolf, est la science des *fins*, ou des causes finales. Or, Kant distingue deux sortes de finalités : la *finalité intérieure* et la *finalité extérieure* (Voyez sur ce point le savant travail de M. Jules Barni : *Examen de la Critique du Jugement*). La finalité intérieure est celle que l'être trouve en lui-même : par exemple, les fonctions de la vie ont leur fin dans l'être vivant. La finalité extérieure est celle que l'être poursuit hors soi : par exemple, les rapports des deux sexes. De cette distinction naissent deux sortes de *téléologie*, ou théorie de la cause finale : la *téléologie extérieure*, celle qui prétend que le monde a sa fin hors de lui-même ; et la *téléologie immanente*, qui prétend que le monde a sa fin en lui-même. Cette dernière est la doctrine de Hégel.

une formule très-précise et très-ingénieuse. Pour la faire comprendre, je comparerai la doctrine de Hégel à celle d'Aristote.

Dans la doctrine d'Aristote, telle qu'on l'entend généralement, il y a deux principes, la Nature qui se meut éternellement, et Dieu, ou l'Acte pur, éternellement immobile. Ces deux principes sont séparés; mais l'un tend éternellement vers l'autre. L'acte pur ou Dieu est la cause finale du monde. Dieu est le souverain désirable, le souverain bien, l'Aimant éternel qui attire à lui la nature sans la connaître et sans l'aimer. Il est la Pensée éternelle concentrée en soi-même, et la nature est en quelque sorte l'éternel désir de ce bien suprême qui est en dehors d'elle. Tel est le système d'Aristote, système profondément dualiste, et qui mérite plus qu'aucun autre la dénomination de *téléologie extérieure*. Maintenant essayez de concevoir (par une hypothèse contradictoire, à la vérité), mais sans rien changer aux conditions du système, que la Nature et l'Acte pur soient une seule et même substance; que le mouvement de la nature ne soit que l'effort de la pensée éternelle pour arriver à la concentration absolue, enfin que le système des choses soit le mouvement intérieur d'une pensée qui se cherche, et qui enfin prend possession d'elle-même par un acte éternel, au lieu du système d'Aristote, vous avez celui de Hégel. Il y a plus, cette analogie deviendra identité, si vous interprétez le système d'Aristote comme l'a fait son dernier commentateur, le savant et profond auteur de l'*Essai sur la métaphysique d'Aristote*. Voici comment il résume ce système : « *Un seul et même Être*, qui n'est autre que la pensée, apparaissant dans les puissances différentes de la matière, sous mille formes et en mille opérations différentes, s'y retrouvant à peine aux différents degrés de la sensation et de l'intelligence, mais en possession éternelle de soi dans l'acte simple de la contemplation; *une même lumière* réfractée en mille figures et mille couleurs diverses parmi les milieux différents qui la reçoivent, et qui n'en brille pas moins dans le divin éther d'un invariable éclat; mais une lumière intelligible et intellectuelle, transparente et visible à elle-même; telle est la conception générale dans laquelle je résume toute la Métaphysique (1). » Je ne sais si l'on peut dire, malgré l'autorité du grand critique que nous citons, que ce soit là la vraie conception d'Aristote; mais je dirais volontiers que c'est la conception de Hégel ou de Schelling.

En introduisant dans son système l'idée de finalité, Hégel se sépare profondément de Spinosa, qui est l'adversaire le plus énergique et le plus décidé du

---

(1) Ravaisson, *Essai sur la Métaphysique d'Aristote*, t. II, ch. III.

principe de la cause finale. Dans le spinosisme, l'être se développe conformément à son essence. Dans l'hégélianisme, au contraire, l'être se développe pour atteindre une certaine fin. Dans le spinosisme, le développement de l'être est géométrique. Dans le système de Hégel, il est organique. Dans le spinosisme, l'être, en se développant, se disperse et s'éparpille à l'infini ; dans l'hégélianisme, l'être se concentre de plus en plus : il n'est d'abord que l'indéfini, le τό ἀοριστὸν des anciens, et il va toujours en se déterminant jusqu'à ce qu'il devienne τὸ τέλειον, l'être parfait.

D'après cette idée générale de la philosophie de Hégel, on comprend mieux le caractère original de sa méthode. Elle n'est que l'expression fidèle du mouvement de la nature. Comme la vie de la nature est l'effort perpétuel que fait l'être pour passer d'un degré inférieur à un degré supérieur, pour augmenter sans cesse sa perfection, sa richesse, son individualité, ainsi la dialectique est l'effort logique de l'esprit, qui essaie de suivre ce progrès incessant et d'en gravir tous les échelons. Il n'est donc pas étonnant qu'elle aille sans cesse des notions les plus pauvres aux notions les plus riches ; car c'est la loi même des choses. Elle n'est donc pas un simple développement analytique ; elle est une synthèse. Elle ne pose pas d'abord le tout pour en déduire les parties, opération mécanique et stérile, qui ne nous apprend que ce que nous savons déjà ; mais en partant de la moindre idée possible, elle nous conduit à la plus haute, par la vertu de cette attraction naturelle qui fait passer tout être de la puissance à l'acte, et le sollicite à s'élever au-dessus de lui-même. Ainsi, lorsque nous voyons l'être pur se changer en devenir, ce n'est point par sa vertu propre et par une force innée . non, car l'être, par lui seul, ne tend qu'à se perdre dans le non-être ; mais attiré par le terme final et suprême où tout aboutit, il a horreur de cette existence nue et du néant qui le menace, et c'est ainsi qu'il franchit le premier degré de la vie et de la réalité. C'est en vertu du même principe, que chaque terme, après s'être décomposé et brisé, revient à soi et se retrouve dans un terme supérieur. La fin de ce mouvement est précisément la cause qui le rend possible et nécessaire.

S'il en est ainsi, on voit que dans la dialectique de Hégel c'est au dernier terme que tout est suspendu. Discuter ce dernier terme, comme il conviendrait, serait pénétrer dans les dernières profondeurs de la métaphysique de Hégel ; ce qui n'est pas notre dessein ici. Nous nous contenterons d'indiquer les points suivants :

1° Quel est ce terme dernier et final qui attire à lui le principe indéterminé des choses, et le force à par-

courir tous les degrés du mouvement dialectique?
c'est, suivant Hégel, l'*esprit absolu*. Au delà de l'esprit absolu, il n'y a plus rien..C'est là que la dialectique s'arrête. Par conséquent, c'est bien là la fin dernière de l'univers. Mais qu'est-ce que l'esprit absolu? c'est l'esprit humain, en tant qu'il a une conscience claire et distincte de son identité avec l'absolu : ce qui n'a lieu que par la philosophie; et comme cette conscience ne se rencontre que dans la conscience d'un philosophe, c'est donc l'esprit du philosophe qui est l'esprit absolu ; et enfin comme la conscience de cette identité n'est parfaite que chez celui qui en a trouvé la vraie démonstration, c'est-à-dire dans Hégel et son école, on peut dire en toute rigueur, et sans forcer aucune conséquence, que l'esprit absolu, c'est l'esprit de Hégel lui-même (non pas Hégel comme individu, je le reconnais, mais Hégel comme philosophe). Et ainsi, la nature des choses dans ses tours et ses retours, dans ses conflits avec elle-même, et enfin dans ce mouvement brisé et réfléchi, qui a traversé tant d'étapes intermédiaires, n'a eu qu'un but, et lequel? produire la philosophie de Hégel. L'être ne s'est échappé des étreintes du non-être que dans cette espérance. C'est pour cela qu'il a mieux aimé devenir que s'anéantir. C'est pour arriver là qu'il a traversé d'abord le monde vide et mort des notions logiques, et que sortant de lui-même, il est

devenu étendue, matière, mouvement, organisation, puis enfin humanité. Arrivé à la philosophie, et surtout à la philosophie de l'identité, le mouvement s'arrête, et la raison des choses est trouvée. Il faut avouer que la nature s'est donné bien du mal pour un assez mince résultat, et je n'oserais pas affirmer qu'elle ait lieu d'être parfaitement satisfaite du fruit de ses labeurs.

2° Qui nous prouve que le mouvement dialectique s'arrête à l'esprit humain, et que son dernier terme soit l'esprit philosophique? Pourquoi ne concevrais-je pas un esprit absolu supérieur au mien, dans lequel l'identité entre le sujet et l'objet, l'intelligible et l'intelligence serait plus parfaite qu'elle ne l'est chez le plus grand philosophe? En effet, tout philosophe est homme; en tant qu'homme, il est plein d'obscurité et de faiblesse, *repletur multis miseriis;* les sens, l'imagination et les passions troublent perpétuellement la pensée pure; je n'insiste pas sur tous ces faits si connus. Ne puis-je donc pas concevoir un esprit, qui verrait l'absolu dans de meilleures conditions que moi; puis un autre encore supérieur à celui-là, puis un autre, puis un autre; puis-je enfin m'arrêter dans ces conceptions, tant que je ne rencontre pas un dernier esprit, vraiment absolu, sans aucun mélange de contingence ni d'accident, en un mot, une forme sans matière, un acte sans puissance, l'acte pur d'Aristote? Si je ne vais pas jusque-là, je ne vois aucune raison pour que le mouvement dialectique s'arrête. Mais surtout l'arrêter à l'esprit humain, l'arrêter à la conscience philosophique, c'est ce qui est contre toute raison. Car nous savons trop par expérience quelles sont les tristes imperfections de cet état.

3° Supposons donc ce terme idéal, ce vrai absolu, fin dernière de la dialectique, je dis que de deux choses l'une : ou il n'est pas, ou il est. S'il n'est pas, c'est une pure conception de mon esprit, une *catégorie* subjective, sans laquelle je ne puis concevoir les choses, mais qui n'a pas d'objet actuel. C'est, en un mot, ce qu'on appelle aujourd'hui l'idéal. Mais, dans cette hypothèse, je demande comment un objet qui n'existe pas encore, qui n'a aucune réalité, a pu déterminer le premier mouvement, et faire sortir l'être du non-être. Si l'on dit que l'idéal est quelque part, à savoir dans l'esprit humain, je demande comment une idée de mon esprit a pu déterminer le mouvement des choses. Je comprends qu'une idée, même sans objet, puisse être pour moi un principe d'action ; car je puis courir après une chimère ; mais que cette idée soit principe d'action pour un principe aveugle qui n'en a pas conscience, et cela avant d'exister elle-même, c'est ce que je ne puis en aucune façon concevoir. La difficulté devient plus grande encore, si l'on admet avec quelques philosophes de notre temps que cette idée d'un idéal ou être parfait est contradictoire, et que l'objet en est impossible. Car le problème des choses sera alors celui-ci : étant donné, comme premier principe, le *minimum* d'être possible, la limite de zéro et de quelque chose, expliquer le développement de ce principe par l'hypothèse d'un terme idéal, qu'il ne connaît pas, qui n'existe pas, et qui ne peut pas exister. Je dis que dans cette hypothèse l'être ne peut se développer qu'en vertu du hasard.

4° Prenons le second terme du dilemme. Supposons que l'idéal ou l'acte pur ou Dieu existe réellement, je demande quand il a commencé. Or, je dis qu'on ne peut pas fixer un jour plutôt qu'un autre : car, quel que soit le degré de perfection qu'ait atteint le monde au jour que vous choisissez, il y aura toujours un abîme entre ce degré et l'absolu (qui par hypothèse exclut tout degré). Ce surplus infini et incommensurable, qui s'ajouterait à un moment donné au degré précédent, serait sans aucune raison d'être; on ne saurait où le prendre; il sortirait du néant. Ce serait l'hypothèse de la création renversée. Dans la doctrine vulgaire, c'est Dieu qui crée le monde *ex nihilo*. Dans la doctrine hégélienne (telle que nous l'imaginons ici), ce serait Dieu qui serait créé *ex nihilo* par le monde.

5° Si donc on admet un Esprit absolu existant en acte, il faut le supposer éternel, c'est-à-dire co-éternel aux choses dont il est la fin. Mais alors je demande quel besoin il a de ces choses. S'il se connaît et se possède de toute éternité, qu'a-t-il besoin de se chercher pendant si longtemps à travers tant d'épreuves différentes? Pourquoi se donne-t-il tant de mal pour se trouver, puisqu'il se possède? On le comprend dans l'hypothèse dualiste d'Aristote : la matière peut se développer éternellement dans le temps, pendant que l'Acte pur se contemple lui-même éternellement. Mais si c'est un seul et même être, qui est à la fois la matière première et l'Acte pur, on ne sait ce qu'il fait dans ce monde, et pourquoi il se dissipe et se disperse de tant de façons. Il ne reste qu'à dire comme Héraclite : *Jupiter s'amuse*, Ζεὺς παίζει. Mais alors rendez-lui sa liberté, et ne le forcez pas à cette gymnastique monotone, de la *chose en soi*, de la *chose pour soi*, de la *chose en soi et pour soi*. Quel divertissement pour l'être infini! Quelle agréable dissipation! Mais enfin, chaque peuple a son imagination et ses plaisirs. Le peuple grec, quand il faisait jouer Jupiter, le promenait dans les bocages et près des eaux, dans la chambre d'Alcmène ou de Danaé. Le peuple allemand, plus austère, n'imagine pour l'être absolu d'autre jeu que la mécanique éternelle d'une logique à trois moments, et Dieu, pour se distraire des ennuis de sa solitude immobile, n'a rien de mieux à faire, suivant ces naïfs rêveurs, que de passer éternellement de la *thèse* à l'*antithèse*, et de l'*antithèse* à la *synthèse!*

Ainsi, ou l'Esprit absolu, dans son idée la plus parfaite, c'est-à-dire l'Acte pur, est éternel ; et alors il rend inutile tout ce qui a précédé ; ou il n'est pas éternel ; et alors il ne sera jamais, car il ne peut pas commencer d'être à un moment plutôt qu'à un autre. Mais s'il ne peut pas être, il n'est pas la cause déterminante du mouvement des choses, et c'est au premier principe qu'il faut en revenir pour trouver la raison du développement. Or, nous avons vu que ce premier principe ne contenant rien, n'a en soi aucune raison qui le détermine à être ceci plutôt que cela. Il ne sera donc rien, et, par conséquent, rien ne sera. Voilà le dernier mot de la philosophie de Hégel.

Dans une scène admirable de Faust, un candide écolier vient consulter le docteur, dont le diable a pris le costume et les traits. « Que voulez-vous savoir? lui demande celui-ci. — Tout, répond le naïf jeune homme ; je veux connaître le fond des choses ; la raison de tout ce qui existe dans le ciel et sous la terre. » Méphistophélès le loue de ces belles dispositions ; et pour commencer son éducation, il lui peint la logique, la médecine, la jurisprudence, la théologie, avec l'ironie la plus amère et la plus sanglante ; il le déconcerte, le bouleverse, le livre à toutes les anxiétés du doute ; et enfin, pour adieu, il lui écrit sur ses tablettes cette devise tentatrice : « *Eritis sicut Deus*. Vous serez comme Dieu. » L'écolier de Faust est l'image de la philosophie allemande ; elle a voulu tout savoir ; elle a douté de tout ; elle s'est crue semblable à Dieu. Méphistophélès s'est joué d'elle ; et pendant qu'elle s'enivre dans ses rêves de divinité, il dit en riant : « Je puis bien emprunter cette ancienne sentence à mon cousin le serpent. Il y a longtemps qu'on s'en sert dans ma famille. »

IV.

Pour terminer cette étude, résumons en quelques pages le principe commun et les différences capitales de la dialectique d'Hégel et de celle de Platon.

C'est un fait bien remarquable, et qui caractérise par-dessus tout la condition humaine, que l'homme, dont l'existence s'écoule au milieu d'un petit nombre de phénomènes, circonscrits de toutes parts dans l'espace et dans le temps, ne se résigne point à ces limites, et, franchissant en tout sens le monde étroit qui l'environne, s'élève jusqu'à un autre monde bien supérieur au premier, et d'une nature toute différente, sans lequel cependant ce monde visible et étroit dans lequel nous vivons n'a pour nous ni sens ni intérêt. En effet, que connaissons-nous d'abord dans le monde physique ? Une multitude confuse de phénomènes, sans unité, sans lien apparent, sans ordre et sans suite, le froid et le chaud, l'humide et le sec, le mouvement et le repos, la maladie et la santé, la vie et la mort ; tous les contraires mêlés et luttant ensemble, se brisant en quelque sorte les uns contre les autres ; partout enfin le désordre, ou tout au moins le caprice et le hasard. Remarquez que chacun de nous n'aperçoit, dans tout le cours de son existence, qu'une partie infiniment petite du spectacle de la nature, et encore ce qu'il en voit ne le voit-il pas d'un seul coup d'œil, mais en une suite de petits tableaux, où la complexité même des faits et la multitude des causes rendent impossible de deviner à première vue l'harmonie et le plan qu'un regard plus attentif et plus préparé dévoile jusque dans les plus petites parcelles du tout. Tel est le premier aspect que présentent à l'homme les choses physiques ; et s'il n'était qu'un animal comme les autres, il ne soupçonnerait rien de plus dans ce qui l'entoure : le désordre même ne le frapperait pas, le pourquoi des contraires ne serait pas l'aliment de son inquiète curiosité : vivant au jour le jour, les choses extérieures ne l'intéresseraient que dans leurs rapports avec ses besoins, et il ne serait conduit d'un phénomène à l'autre que par la crainte ou par l'espérance.

Et cependant, de ce petit coin de terre si étouffé, l'esprit humain s'élève à l'idée d'un tout qu'il ne voit pas, qui n'est pas un objet d'expérience, et qu'il conçoit cependant comme réglé dans toutes ses parties, comme formant un ordre parfait et une harmonie parfaite. Tous les phénomènes sont soumis à des lois ; leurs relations ont des lois : la séparation et l'union, la sympathie et l'antipathie, la lutte et l'affinité, tout est réglé par des lois : ces lois ne sont pas indépendantes les unes des autres ; elles forment un système général, et sont coordonnées, selon toute apparence, sous une loi unique et générale. Ainsi des genres et des espèces : toutes les classes d'êtres que le monde renferme sont entre elles dans des relations déterminées : c'est une hiérarchie savante, où tous les degrés sont occupés ; c'est un grand organisme, où chaque être remplit sa fonction ; enfin tout a sa place, sa raison, sa nécessité dans l'ordre universel. Telle est l'idée, plus ou moins claire, mais partout présente, que les hommes se font de la nature, cette puissance mystérieuse dont la conception a quelque chose de si grand et de si accablant pour l'esprit, que quelques-uns la confondent avec la divinité, sans penser que cette nature qu'ils adorent n'est pas plus accessible à l'expérience que ce Dieu qu'ils rejettent. Ainsi la nature qui nous entoure suppose et provoque en nous l'idée générale et absolue de la Nature, dont Aristote, il faut le dire, a eu la conscience bien plus claire que Platon, mais que celui-ci n'a pas ignorée; car c'est bien cette nature en soi qu'il décrit dans le Timée, comme ayant servi de modèle et de type pour la formation du monde visible. C'est cette nature en soi qu'il appelle τὸ αὐτοζῶον, et qu'il définit « un animal éternel et bienheureux. »

Si de l'ordre physique vous passez à l'ordre moral, quel spectacle plus étrange encore! C'est là que règnent sans partage le désordre, le caprice, le hasard. L'homme aime le plaisir, il le poursuit avec ardeur, et le plaisir se tourne en douleur. Il désire, il souffre tout pour obtenir l'objet désiré, et dans la jouissance il regrette son désir. Il ne sait ce qu'il veut, la même chose lui paraissant tantôt un bien, tantôt un mal, et les objets n'ayant de prix que par la difficulté de les atteindre. Bien plus, il lui arrive de courir après ce qu'il sait être un mal, et de fuir ce qu'il reconnaît comme un bien. La faiblesse de son cœur est telle qu'il sacrifie à ce qu'il déteste les choses qu'il aime le plus, égaré par l'apparence du bien, et encore par une apparence dont il n'est pas dupe et dont il a cent fois éprouvé le vide et la vanité. Il n'est rien de comparable à son agitation, et il n'aime que le repos. Tous ces contrastes ont été cent fois décrits par les philosophes et les moralistes. Eh bien ! au-dessus de cette vie agitée et vide, de ces passions impuissantes, de ce désordre aussi nuisible à lui-même qu'aux autres, l'homme conçoit un monde supérieur, le monde de la vertu et du bonheur, où tous agissent conformément à la raison, et où le succès est en harmonie avec la bonne volonté. Cet idéal est le souverain bien.

Et ainsi, l'homme a besoin de concevoir un ordre physique et un ordre moral, essentiellement différent de celui qu'il a sous les yeux. Et maintenant, son esprit s'élève encore plus haut, et au-dessus de ces deux ordres, qui ne peuvent être absolument séparés, il conçoit un principe d'ordre, d'où sort à la fois et le monde des esprits et le monde des corps, où les lois nécessaires de la nature physique, infailliblement observées, et les lois libres de la nature morale, volontairement pratiquées ou violées par les agents intelligents, ont leur source commune. Ce principe est l'être des êtres, la cause suprême, la Providence, Dieu enfin, dernier objet de l'entendement humain.

Cette nature idéale, cette société idéale, et, au-dessus ce Principe suprême, cause idéale de la nature et de l'humanité, c'est ce que les Grecs appellent l'*intelligible*, τὸ νοητὸν ; et la distinction du sensible et de l'intelligible est le principe fondamental de l'hégélianisme et du platonisme.

Hégel et Platon ont deux adversaires communs : l'empirisme et le criticisme, Locke et Kant. L'empirisme soutient que l'intelligible n'est pas essentiellement différent du sensible, qu'il n'est que le sensible abstrait et généralisé. Le criticisme admet que l'intelligible ne peut se tirer du sensible par aucune opération logique, et même que l'intelligible est la condition *à priori* de la perception du sensible. Mais cette doctrine nie que l'intelligible ait aucune réalité en dehors de l'esprit; il refuse aux notions pures et *à priori* toute autorité objective. Hégel et Platon, au contraire, sont d'accord pour admettre que l'intelligible existe, non-seulement dans l'esprit, mais dans la réalité, et même qu'il est tout ce qu'il y a de réel dans le sensible ; ce qu'ils expriment en disant que « les idées sont les principes des choses. »

Jusqu'ici Hégel et Platon marchent d'accord, et nous sommes avec eux. Mais alors où commence la dissidence? et la cause de Dieu n'est-elle pas gagnée aussitôt que l'on admet que le visible manifeste l'invisible, que la création n'est que l'expression de l'éternelle Raison, et que l'absolu Intelligible est le principe des choses. Non, car ici se présente une question nouvelle : l'absolu intelligible est-il en même temps l'absolue intelligence, ou bien n'est-il que l'être des choses, rencontrant à un moment donné l'intelligence dans la série de ses développements? La Sagesse, la Raison qui éclate dans les œuvres de la nature n'est-elle que le résultat de la nature des êtres, ou en est-elle le principe? Est-elle cause? est-elle effet? C'est ici que se séparent Hégel et Platon. Le premier conçoit le monde comme le développement logique et nécessaire de l'Intelligible sans intelligence; le second comme l'œuvre d'une Raison parfaite et souveraine qui le réalise hors de soi sur le plan d'un monde idéal.

Telles sont les deux formes de l'idéalisme en philosophie : éclaircissons cette différence.

Dans l'hégélianisme, selon nous, la raison n'est qu'une conséquence, un épanouissement; elle se manifeste, elle n'est pas. La raison est dans la nature, comme dans une république d'abeilles, qui sont raisonnables pour celui qui la contemple, mais non pour elles-mêmes. Ou encore la raison est dans la nature, comme dans une figure de géométrie, qui contient intrinsèquement des rapports logiques, mais qui n'est en quelque sorte qu'une raison morte jusqu'au jour où un Euclide la réveille et l'anime de sa pensée vivante. En un mot, dans cette hypothèse, la raison n'est pas la faculté de comprendre, mais la capacité d'être compris; ce n'est pas l'intelligence, c'est l'intelligibilité; elle n'est donc qu'une chose passive, inerte, impuissante ; elle n'est pas *forme*, elle n'est que *matière*.

Et en effet, le premier principe d'Hégel n'est autre chose que la *matière* (non pas sans doute cette matière qui tombe sous nos sens, et que les matérialistes grossiers croient follement être le fond de la réalité), mais cette matière intelligible (ἡ ὕλη) que les anciens concevaient comme la substance des choses et que Platon définit en ces termes : « Ce principe, qui est comme la mère et le réceptacle de toutes choses, qui n'est ni la terre, ni l'air, ni le feu, ni l'eau, ni les composés de ces choses, ni les éléments de ces éléments ; mais une essence invisible, sans forme, matrice de toute chose, capable de participer, par une opération inintelligible, à la divine intelligence, une nature enfin qui, par elle-même, peut à peine se comprendre, et qui ne peut être saisie que par un raisonnement bâtard et comme dans un songe. » Ce principe, que Platon et Aristote considéraient comme la traduction métaphysique de ce que les poëtes appelaient le chaos, ce principe qui, n'étant absolument rien de déterminé, et n'ayant aucune propension particulière, mérite tout aussi bien d'être appelé le *hasard* que l'*être*, ce principe que le platonisme et le péripatétisme avaient réduit à l'extrême limite de l'être, au point que le christianisme n'eut plus qu'à souffler pour l'anéantir ; voilà le principe que la philosophie hégélienne ressuscite pour en faire l'être par soi et la source de toute existence! Et l'intelligence qu'Anaxagore, Socrate, Platon et Aristote avaient successivement dégagée de la matière et du chaos, préparant ainsi par des moyens humains et profanes la métaphysique chrétienne, redevient, comme elle l'était dans la philosophie d'Anaximandre et d'Héraclite, un produit de la force aveugle et obscure par laquelle tout a commencé! La philosophie hégélienne, quelque savante qu'elle soit dans sa forme (j'en dis autant de toutes les philosophies nouvelles, imitations faibles et stériles de l'hégélianisme), n'est donc pas à nos yeux un progrès métaphysique. C'est le naturalisme abstrait, c'est l'algèbre du naturalisme; mais ce n'est que le naturalisme.

J'accorde, et il est inutile de le dire, que la philosophie de Hégel n'est ni matérialiste, ni athée. Elle n'est pas matérialiste, car elle croit que le principe de toutes choses est dans l'intelligible; elle n'est pas athée, car elle admet l'existence d'un principe absolu qui existe par soi. Enfin, elle croit et elle veut être une philosophie de l'esprit; et elle se persuade même que son originalité est d'avoir conçu l'absolu comme esprit(1); mais en cela elle se trompe profondément

(1) Log. Introduction L. « Ce n'est dans la nature vivante qu'on pourra trouver Dieu. Dieu n'est pas seulement un être vivant, mais il est l'esprit. C'est dans l'esprit, dans son essence qu'il faut chercher l'absolu. C'est là que la pensée trouvera son point de départ le plus vrai, le plus direct. »

sur elle-même. Il n'y a pas d'autre signe distinctif de l'esprit que l'intelligence, et d'autre signe de l'intelligence, que la conscience de soi. L'absolu n'est donc esprit qu'à la condition de penser et de se penser. Or le principe d'Hégel arrive bien à la pensée et même à sa pensée de lui-même; mais ce n'est là qu'un accident de la nature, ce n'est pas sa nature propre. Comme pensée, il n'est pas absolu, car il est Platon, Hégel, Mahomet, etc. Comme absolu, il n'est pas pensée, car il est l'être identique au non-être. Ainsi l'absolu, dans la doctrine de Hégel, n'est pas essentiellement esprit; il ne l'est qu'accidentellement. S'il n'est pas esprit, qu'est-il donc? Il est une *chose*. C'est le *caput mortuum* de l'analyse et de l'abstraction divinisé; c'est un squelette dont on a fait un roi en le couvrant de manteaux empruntés. Devant cet être mort, les abstracteurs de quintessence s'agenouillent et adorent; les hommes positifs et pratiques le dépouillent et le foulent aux pieds, et ils se passent de roi. Quelques-uns, plus fins que les autres, sourient et le laissent adorer par le peuple qui le croit vivant.

Dans le platonisme, au contraire, Dieu est esprit, car il est la raison même, non pas une raison inerte, endormie dans la nature, et qui n'arrive à se connaître que dans la conscience humaine; non point un germe de raison qui se développe lentement et pas à pas, *sommeille dans le minéral, vit dans le végétal, sent dans l'animal et pense dans l'homme*, selon l'expression de Schelling ; c'est une raison en acte, une toute-raison, se sachant, se possédant, capable d'action, faisant les choses selon ce qu'elle est, au lieu d'*être faite* elle-même par la seule force des choses. Dieu, enfin, comme on l'a dit, est la pensée vivante.

Aristote nous a conservé le souvenir de l'admiration universelle qu'éprouvèrent les contemporains lorsqu'un sage, Anaxagore de Clazomène, vint dire que le principe des choses est l'Intelligence, ὁ Νοῦς, que c'est elle qui a fait toutes choses pour le mieux Croit-on faire aujourd'hui beaucoup avancer la pensée humaine en destituant l'intelligence du rang auguste où ce sage païen l'avait placée, en la réduisant à n'être qu'un effet de la nature des choses, un mode de la substance universelle, une époque de son histoire ? Non ; ou l'intelligence n'est pas, ou elle est avant toutes choses. Que serait-elle, si elle n'est pas la raison de tout ? Mais une intelligence qui ne se connaît pas elle-même n'est pas une intelligence. L'intelligence éternelle se connaît donc elle-même, se pense elle-même, et c'est là Dieu, et toutes choses ont été faites par lui. *Au commencement était le Verbe et le Verbe était Dieu.*

On reproche à la métaphysique spiritualiste de

n'être que la métaphysique chrétienne, moins le surnaturel ; et on paraît vouloir conclure de là que le spiritualisme par lui-même n'a pas de valeur philosophique, et qu'il ne se soutient qu'en restant attaché à sa racine, à savoir la Révélation : sur quoi je fais deux observations :

1° Pourquoi serait-il interdit à la philosophie d'emprunter au christianisme une partie de sa métaphysique, j'entends celle qui est accessible à la raison ? De deux choses l'une : ou il est divin, ou il est humain. S'il est divin, il doit posséder certainement la vérité, et la philosophie se nuirait à elle-même en refusant une vérité qui viendrait de Dieu même. S'il est humain, pourquoi n'aurait-il pas apporté des vérités nouvelles ? Pourquoi l'humanité, dont vous exaltez si fort la puissance partout ailleurs, aurait-elle été si stérile dans l'enfantement du christianisme, qu'elle n'y eût rien déposé d'original et de nouveau ? Vous-mêmes (je parle aux hégéliens) ne cessez d'emprunter au christianisme ses dogmes, de les interpréter, de les absorber dans votre philosophie. Pourquoi nous serait-il interdit de faire ce que vous faites, par cette seule raison que nos interprétations sont différentes ? Nous maintenons le droit de la philosophie à se servir de tout ce qui lui paraît vrai, partout où elle le trouve, à la condition de le démontrer et de le rendre intelligible à la raison. Vous pouvez, si vous voulez, réfuter nos doctrines, mais non leur opposer cette ridicule fin de non-recevoir, qu'elles sont semblables à celles de saint Augustin et de Bossuet, comme si un philosophe devait *à priori* prendre l'engagement de ne penser jamais ni comme saint Augustin, ni comme Bossuet.

2°. Je réponds en outre que la doctrine du *Logos*, c'est-à-dire d'une raison éternelle, principe des choses, n'est pas particulièrement une doctrine chrétienne, mais que, de l'aveu de tout le monde, et de saint Augustin lui-même, qui le répète à cent reprises différentes, c'est une doctrine platonicienne ; elle a précédé le christianisme de quatre cents ans ; en la défendant, la philosophie reprend son propre bien ; elle ne l'emprunte à personne, si ce n'est à elle-même. Ce n'est pas seulement la doctrine de Platon, c'est encore celle d'Aristote (1), plus explicite encore que son maître sur ce point fondamental. Car c'est lui qui a trouvé la vraie et décisive formule de ce grand dogme métaphysique. Selon lui la *pensée* seule peut être Dieu ; et pour qu'il n'y ait point d'équivoque, il a soin de dire que cette pensée est la *pensée de la pensée*, c'est-à-dire la pensée d'elle-même, c'est-à-dire une pensée qui se connaît, une Raison intelligente et consciente.

(1) En un sens, la doctrine du *Logos* n'est pas dans Aristote, puisque, suivant lui, Dieu ne connaît pas le monde : il n'y a donc pas en Dieu les modèles des choses créées. Mais Aristote a conçu Dieu comme intelligence, et c'est le point essentiel à constater ici.

Telle est donc la différence essentielle de l'hégélianisme et du platonisme (tel du moins que nous le comprenons). Le premier cherche dans l'esprit humain la notion la plus vide qu'il puisse trouver, et, par une opération impossible, il essaie d'en *déduire* la nature, l'esprit, l'absolu. Le second part des phénomènes qui nous entourent ou que nous apercevons en nous-mêmes; il cherche à y surprendre quelque réalité, quelque ordre, quelque harmonie. De l'ordre physique il s'élève jusqu'à l'ordre moral, et de l'ordre moral jusqu'au principe commun de l'ordre physique et de l'ordre moral, c'est-à-dire jusqu'à Dieu même. Hégel et Platon traversent donc l'un et l'autre ces trois degrés : la nature, l'esprit, l'absolu; et ils les traversent dans le même ordre : mais ce qui est pour Platon l'ordre de la connaissance, est pour Hégel l'ordre de l'existence. Selon Platon c'est la pensée humaine qui saisit d'abord l'absolu dans la nature, puis dans l'esprit, puis en Dieu, Raison suprême de la nature et de l'esprit. Selon Hégel c'est l'idée en soi qui est d'abord nature, puis esprit, puis Dieu. Hégel prend pour l'*évolution déductive* de l'idée en soi ce qui n'est que le *progrès inductif* d'un esprit fini plongé dans le contingent et qui essaie d'en sortir. Il est très-vrai que l'Humanité a passé par ces trois degrés dans ses conceptions de la divinité. Elle a commencé par adorer le Dieu-Nature (fétichisme, naturalisme oriental), puis le Dieu-Humanité (polythéisme grec), puis enfin le Dieu-Esprit (judaïsme, christianisme, mahométisme). Mais faut-il en conclure que Dieu lui-même ait passé par ces trois états, et que l'histoire de nos idées soit l'histoire de son existence? L'esprit humain possède l'idée d'absolu, mais il la détermine suivant ses lumières : l'absolu est d'abord pour lui les objets de la nature, puis des hommes éternels, puis enfin l'Esprit lui-même dégagé de toute forme matérielle et conçu dans toute la pureté de son idée. Mais ces différents degrés dans la connaissance de l'absolu ne changent rien à ce qu'il est en lui-même. Il est éternellement esprit absolu (Νόησις νοήσεως), et il n'a jamais passé par l'état de nature ou d'humanité. Le progrès dialectique n'est que subjectif, et non objectif.

A la vérité il y a dans Platon, comme dans Hégel, une dialectique déductive, qui se suppose portée au sein même de l'être, et qui cherche à en développer les lois par le raisonnement, et c'est là que Hégel a puisé lui-même le modèle de sa propre dialectique. Mais la dialectique déductive de Platon est profondément différente de celle de Hégel. En effet, la première repose sur le principe de contradiction, et la seconde sur l'identité des contradictoires. Platon pose ce principe : « Nul contraire ne peut devenir à lui-même son propre contraire. » Hégel part de ce principe que « l'être est identique au néant. » N'est-ce pas dire la négation explicite du principe d'identité? Platon se sert du principe de contradiction pour réfuter toutes les fausses doctrines et pour éprouver les vraies. Hégel se sert au contraire de la contradiction, comme d'un ferment, pour faire sortir la vérité d'une donnée abstraite : et pour lui une idée vide, c'est celle qui ne contient pas de contradiction.

Platon admet comme Hégel la participation des contraires dans un même sujet; et quel philosophe l'a jamais niée? Mais il y arrive tout autrement. Voici la déduction platonicienne. Etant donnée une idée pure, il montre que cette idée, si elle était toute seule, serait contradictoire à elle-même, impliquerait contradiction, par conséquent qu'elle ne peut pas être. Si elle existe, c'est donc à la condition de se mêler à une autre idée. Soit par exemple l'idée du *multiple*, tel que le conçoit l'école d'Héraclite et de Protagoras. Cette idée est contradictoire; car le multiple pur, sans aucun élément, se perd dans l'indiscernable. Donc le multiple pur étant impossible, il faut qu'il y ait de l'unité s'il y a du multiple. L'unité est donc prouvée par la contradiction intrinsèque du multiple en soi. Réciproquement, Platon prouve la contradiction intrinsèque de l'unité pure, et il conclut de la même façon que l'unité ne peut exister sans multiplicité.

La déduction hégélienne est toute différente. Étant donnée une idée, soit l'un ou le multiple, il en tire immédiatement sa contradictoire (de l'un le multiple, du multiple l'un); et alors de cette contradiction même il se fait un passage à une troisième idée qui n'était pas donnée dans les deux précédentes, et qui est le but vers lequel il tend. Sa méthode est essentiellement *inquisitive*. C'est une méthode de *découverte*. Il a voulu faire produire à l'analyse logique les mêmes résultats qu'on n'obtient d'ordinaire que par l'analyse empirique. Il a voulu trouver une forme de déduction qui servît à autre chose qu'à *réfuter* ou à *expliquer*. C'est en quoi il est original. Mais il s'est trompé, et a échoué devant l'impossible. Au contraire, la dialectique logique dans Platon est parfaitement conforme aux lois de la raison. Elle ne sert qu'à réfuter les idées fausses, ou à éclaircir les idées données antérieurement par une sorte de synthèse, qui, suivant les uns, n'est que le progrès de la généralisation, et, selon nous, est le progrès de l'intuition.

Pour mieux comprendre la différence de ces deux déductions, appliquons la dialectique platonicienne au premier principe de Hégel.

Soit l'idée de l'être indéterminé. Hégel démontre, comme le ferait Platon également, que cette idée est identique à l'idée du néant. Jusqu'ici tout est commun entre les deux dialectiques, mais elles se séparent dans la conclusion. Si l'être est identique au néant, dirait Platon, il implique donc contradiction, car nul contraire ne peut devenir à lui-même son propre contraire; si l'être pur implique contradiction, il ne peut pas être. Donc l'hypothèse de l'être indéterminé, considéré comme premier principe, est fausse. Que l'on lise avec attention le *Parménide* de Platon, on verra que c'est rigoureusement de cette manière qu'il réfute l'unité pure des Eléates. Maintenant, l'être indéterminé impliquant contradiction, il s'ensuit que s'il y a de l'être (ce que l'hypothèse ne peut nous apprendre) il est déterminé. Donc le premier principe, quel qu'il soit, est un principe déterminé.

Cette conclusion est radicalement contraire à celle de Hégel; car, comme il admet que la contradiction ne détruit pas l'être, mais seulement qu'elle le force à sortir de lui-même, par la loi intrinsèque des choses, au lieu de conclure à un être absolument déterminé, il conclut à un être qui *se détermine;* c'est-à-dire qu'au lieu d'une détermination en acte, condition première et indispensable de l'être, selon Platon, il admet une détermination en mouvement, laquelle implique toujours une *indétermination* première. Par conséquent l'hypothèse d'un principe mobile des choses ne peut être admise qu'à la condition de passer par-dessus une première contradiction fondamentale, l'identité de l'être et du non-être. C'est ce qui est absolument contraire à la dialectique de Platon; et ce qui ne peut se faire d'ailleurs qu'en sacrifiant le principe de contradiction, seule ancre que la raison humaine ait ici-bas sur cet orageux océan d'opinions, d'erreurs, de mensonges, où flotte incertain et tremblant tout homme possédé de la noble et douloureuse ambition de penser par soi-même et de comprendre ce qu'il croit.

Telles sont les principales différences de la dialectique de Hégel et de celle de Platon. Nous ne pourrions entrer dans plus de détails sans fausser les termes de la comparaison. On ne peut rapprocher l'une de l'autre deux doctrines séparées par deux mille ans de distance qu'en se plaçant à un point de vue très-général. Vouloir trop préciser, c'est vouloir se tromper. Qu'il nous suffise d'avoir signalé les traits essentiels du platonisme et de l'hégélianisme, et les oppositions capitales de ces deux formes contraires, mais également puissantes de la métaphysique éternelle.

TABLE DES MATIÈRES.

Avertissement I

INTRODUCTION. — La philosophie et ses nouveaux adversaires. I

I.

PYTHAGORE ET LE PYTHAGORISME 1

II.

DE LA DIALECTIQUE DE PLATON 39
    I. — Origines de la dialectique. 41
    II. — De la dialectique. 78
    III. — Conséquences de la dialectique. 244

III.

DE LA DIALECTIQUE DE HÉGEL 296
    I. 310
    II. 330
    III. 361
    IV. 377

www.ingramcontent.com/pod-product-compliance
Lightning Source LLC
Chambersburg PA
CBHW070214240426
43671CB00007B/651